# 中国古脊椎动物学的奠基人

## ——记杰出的地质古生物学家杨钟健

秦怀钟 主编

西安出版社

**图书在版编目(CIP)数据**

中国古脊椎动物学的奠基人:记杰出的地质古生物学家杨钟健/秦怀钟主编. —西安:西安出版社,2008.11
ISBN 978-7-80712-471-9

Ⅰ. 中… Ⅱ. 秦… Ⅲ. 杨钟健(1897~1979)-纪念文集 Ⅳ. K826.15-53

中国版本图书馆 CIP 数据核字(2008)第 162005 号

**中国古脊椎动物学的奠基人**

——记杰出的地质古生物学家杨钟健

---

**主　　编**　秦怀钟
**出版发行**　西安出版社
**社　　址**　西安市长安北路 56 号
**电　　话**　(029)85253740　85234426
**邮政编码**　710061
**印　　刷**　西安新华印务公司
**开　　本**　787mm×1092mm　1/16
**印　　张**　22.5
**字　　数**　290 千
**版　　次**　2008 年 12 月第 1 版
2008 年 12 月第 1 次印刷
ISBN 978-7-80712-471-9/K·45
**定　　价**　46.00 元

---

杨钟健（1897—1979）

1919年杨钟健在北京大学

1920年杨钟健在北京大学地质系读书时赴野外考察

1925年杨钟健在明兴（德国慕尼黑）

北京后门内吉安所东首道六号（三眼井）

[illegible]

杨钟健先生

长沙文化书社毛

钟健先生：

前几天接到函告，知先生当选执行部主任。今日又接来示，嘱补填愿书，今已照填并附小照[illegible]上。惟介绍人除王光祈[illegible]我只认识在京的，只记得三人，余二人要问王光祈才能知道。以后赐示，请寄长沙潮宗街文化书社为荷。

毛泽东

五四运动前后，受李大钊、邓中夏等影响，杨钟健于1921年加入“少年中国学会”，任执行部主任。当时正在长沙文化书社工作的毛泽东为补填志愿书一事给杨钟健写信。此为毛泽东给杨钟健的手书信件。

1932年杨钟健在北京周口店

1933年杨钟健在北京协和医院娄公楼新生代研究室

1933年夏在北京地质调查所。从左至右，一排：章鸿钊、丁文江、葛利普、翁文灏、德日进；二排：杨钟健、周赞衡、谢家荣、徐光熙、孙云铸、谭锡畴、王绍文、尹赞勋、袁复礼；三排：何作霖、王恒升、王竹泉、王曰伦、朱焕文、计荣森、孙建初（摄于葛利普寓所）

1934年在北京。左起：杨钟健、田奇瑪、张席禔、侯德封

1934年在北京周口店。左起：裴文中、李四光、德日进（法国）、卞美年、杨钟健、巴尔博（美国）

1937年4月杨钟健在北京协和医院娄公楼

1944年杨钟健在美国纽约

1944年杨钟健（左）在美国内布拉斯加大学访问

1956年在苏联（左一为杨钟健）

1959年杨钟健（左二）在北京火车站为外国朋友送行时合影

1959年杨钟健（左）在郭沫若宅院与中国科学院院长郭沫若合影

1964年杨钟健（左二）陪同郭沫若院长（左一）、竺可桢副院长（右一）视察

1964年杨钟健在研究室

1964年杨钟健在郭沫若院长家

1965年杨钟健在叙利亚

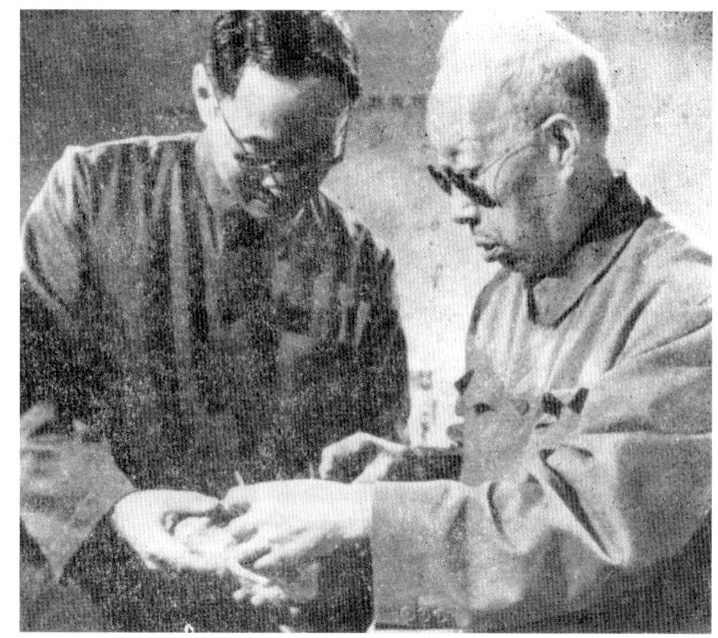

1973年杨钟健与周明镇一起研究黄河象头骨化石

1973年杨钟健和中国科学院院长郭沫若（右二）、副院长吴有训（左二）、竺可桢（右一）在北京周口店猿人展览馆

1973年杨钟健同贾兰坡一起考察第四纪冰川

1973年杨钟健（右一）在北京北郊古脊椎标本室看马门溪龙化石

1974年杨钟健（右一）与刘东生在北京西郊斋堂进行地质考察

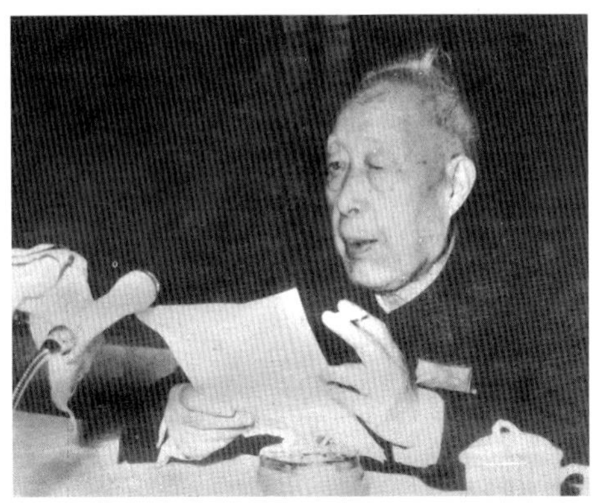

1978年杨钟健在庐山召开的第四纪冰川和第四纪地质学术会议上作报告

杨钟健夫人王国桢（右二）偕次子杨新孝（左三）、儿媳任葆薏（左一）在北京周口店杨钟健墓地

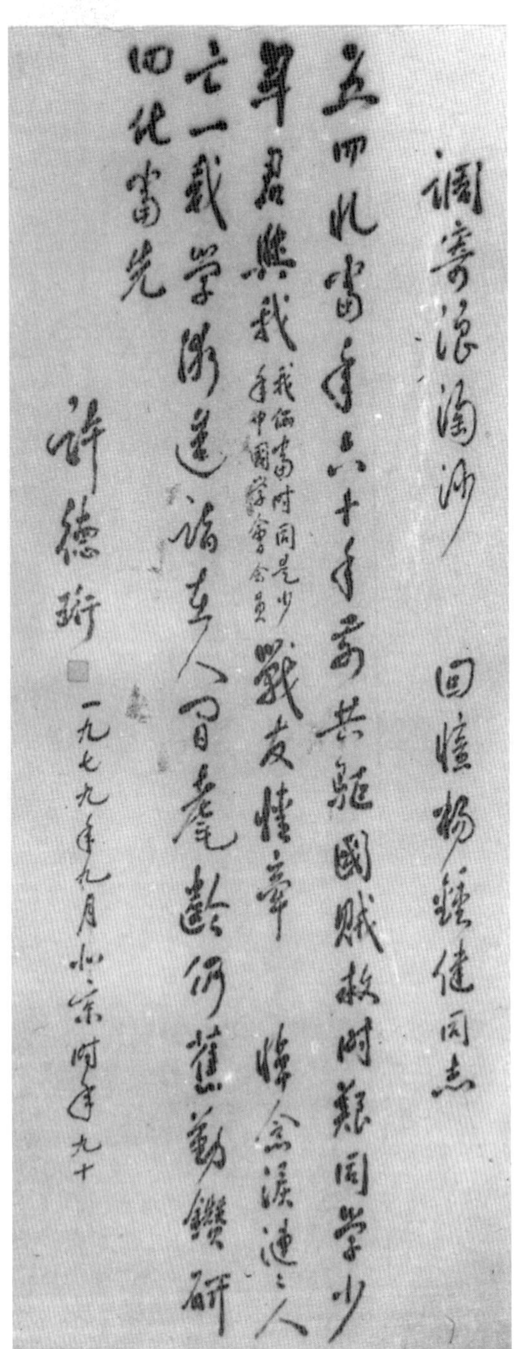

调寄浪淘沙

回忆杨钟健同志

五四忆当年六十年前共驱国贼救时艰同学少年君与我（我俩当时同是少年中国学会会员）战友情牵悼念泪涟涟人亡一载学术遗诸老人冒耄龄何惧勤钻研四化当先

许德珩

一九七九年九月小宗时年九十

1979年9月许德珩悼念杨钟健的手书

# 写在前面的话

2009年1月15日是20世纪杰出的地质学家、古生物学家杨钟健先生逝世30周年纪念日。也就是在1979年1月15日,杨钟健先生离开了由他创建并且为之奋斗了半个多世纪的古脊椎动物学研究事业,永远地同他的学术团队诀别了!这不仅是中国科学界一颗巨星的殒落,也是世界科学界的一个巨大损失。他给人们留下的丰厚遗产,是值得我们子孙万代倍加珍惜,永远加以发扬光大的!

**杨钟健先生让中国感动**。1923年,杨钟健先生从北京大学地质系毕业时,他就接受了他的老师李四光先生的建议和推荐,毅然决然地赴德国慕尼黑大学地质系古生物专业,为填补中国古生物学的空白,随早就闻名于世界的布罗里教授和舒洛塞教授攻读古脊椎动物学,并于1927年获得哲学博士学位。他的博士论文《中国北部之啮齿类化石》的出版,标志着中国古脊椎动物学的诞生。在离开德国回国前,他的导师和母校,以舒适的工作条件和优厚的生活待遇,诚恳力劝他留下来,而他却怀着一颗赤诚的爱国之心回到祖国,立刻投入到了中国古脊椎动物学的开拓和发展的事业,一干就是半个多世纪。不管在战争年代还是在和平时期,不管经历任何艰难困苦和曲折磨难,从来没有动摇过他对古脊椎动物学研究的信念,锲而不舍,孜孜不倦,将毕生的精力献给了他心爱的科学研究事业,直到生命的最后一刻。

**杨钟健先生让中国骄傲**。大英博物馆悬挂着世界六大古生物学家的照片和生平介绍。杨钟健先生是其中之一,也是亚洲迄今为止唯一的一位。这是国际古生物学界对杨钟健先生的认同和推崇,难道这不让中国感到骄傲吗?!由于他在学术上的卓越成就和贡献,1948年就当选为中央研究院的院士,1955年当选为中国科学院学部委员(院士),是国内葛氏金质奖章的获得者，莫斯科自然博物馆学会的国外会员，美国古脊椎动物学会的名誉会员，英国林耐学会会员。同时，由于他率领的中国古脊椎动物学的学术团队为中国古脊椎动物的发掘与研究方面的重大贡献，长期以来一直受到中国科学院的高度关注。当时担任中国科学院院长的郭沫若先生、副院长竺可桢先生多次在杨钟健先生的陪同下，前往古脊椎动物与古人类研究所及其领域进行考察，这与杨钟健先生在中国科学院各学科学术研究中所处的地位是分不开的。作为世界杰出的古生物学家，杨钟健先生当之无愧！

**杨钟健先生让世界震撼**。杨钟健先生在半个多世纪的科学研究生涯中，持续不懈地从事地质学、古生物学以及古人类学、考古学等诸多领域的研究，前后发表和出版学术论文670余篇(册)，而且其中许多学术成果是前无古人的。同时，他还是一位散文作家和诗人，从中学时代起就负有才名，后来发表过四本游记和随笔散文集；另外还写了2000多首诗词，虽然不是严格地遵循格律，但和他的散文一样，都显得清新、流畅、活泼，有不少是才气洋溢、激情豪放的警句，备受后人传诵。令人更为赞叹和震撼的是，他培育了一大批优秀的学术研究人才，建立了一支强大的中国古脊椎动物学研究的团队，成为我们中华民族强盛的闪光点，使后来者沿着他开创的追求科学、追求真理的道路，不断地走下去！他卓越的学术成就和高尚的道德情操，不仅为中国地质古生物学界树立了一块不朽的丰碑，而且也为世界古生物学领域所永远推崇！

在《中国古脊椎动物学的奠基人——记杰出的地质古生物学家杨钟健》一书付梓出版之际，我作为曾经调查研究过杨钟健先生生平的一位后辈学人，而后来和现在又成为一名出版人，再一次表达对杨钟健先生的一些粗浅的认识，以抒发对先生由衷的崇敬之情！同时，我也相信，这本书中汇集的内容，会对中国科学界、文化界、教育界的自然科学学人和人文学人，产生不可估量的鼓舞与启迪的作用！

张军孝

2008年8月29日于西安

# 目 录

# 怀 钟 健

许 德 珩

杨钟健离开我们已经一年多了，每当我想起这位老同学，他那魁梧身姿、爽朗笑语，立即出现在我的脑海里，久久不能忘怀。

我和钟健是北大时期的同学。我于1915年到北大文科英文学门（1917年改为英文系）读书，他在1917年考入北大理科地质学门（1919年改为地质学系）。他到校后，我们同住在北大西斋。尽管学科不同，年级不同，可是由于共同有着爱国的志向，都是平民教育讲演团的团员，并且一起参加了五四运动，又都与邓中夏极为相投，所以我们经常接触，甚为融洽。我和钟健又都是少年中国学会会员。我之参加“少中”是在1917年秋，钟健则在1921年加入“少中”，那时我已赴法勤工俭学了。虽然不在一起活动，然而通过“少中”编印的《少年中国》以及《少年中国学会通讯录》等刊物，还是情况互通，彼此有了更深的了解。

少年中国学会是一个学术性的政治团体。参加这个学会的大体可分为三类：一类是接受马列主义或至少是受马列主义影响很深、坚决要走十月革命道路的会员，这是极少数。其中代表人物就是李大钊、毛泽东、邓中夏等。另一类是极右的，以国家主义相标榜的。1924年“少中”南京大会后不久，就有《醒狮》在上海出版，后来就演变为青年党，其代表人物是曾琦、左舜生等。第三类就是科学救国的一些人，这些人没有什么组织，很分散，但在数量上并不亚于第二类，当然其中也有交叉，就是一些人有摇摆，有动摇。钟健在他写的《关于少年中国学会的回忆》一文中，叙述当时“少中”参加者的情况最为确切。他说："学会标榜要建立一个少年中国，换言之，就是新中国。但究竟要创造什么样的新中国，也是意见不一。但是，在当时学会初成立时，确有一些共同之点，这共同之点就是：（1）不满于旧现状；（2）要创造一个新局面；（3）入会的人不管其出身如何，所学如何，都具有一种向上的革新的意志。至少就我来说，我就是抱着这样的想法加入少年中国学会的。"

翻开"少中"的《会员终身志业调查表》，我们不难看出钟健是怀着"科学救国"、"教育救国"的愿望，从事学习和"少中"活动的。尽管"科学救国"与"教育救国"在当时的条件下是一种不可能达到的幻想，但是，在新旧两种民主革命交替之际，在"少年中国"的旗帜下，钟健与其他志同道合的知识青年，从"科学"和"社会活动"两个方面去探索中国革命的道路之一事实本身，也就带有十分重要的积极意义。20 年代初期，钟健在"少中"的调查表上就写明："终身欲研究地质学，偏重于古生物学"，"文学，偏重于诗歌"。言必行，行必果。钟健数十年如一日，孜孜不倦地致力于地质、古生物以及古人类学、考古学等的考察与研究，终于实现了他的理想，造就成为当代的古生物以及古人类学的专家。我们都知道，钟健擅长诗词，毕生写了两千多首，虽不严格遵循旧体诗词格律，但和他的散文一样，都是那样清新流畅，生动活泼。诗词虽其余事，但从这里也说明了钟健一生始终不渝地在履行他的诺言。尤其解放以后，在中国共产党的领导下，钟健经过世界观的改造，已经转变为共产主义者，在社会主义革命和社会主义建设事业中，发挥了重要的作用。此实堪告慰于当年争取并吸收钟健加入"少中"的革命先烈，如李大钊、邓中夏等。

三十年后，钟健调来北京，任中国科学院编译局局长。这时，我们又重新聚首。经我联系，钟健加入了九三学社。九三中央的活动，钟健一直是积极参加的。特别是他的晚年在患重听的情况下，仍然坚持参加会议。听不见别人的发言，他就请人帮他记录，边看边发言。会议结束后，他带回记录，夜间在灯下再仔细翻阅。这种严肃认真、一丝不苟的精神，令人钦佩。

少年中国学会作为“五四”时期的一个进步社团，至今已经过去半个多世纪了。几十年来，沧海桑田，我国发生了翻天覆地的变化。这个学会所提出的创造少年中国的理想，早在三十年前就由中国共产党领导的中国人民把它变成现实。但是，它的历史雄辩地证明了一条真理：只有社会主义才能救中国，只有社会主义才是中国唯一正确的道路，资本主义道路在中国是行不通的。“少中”的马克思主义者及其同盟者们（包括杨钟健在内）那种顺应时代的要求，不断探索真理的精神，在今天仍然是值得青年一代进一步发扬光大的。如今，社会主义事业方兴未艾，四个现代化的锦绣前程又展现在我们面前。在充满希望、大有作为的80年代，党和人民要求青年一代继承和发扬“五四”的光荣传统，树立崇高的理想和坚定的信仰，振奋大无畏的革命精神，从我做起，从现在做起，奋发学习，努力工作，把自己锻炼成为具有较高的科学文化水平，具有共产主义觉悟和道德的一代新人，为我国社会主义现代化建设事业做出伟大的贡献！因此，我们今天怀念钟健的追求真理、钻研科学的精神，还是很有意义的。

（陕西人民出版社1981年5月版《大丈夫只能向前——回忆古生物学家杨钟健》）

# 回忆杨钟健先生

许　杰

1978年9月，时已深秋，庐山却满山苍翠，繁花似锦。许多地质工作者兴致勃勃地从全国各地赶到山上出席第四纪冰川和第四纪地质学术会议。其中包括我在内，大约有六七位年逾七十的老人，而以杨钟健年最长，他已年逾八十了。据我所知，他当时是抱病前来的，但仍每天坚持出席，而且和中青年一起攀山越岭，进行现场考察。他那高大挺立的身材，坚毅的神态，无论在会场上和野外行进中，都最引起同志们的注目和钦敬。

有一次我们在野外考察，路经高大的三宝树，又来到仙人洞小憩，我和杨老在洞口曾即景联句。我拿出笔记本写出前两句，他挥笔写了后两句，合成一绝：

参天古木堪称宝，　入洞仙人不足论；
自古神仙皆虚妄，　吾侪努力为人民！

我的两句只是即景抒怀，他的两句则急转直下，把诗意立即拉回到我们知识分子要努力前进的大方向上来。这使我立刻意识到钟健为什么老而愈坚、生生不已的动力所在：要念兹在兹地永远努力为人民服务啊！

当我们离开那个洞口继续前进时，由于我对他健康的关切，曾婉言劝他注意劳逸结合，保重身体。他断断续续，严肃而又和悦地向我回答，大意是说：现在是科学的春天，我们晚年处盛世，要努力追随年轻人在新的长征中永不掉队；但毕竟年老，更要珍惜寸阴。冰川问题对我钻研的专业，关系十分重大，过去我对我国第四纪冰川认识不足。这次我赶来出席会议，是又一次进行补课的。重要的问题是我要加紧补课呀！

从庐山回北京后不久，大约是在1978年9月底，我到他的宿舍去看他。小小的书斋，三面靠墙围着书橱，他坐在中间一只躺椅上，正在集中精神披卷读书，发觉我来后，正想起身，被我捺下坐着，我也就座，彼此促膝而谈。因他重听，我们一向谈话总是我用笔写，他看字回答。他又和我谈了一些关于周口店北京人的年代和第四纪冰期、间冰期对古脊椎动物和猿人演化的关系问题。我问他，为什么刚从庐山回来也不休息一下就这么用功，最近看的是一些什么书？他说，他还是在看关于庐山会上和刚才谈到的那些问题的书，并提高嗓门说："我还是在补课呀！"

庐山上，书斋中，他两次"补课"的回答，确实给我上了最好的一课。补课，要永远地补课啊！这就是说，要在真理的长河中永远乘风破浪前进，要在建设四化的新的长征中永远前进不停步。

1979年1月下旬，我骤然接到他病逝的通知。不料那次书斋晤别竟成永诀。但钟健自强不息、刻苦钻研的治学精神深深地铭刻在我的头脑里；特别是他的"补课"的两字箴言，我一定要把它记住，用来不断地勉励我自己！

（陕西人民出版社1981年5月版《大丈夫只能向前——回忆古生物学家杨钟健》。本文作者1955年当选为中国科学院学部委员（院士），1989年7月11日逝世。）

# 缅怀杨老

尹赞勋

杨老禀性耿直，待人宽厚；谈笑风生，富幽默感。直到今天，容颜在目，语音在耳。怀念往事，不胜依恋。

我和杨老共事四十多年，相处日久，结下莫逆之交。30 年代初期在北京，末期在昆明；40 年代前半在北碚，后半在南京；解放后又回到北京。在这五个长短不一的阶段内，除了各自多次野外调查工作以外，所有室内研究时期，我们二人过从频繁。杨老长我五岁，是我的学长。无论在随时随地的切磋琢磨中，或三五友好相聚时的海阔天空的漫谈中，我都深受教益。良师益友，久已绝响，每一念及，怎能不深切缅怀！

杨老治学勤奋，知识渊博。遗作 600 多篇，结交虽近半个世纪，我对于他的高深造诣和优良品质，领会不多不深。这里只能回忆几件往事，也可以从中略见杨老之为人。

## 关中才子

五四运动那年，我考入北京大学。读完两年预科之后升入本科，一年级读中国文学系，二年级转入哲学系。在这期间，我住在大学夹道十二号一个公寓里，和地质系同学王炳章、潘丹杰等六人同住三间北屋。王、潘二位常谈地质古生物和葛利普教授古生物的讲课。这引起我的兴趣，曾旁听葛利普的课，阅读未见过面的地质系同学杨钟健和赵国宾记下来的葛氏讲演录。从王、潘二同学的谈话中，得知陕西华县这位同学奋发有为；在西安上中学时，就写文章、搞运动，崭露头角。进入北京大学之后，增长了见识，加强了勇气，更能发挥他的才能。因此，同学们称他为“关中才子”。

在北京大学期间，他学习之外，仍然关心时局，政论杂文散见各种报章刊物。不但抨击陕西当局，也常议论国事。他愤世嫉俗，大鸣不平，把满腔热情注入文中，锋芒所向，锐不可当。这样一位朝气蓬勃的热血青年，为当时北大同学所称赞。可惜直到1923年夏我中断在北大的学程，不久即出国欧游，始终不曾见过这位“幼负聪明誉”[①] 的同学。

## 占据了一个新领域

北京大学毕业不久，钟健来到德国慕尼黑大学，从施洛塞教授学习脊椎古生物学。这位世界闻名的施洛塞教授对于中国古生物也是很有研究的，早在1903年就发表过《中国哺乳动物化石》专著，后来又接受委托写了《蒙古第三纪脊椎动物》和《中国灵长类化石》二文。

初到德国，钟健还要补习德文。尽管如此，他只用了三年时间就完成了博士论文——《中国北部之啮齿类化石》，于1927年用德文在《中国古生物志》丛刊上发表。这是我们自己破天荒第一次研究脊椎古生物学的重要成果，从而在我国建立起这门学科。经过几十年继续不断的艰苦奋斗，又建立了举世无双的古脊椎动物的专门研究机构，来访的国外古生物学家莫不誉为世界重要研究中心之一。

在古生物学领域内，杨老是我国著作最多的学者。在世界上他也称得起是丰产学者。先后周游或访问过德、美、英、法、瑞士、苏联等国，并与世界一些著名学者交换著作，通信讨论问题。据我所知，至少有好几十位古生物学家赠送相片，作为纪念。他把这些相片悬挂在工作室内，借以勉励自己不要落在他们后边。“四人帮”妄图陷害这位誉满全球的学人，罗织的所谓“罪状”之一，就是说杨老悬挂了好多外国人的相片。

---

①杨老1947年6月1日《五十书往百句》中的一句。

## 丰产学者的两种文风

这位学者著作等身。关于古生物学的专著、论文、述评、译文等共约300多篇，其他言论和杂文也不下此数，还有大量的诗词作品。他辛勤劳动、奋斗终身，为我国古生物学创造了宝贵财富。对于现代自然科学的发展也有一定的影响。今天纪念他，悲喜交加。人亡而物在，声寂而文存；为我们留下来的文物，是我们学习的好材料。把它发扬光大是后起之秀的光荣责任。

他的除诗词以外的著作，约半数为学术论文，另外约半数是一般文章。两类著作，似乎有两种文风。学术论文大都经过详细观察研究，描述力求准确，推论力求符合逻辑。无论早年的博士论文，或后来的大量著作，都反映了这位在国内开辟研究领域的著名学者，登上了世界古生物学的高峰，博得了世界同行的同声赞赏。荣誉之来是和他的严谨文风分不开的。

他还发表了300多篇的一般文章。文风和上段所说的颇有不同。一般文章与科学论文的性质不同，目的不同，写法也应不同。一般文章中有些是具有战斗性的，如早年几篇讨刘（镇华）的檄文；有些是宣传性质的，如一系列介绍周口店各种发现重要意义的文章；此外还有建议、游记、杂感、讽刺，想到就写，毫不迟疑。这些文章在当时大都发挥了启蒙纠偏、振聋发聩的作用。他朝夕忙于学习、研究、著书、立说，而又关心陕西省（早年）和国内外大事、学术界和教育界动态，以及风俗、积习上的问题；所见所闻，每每激起扬善抑恶之心，遂于百忙之中，振笔疾书，把字迹潦草的稿子交给他的夫人王国桢整理抄写，并用最快的速度发出去付印。

1932年冬，杨老与《北京晨报》商谈创办《自然》周刊。他约我合编，我说至少可以写几篇稿子。我一向认为写稿困难。每次构思下笔，煞费周章。从那年12月起，杨老和我共同为《自然》写稿，我受到他那爽朗文风的感染，以后也就不那么咬文嚼字了。从那时起，我二人一胖一瘦（那时我很瘦），朋友们相遇，有时开玩笑说：又碰到劳雷尔和哈迪了。

## 记骨室文目

我国脊椎古生物学创业人杨钟健先生是一位伟大的科学家。他的显著优点之一是，研究科学能按科学方法办事。他给我们留下一份著作目录，题名《记骨室文目》。这一本很有意义的小册子，对于了解他的毕生贡献，纪念他发展古生物学的功劳，起着非常重要的作用。

《记骨室文目》有初编（1937 年）、续编（1947 年）和重编（1957 年）三版。第三次印行的重编本收入各类著作和短文共五百十八号。在早年初编的序言中已经说明："只限于已发表的文字，但信札及零星之讲演记录等，虽曾印布，却未列入。"据古脊椎动物与古人类研究所的同志说，现在已大大超过六百号了。

据我所知，在近代世界上一二十位最著名的脊椎古生物学家中，有人说，以奥斯朋（H. F. Oshorn 1857—1935）的著作目录为最长。在 30 年代初我所见到的他的著作目录，记不清了，大约有五六百篇。奥氏生前是美国自然博物馆馆长。他的办公室旁边大厅内经常有一二十个助手，同时进行三五个到八九个研究题目的搜集、整理、描述、绘图等准备工作。他生活在富强的美国之全盛时期，条件极好，助手很多。而我们的杨老，条件远不及他好，助手也不及他多，也能写出这么多篇文章，其艰苦卓绝、为国争光的坚强意志，在纪念他、缅怀他的时候，更加激励我们接过衣钵、发扬光大，为古生物学的现代化而努力奋斗的雄心壮志。

（陕西人民出版社 1981 年 5 月版《大丈夫只能向前——回忆古生物学家杨钟健》。本文作者 1995 年当选为中国科学院学部委员（院士），1984 年 1 月 27 日逝世。）

# 忆良师益友杨钟健先生

裴文中

1979 年 1 月 15 日，当我听到杨钟健先生去世的消息时，犹如当头一棒，感到万分悲痛。晚上，虽然服用了安眠药，但依然不能入睡。心潮起伏，思绪万千，我同杨先生交往五十多年的往事，历历在目。我深深地感到自己失去了一位良师益友。

1928 年，我参加了周口店的发掘工作，从此结识了杨钟健先生。那时，杨先生已经从德国留学归来，有着渊博的知识。而我则刚刚从大学毕业，况且我因家境贫困，在校期间不得不半工半读，真正读书的时间不多，所以虽然大学毕业，实际上并没有学到什么东西。初到周口店，我对所进行的工作真可谓一无所知。幸好我和杨先生同住在小客店的一间客房里，这就有了近水楼台之便，可以随时向他请教。杨先生把他从德国老师那里学来的丰富知识，毫无保留地向我传授。正是由于杨先生的教诲，我方能在古生物学方面入了门。饮水思源，我在学术上能取得一些成绩，与杨先生对我的帮助是分不开的。

抗日战争开始以后，杨先生去南方，先后在昆明、重庆、南京等地工作，我则留在北京。虽然南北分离，不在一起，但杨先生不断通过书信对我进行鼓励。在那艰苦的岁月里，杨先生的鼓励使我增添了克服各种困难的信心，终于盼到了解放。

全国解放后，杨先生回到北京，担任中国科学院编译局局长职务。但他不安居于行政上的高位，而是始终想着重新从事自己的专业，为发展我国的古生物研究工作做出自己的贡献。经过杨先生的努力，1953 年成立了中国科学院古脊椎动物研究室。杨先生放弃了局长的职务，把自己的全部精力投入到了这个小研究室的工作之中，充分体现了他对古生物研究事业的极大热忱。

古脊椎动物研究室成立之前，我在文化部工作，杨钟健先生亲自到东华门内自然博物馆筹备处找我，约我同去从事古生物的研究工作。经杨先生的指点，我才下决心到中国科学院工作，重新回到了古生物及考古专业的行列。

二十多年来，我一直在杨先生的领导下工作，使我自愧不如的是，不管天气好坏，不管家中有什么事，杨先生始终坚持到办公室来上班。当发现恐龙化石时，无论路途远近，不顾道路崎岖，杨先生必定要亲临现场。他那艰苦朴素、克己奉公、直言不讳、见义勇为的优秀品质，给我们留下了深刻的印象。特别是一心一意对待科学研究事业，杨老堪称是鞠躬尽瘁，死而后已。

记得有一次，我从外地出差回来，去杨老办公室看他，他要我与他一同去周口店闹“革命”。那是在林彪、“四人帮”横行期间，周口店陈列馆把其他各地的古生物化石都陈列起来了。虽然郭沫若院长曾一再指示：周口店只陈列周口店的东西，不要成为大杂烩，但问题迟迟没有得到解决。直到杨老病重住院时，我到医院看望他，杨老仍然惦念着这件事，甚至为此而难过得掉下了眼泪。当时我深受感动，即给他写了“安心养病，愈后同去周口店‘革命’”的字条。遗憾的是，我们的约定未能得以实现，而这一次相见竟成了我与杨老的诀别。粉碎“四人帮”之后，党中央拨乱反正，周口店陈列馆在同志们的努力下已经完全改观，杨老在九泉之下也可以放心了。

每当我回忆起杨先生，我总是想，对杨老最好的纪念就是在我国古生物的研究工作中做出新的、更大的成绩！

（陕西人民出版社1981年5月版《大丈夫只能向前——回忆古生物学家杨钟健》。本文作者1955年当选为中国科学院学部委员（院士），1982年9月18日逝世。）

# 深切怀念杨钟健

黄汲清



杨钟健1923年毕业于北京大学地质系，随即去德国留学，在慕尼黑大学专攻脊椎古生物学，考得博士学位，于1928年回国。那时中国还是一个半殖民地半封建的国家，科学研究工作根本得不到政府的支持，社会上也不重视。幸好在北京已经有一个地质调查所，它有十多年的历史，有一批实干家从事地质调查，还有一个图书馆和一个小型博物馆，勉强可以展开科研工作。钟健是抱着发展脊椎古生物学的雄心壮志回国的。在此种情形下，他毅然加入地质调查所，开始他的科研征程。

为了重点研究在房山县周口店发现的大批“龙骨”，加以有迹象表明在那里有发现猿人化石之可能，地质调查所专门成立了一个新生代研究室，负责这方面的发展和科研工作。大规模的发掘需要经费，这种经费是不可能从当时的政府部门获得的。因此，地质调查所与美国“洛克菲勒基金会”合作，签定合同，由基金会提供辅助，在物质上支持新生代研究室。经过协商，当时协和医学院（是由洛氏基金会创立的）解剖学教授步达生（Davidson Black）被任命为新生代研究室主任，杨钟健为副主任，裴文中参加工作，专门负责周口店的发掘。法国神父德日进（Teilnard de Chardin）以顾问名义也来参加。步氏专门研究古人类学，德氏是地质学家，同时也是脊椎古生物学家。钟健和他们二人长期合作，在学术问题上互相影响，在研究成果上互相补充。

新生代研究室的工作相当繁重：第一，大批“龙骨”化石需要进行室内整理、研究，在这方面，钟健义不容辞地成了主力军；第二，周口店的发掘工作规模相当大，困难也不少，钟健以副主任身份进行领导，付出了大量劳动，花费了不少心血；第三，要研究中国的新生代必须展开野外工作，到全国各地，首先是华北地区进行实地调查，采集大量古生物标本，建立新生代地层层序。从 1928 年到 1937 年这一段时间里，钟健为这些工作付出了艰苦的劳动，取得了重要的成果，发表了大量的论文和报告，为中国的新生代地质和脊椎古生物学打下了坚实的基础。“北京人”的发现是裴文中的功劳，这和钟健的领导也是分不开的。

我于 1928 年进入北京地质调查所为调查员，和钟健初次相识。他比我早五年毕业，已经是有重要成就的古生物学家，所以我一向称他为老大哥，对他很尊重。从那时起我们互相过从，我不时到他的石老娘胡同寓所去做客。我不懂脊椎古生物学，我们的谈话一般只涉及到中国的新生代问题和所谓地文分期问题。给我印象最深的是：他是一个刻苦钻研，锲而不舍，勇往直前，实事求是的科学工作者；讨论问题绝不夸夸其谈，而是摆事实讲道理，总要拿证据去说服对方。在实际工作中他是一个实干苦干家，他的这些优秀品质对我有很大的影响。

“七七”事变抗日战争开始后，地质调查所从南京搬到长沙，1938 年又从长沙搬到昆明，1940 年 10 月再由昆明迁到重庆北碚。钟健毅然决然放弃了他在北京的比较舒适的生活环境，和比较优越的工作条件，来到大后方昆明，担任地质调查所昆明办事处主任之职。恰在这时，云南禄丰发现“龙骨”。在钟健直接领导之下，他的助手卞美年、王存义等，在禄丰地区展开了地质调查，进行了发掘，采得了大量的恐龙和原始哺乳类化石。钟健对它们进行了长期的、详细的研究，发表了许多重要论文，从此“禄丰龙动物群”就闻名全世界。

1940 年昆明办事处撤销，钟健来到重庆北碚，暂时定居下来。在此期间，他在四川境内跑了很多地方，采得很多脊椎动物化石，继续进行室内研究工作。1942 年至 1943 年，他参加了新疆石油调查队。

我们有机会一同在天山南北进行了大半年的野外调查。很多人对塞外风光不感兴趣，对边疆地区的膻肉酪浆生活颇以为苦。钟健则不然，他十分喜爱雪山草地，喜欢当地少数民族的朴实勤劳，兴致勃勃地参加了先后在独山子、库车和阿克苏的填图找油工作，并主动进攻天山南麓的白垩——新生界地层问题，做出了积极贡献。闲时他向维族人学习跳舞，对手抓羊肉和维族面包——馕，尤感兴趣，经常风趣地说："有馕万事足。"

遗憾的是，由于客观条件的限制，脊椎古生物研究工作不能正常开展，研究助手也非常缺乏，钟健的才智得不到应有的发挥。

解放初期，为了适应国家经济建设的迫切需要和地质勘探事业的迅速发展，原地质调查所的绝大部分工作人员被分配到新成立的地质部。他们后来成了地质部的技术骨干。剩下的一部分脊椎古生物研究人员都划归中国科学院领导。不久，在中国科学院下面设立了古脊椎动物与古人类研究所，钟健又被任命为所长。脊椎古生物研究在国外一般都被放在自然历史博物馆，例如美国的纽约自然历史博物馆就把脊椎古生物研究作为它的重点课题，并不断派专家到世界各地采集标本。像我国这样把脊椎古生物和古人类予以突出，单独成立一个研究所，在世界各国是不多见的。这表明人民政府对这门科学研究的高度重视，同时也表明领导上对钟健的极大信赖。近三十年来，在钟健主持下，该所继续进行周口店发掘工作，获得了大量新材料，取得了重要新成果。还先后派人到全国各地研究中、新生代地层，收集大量的爬行类和哺乳类化石。钟健一方面亲自参加这些丰富材料的描述、研究工作，一方面培训青年人员，使他们逐步成为脊椎古生物学的骨干，成为自己事业的接班人。后来，北京自然博物馆成立，聘请钟健担任馆长。以他的学术成就和国际威望，担任这一职务是非常适当的。

钟健真正是著作等身。他一共发表了 600 多篇学术论文和报告，还有一批手稿遗著有待整理出版。在整个地质、古生物学界中，他是名符其实的“丰产作家”，没有哪一个赶得上他，大多数人都远远落在他的后面。在整个中国科学界中我也不知道有哪一位“作家”可以和他媲美。这样显赫成就的获得，是和钟健长期地、艰苦地、持续不断地、有时是夜以继日地埋头苦干的治学精神分不开的。的确，在出成果方面他是远远跑在我们的前头，是青年一代学习的榜样。这和他热爱自己的专业，特别热爱“龙骨”，可以说“念念不忘龙骨”是密切相关的。他把自己的工作室命名为“记骨室”，就是这种精神的体现。

我和钟健有半个世纪的交情，我们两家常常互相过从，见面时无话不谈。他谈锋特健，滔滔不绝，对一个问题不把它说清楚讲透彻决不罢休。他是一个性情直爽的人，作风正派的人，也是一个嫉恶如仇、好鸣不平的人。我钦佩他这种作风，尊重他这些特点。我们的友谊是真诚的，经得起考验的。他晚年耳聋，我们就用笔谈，有时一谈就是两个钟头。这样的经历多次出现在他的地安门寓所的斗室中。

1979 年 1 月初，我接到电话说，钟健病重，已入北京医院治疗。我到病房去看他，他正在熟睡，没有能够交谈。我估计不是大病，经过治疗不久就会痊愈。哪知病情突然恶化，没过几天时间，钟健竟和我们永别了！

钟健虽然去世了，他的科学遗产是我们的宝贵财富，他的治学精神将永远活在我们心中！

（陕西人民出版社 1981 年 5 月版《大丈夫只能向前——回忆古生物学家杨钟健》。本文作者 1955 年当选为中国科学院学部委员（院士），1995 年 3 月 22 日逝世。）

# 从小事看大节

贾兰坡

杨老之所以受人尊敬和爱戴，是因为他为人光明磊落，怎样想就怎样说，决不当面搞一套，背后另搞一套。正因为是这样，他也最恨那些撒谎撩皮、专使两面三刀的人。

我跟他工作多年，给我的影响很深。我在此只说几件小事，已经可以看出他的大节，已经可以看出他多么渴望青年的成长和如何勇于改正自己的错误！

## 一

我 1931 年春参加了当时国民党政府实业部的地质调查所新生代研究室的工作。周口店发掘时我随同前往；发掘停止，我又回到北京的研究室。我是什么活都干，发掘时帮助发掘、包裹标本、记账、写号码；回到研究室后又抄、打中英文稿件。当然也利用我所能利用的时间和机会学习本门科学。

记得就是那一年的冬天，只有 34 岁的新生代研究室副主任杨钟健先生，找我替他打一份英文稿子。打字我倒是会打的，但是我对这门学科还很不熟悉，加上他写的字又非常难认，我一看就蒙了头——特别是那些学术专用名词，连查字典也无处可查。问他吧，彼此办公的地方又相去甚远，一在东城，一在西城，非常不便。只好硬着头皮去打。尽管我费了很大的劲，打完给他一看，他不管三七二十一就发了“火”。不言而喻，是因为我打的错字太多。但当时也确实使我感到尴尬和难堪，情不自禁地和他吵了起来。一吵反而使我有点过意不去，因为他的态度又变得和蔼起来，和颜悦色地告诉我怎样认识那些生僻的词。他这次发脾气，成了我前进的动力，事后我把所遇到的学术名词都一一收集起来，记明它们的意思和拼法，成了我手头经常使用的一本小小的“字典”。

## 二

当我初到周口店的时候，对本门科学一窍不通。看到工人们拿起一颗牙齿，就能辨别出是马、是牛或是羊的，感到十分有趣。我无时无刻地向主持周口店发掘工作的当时只有27岁的裴文中和许多发掘工人们学习、请教，在短短的一年多的时间里，我就学到不少的东西；但我还只能认识到大的类别，离辨别“属”和“种”还差十万八千里。

杨老在北京的办公室有两处：一处在东单北大街协和医院娄公楼108室；一处在西四兵马司九号西楼靠北头朝东的一间房子里。他一般是上午在东城，下午在西城。我无定点，虽然更多的时间在娄公楼，但有时也到兵马司工作。我每到兵马司工作的时候，多半在他办公室的对面绘图室里。

1932年冬天，他拿出两木盒标本，其中都是各式各样的兽牙，叫我按着门类分开。我自觉经过将近两年的学习，不会遇到什么困难，不但答应了下来，而且很快就把它们划分开来，写明哪些是鬣狗牙，哪些是猪牙等等。他看了以后说：“不要这些，要深入一步，要鉴定到‘属’和‘种’，要写上拉丁化学名。”老天爷！这样的要求，当时远远地超过了我的能力。

回到我的办公桌，这些标本把我弄得晕头转向，只好一面请教一面查书。看一看这颗牙，又量一量那颗牙，一连干了好多天才把这项任务完成了。当我拿去交差的时候，他不但详细检查了标签，核对了标本，并询问了划分“属”或“种”的依据。这一下他满意啦，嘿嘿一笑说：“这样你就永远也忘记不了啦！”他还把这套标本送给了我，嘱我连标签和标本都好好地保存起来。他给我上了一次非常好的课，既是对我的一次严格考试，又教了我如何进行工作，为我后来的研究打下了良好基础。那两盒标本，我一直当做课本保存着，直到珍珠港事变后协和医学院被日军占领才不知所终。

## 三

杨老的治学态度十分严谨，在学术上有他自己的见解，既不随心所欲，也不随声附和。更可贵的是，他从来不掩盖自己的错误，一旦发现自己的学术观点有问题，立即加以改正——他在这方面做得很突出。

1973 年 5 月下旬，正当麦子即将成熟的时节，杨老特意邀了汤英俊、王哲夫和我三人陪他到周口店西约 20 公里的上房山去。干什么去，是重游云水洞吗？当然也可以这样说，因为云水洞是华北第一大洞，一游再游也不会厌烦的。但杨老约我们去这一趟，绝不是去游山玩水，他是要再次亲自考察，重新认识北京西山的古冰川问题。

这件事得从头说起。还在 1935 年秋天，杨老和卞美年要同游上房山，我因事未能同行，是第二天赶去的。事前说的是“游”，实际上是去做地质调查。当天他们就跑到兜率寺至云水洞半路上的朝阳洞里寻找化石。第二天，我到了之后又和他们挖了半天。

朝阳洞很小，里面的化石也不多，而且破烂得很，有鹿的脚骨和其他难以辨认的碎骨块。洞壁上断断续续地胶结着砾岩，砾石很圆，大的如苹果。洞的底部是厚约 70 厘米的红黄色土和石灰岩碎屑，化石就产自这一层里。这一层很松软，显然时代要比砾岩晚得多。他们认为这里的砾岩是上新世的，因为性质和周口店的“上砾石层”很相似。

这个洞的化石虽然没有多少话可说，但这里的砾岩却引起了他们很大的注意。这个洞穴据当时估计比河北平原约高 800 米，并且可以肯定与现代的河流无关，因为它的位置不仅比现在的谷底高约 300 米，而且砾石的性质彼此也不相同，现在谷底的砾石不仅巨大而且多带有棱角。他们把这个洞穴里的砾岩和比河北平原高约 70 米的周口店“上砾石层”以及门头沟的高约 100 米的砾石层相比，认为当时曾是单一的广大的面，在中、晚上新世的时候沿着北京西山曾发生过相差数百米的不均匀的断裂，并把他们的这一观点发表在 1936 年的《中国地质学会会志》上。这个判断，杨老后来发生了怀疑，他曾多次向我谈过这种看法，并表示要亲自再做调查，解决这个问题。这一次他邀汤英俊、王哲夫和我同去上房山，就是为了再探朝阳洞的砾岩。

然而，1973 年杨老已是 76 岁高龄的人了，要亲自去解决这个问题，决非一件容易的事。因为进朝阳洞，首先得爬上那个抬头不见顶的云梯，就是青年人也感到很吃力。可是他竟有勇气主动提出要和我一起去。我记得那天还走了一段相当长的谷底，才到达云梯下。先是他自己走，后来是我们搀扶着，最后是连搀带爬。估计是只爬了云梯的四分之一，由于我们出发较晚，这时太阳已经偏西，就是爬上去，到朝阳洞恐怕还有几里路，回来会遇到很大的困难。露宿荒野，又怕他身体吃不消，只好劝说他往回走。这次没有达到他的目的，当然会使他感到遗憾，直到辞世之前，仍然念叨着这件事。杨老一生不屈不挠的苦斗精神，给我们留下了极为宝贵的精神财富，他对学术极端负责的鲜明态度，永远鼓舞着我们前进！

（陕西人民出版社 1981 年 5 月版《大丈夫只能向前——回忆古生物学家杨钟健》。本文作者 1980 年当选为中国科学院学部委员（院士），2001 年 7 月 8 日逝世。）

# 难忘的一课

刘东生

1946年，南京国民党政府撕毁了停战协定，发动了内战。当时秦淮河畔到处是“朱门酒肉臭，路有冻死骨”的景象。从苏北灾区来的难民流浪街头、卖儿鬻女，科学研究也处于和他们一样的绝境。

古脊椎动物研究这个“冷门”，只有杨钟健先生在支撑着。和他一起工作的王存义先生用拣来的钢丝做成钎子在修理歌乐山的化石，蔡一先生用冻得发僵的手在放大镜下描绘古蝙蝠的牙齿。就是在这个时候我开始跟着杨先生学习。

我打交道的对象是堆在珠江路地质陈列馆二楼的化石标本。在一些盖满了尘土的破碎骨架上，偶尔还保留着光亮的牙齿。有时在零散的骨头下面还压着印有日本字的标签。这是经过了“扫荡”和“劫收”以后剩下来的一堆破烂。我的第一项工作就是整理这批原来留在南京的，和由重庆运回来的古脊椎动物化石标本。

每当我拿着一块既不知道是什么东西，又不知道该如何处理的标本去问杨先生的时候，他总是深有感触地讲起它们的出身和不寻常的遭遇。原来，这一批批，一件件化石都有它们的一段独特的历史：

这些重得搬不动的大犀牛头骨，是安特生从山西保德冀家沟一带以一块大洋一个买来的。有400多箱这样“采”来的化石被运到瑞典去研究。正型标本留在那里了，一些没有用的、未修理的副品被遣送回来了，上面还贴着精致的、像邮票大小的铅印标签。

这只美丽的豹子骨架是用美国洛氏基金会的钱从周口店、山顶洞发掘出来的。架好的完整骨架已被搞“大东亚共荣圈”的“科学家”

们贴上了日文标签。现在却被打得腰折三段，肢骨不全，再也恢复不起来了。

这块看上去像块没头没脑的骨头，是老一辈中国地质学家谭锡畴先生从山东蒙阴发现的中国第一块恐龙化石。上面还有用油漆点上的两个红点，它是外国人研究过的正型标本。

这一堆黑灰色的骨头化石，就是在闻名世界的《中国古生物志》中发表的大名鼎鼎的禄丰龙。这是当时中国发现的最完整的恐龙骨架，而且还是中国人自己——杨钟健研究的。

……

这些标本有的是杨先生亲自采集和研究的，有的是在他参与下从国外要回来的。杨先生几乎和这些标本中的每一块骨头都打过交道，对于它们的身世和遭遇是再熟悉也没有了。

在那空旷的大厅里，看看那些摆在四周奇形怪状的动物的骨架，它们真好像神话故事中被禁锢了的仙女似的在那里发呆，毫无生气。可是经过杨先生这么一讲，就像是在“魔笛”的神奇的音乐下，它们又都活了。我曾为这些宝贝的能够保存下来而感到十分高兴。虽然我还不能体会，但已在不知不觉之中，被杨先生引进了古脊椎动物研究的发展进程之中。

这就是杨先生给我上的第一课。这是值得永久怀念的一课。这是一堂没有讲完的课。它的答案在哪里呢？我当时还没有深刻地想过旧中国古脊椎动物研究这一段曲折而又艰辛的历史意味着什么？也还不能体会他那丝毫没有夸张气息，简单而又朴实的叙述与他自己为之付出了半生精力的研究工作和中国古脊椎动物科学的命运之间的联系。

解放了，杨先生找到了答案，他怀着极大的喜悦，积极地投入了中国科学院的建院工作。当我送他到北京去的时候，坐在过江的渡轮上，望着江北通明的灯火，他说这次到北京以后，古脊椎动物的研究要有一个新的发展。

果然，他的愿望实现了。在人民当家做主的国度里，他亲自到我国第一次发现恐龙的山东去发掘恐龙；他用我们自己的钱，而不是洛氏基金会的钱恢复了周口店的研究工作，把它建设为世界上最早的古脊椎动物产地科学保护区之一；他在中国建立了世界上第一个古脊椎动物与古人类学专门的研究所，并亲任所长；他主编并出版了世界上第一份专门研究古脊椎动物与古人类学的学报……这一个又一个的累累成果，都是他在南京时就希望去做，但却根本不可能做到的啊！在今天祖国科学事业日益繁荣的大好形势下，回忆过去和老师杨钟健先生相处的往事，才更觉得有值得纪念的意义，更觉得社会主义制度无比可爱！

（陕西人民出版社1981年5月版《大丈夫只能向前——回忆古生物学家杨钟健》。本文作者1980年当选为中国科学院学部委员（院士），2008年3月6日逝世。）

# 忆杨钟健老师二三事

李星学

杨钟健老师是我国地学界最早的几个成绩卓著的科学家之一，是国际著名的地质古生物学者。他虽然逝世了，但他的著述、观点，仍常被地质界的同志们在进行地层古生物工作时引用着。杨老仍活在人们心中。他的音容神态，也常常勾起大家对他的追念。每当这时，我就不由得回想起40年代初，在大学和后来在前地质调查所与他朝夕相处的那段时间。他那亲切的教诲、爽朗的性格和平易近人的态度，使我心里充满了深切的敬意和怀念。

## 一

在南京解放初期，我们看过他冒着生命危险保存下来的毛泽东在20年代给他的一封亲笔信。由于年久日深，手书的纸已微发黄，内容大致是谈青年学习与爱国运动的事，详细的已记不清了。

抗日战争爆发后，他颠沛流离地到了长沙，爱国爱民和同仇敌忾的热情仍不减当年。1937年冬，他在已故二舅朱森教授纪念册上留下了一首五言诗，写道：

河山半破碎，　同道集三湘。
杀敌无寸铁，　救国空热肠。

杨老遇朱森等于长沙时，正值日本帝国主义又在上海制造了“八一三事件”，由于蒋介石反动政府企图保持其武装力量来反共和镇压人民，继续推行他卖国的不抵抗主义，半壁河山沦陷，国事艰危，民族濒于灭亡的岁月。杨老的这首诗，不仅是他个人爱国心情的流露，无疑地也表现了当时大多数知识分子忧世心切和报国无门的共同愤慨。

1978 年初，我曾将此诗抄呈杨老，问他还知道这一诗作否？他于 2 月 8 日回信说：“所示在湘的五言诗与拙著稍有出入，但无关宏旨。”这可能是杨老后来将此诗收入他的《记骨室目录》时，略有修改。



## 二

1964 年夏，杨老在庐山休养时，得悉斯行健老师于 6 月 14 日病故的噩耗，特于 8 月间来宁凭吊老友，老泪纵横，作五言诗一首：

一月不我待，隔泉吊故人；
业因创始苦，人是同行亲。
玄武桃李艳，钟山雨露深；
大江东流去，风物更宜春。

这首诗既表达了杨老师对斯老师的深切怀念，又扼要地赞扬了斯老师的业绩。其中的“业因创始苦，人是同行亲”，更是情意笃深的箴言。我们知道，斯、杨二老早年都留学德国，分别为我国古植物学与古脊椎动物学的开山奠基人。他们在学术见解和某些其他问题上虽不时有所争论，但在为我国地质古生物学打基础，开拓新的学术领域，培育后进，以使我国地质古生物事业迅速发展，赶超国外先进水平等方面，却总是同心同德，全力以赴的。因而，杨老的这两句诗，不仅是他俩数十年如一日的艰辛创业、共同奋斗的回顾与感受，也给了我们后辈科技工作者以意义深远的激励。旧社会和资本主义世界的知识分子中，“文人相轻”、“同行是冤家”这类常有的现象，在我们现实生活中还不算很少的今天，“人是同行亲”这句看起来很普通，做起来却并不容易的话，正体现了杨老的宽阔的革命胸怀和高尚的情操。今天读来，仍然分外感人。

## 三

在与杨老师的交往中，使我感念最深的是他于1967年12月7日给我的一封信。现将其中较重要的部分节录如下：

“……近整理前几年由我所同志从河南济源所采的一些化石……据采集的人说，这些化石采自石盒子系顶部，距石千峰系的底部不远。这是我们第一次知道的石盒子系的脊椎动物化石……感到很有意思。……似可以和南非的Tapinocephalus层相比，更接近于苏联乌拉尔西相当于此层的化石，也可能稍高些，也就是二叠统的下部或更老一些。此为石千峰发现了脊椎动物化石后的另一重要收获，也证明石千峰系属于上叠统是正确的。看到我兄关于中国古生代晚期陆相地层和盛金章兄关于二叠纪的论述，均把石千峰系归之于上二叠纪，十分正确，无任钦佩。脊椎动物化石在古生代后期的工作过去注意不够……但近来一些事实使我有强烈的信念……（我国）古生代晚期从泥盆纪到二叠纪必有更多脊椎动物化石发现，不亚于美国的得克萨斯、阿利桑那、南非和苏联的一些地方，或可超过。”

谁都知道，1967年是林彪、“四人帮”大搞白色恐怖的时候。杨老和我头上都扣上了种种“罪名”的帽子，自然都是被隔离或劳改的对象。我们之间的任何联系都会被看成“黑串联”，随之而带来更大的灾难。因而，看了杨老的信后，我一度打算把它销毁，免惹是非。继而想到杨老以当时已近古稀之年，多病之躯，对横来顺受的处境听之任之，既无恐尤，也不消沉；而是每有自由的空隙，就潜心读书，埋首于他热爱的骨化石研究中。正是杨老这种在任何困境中对工作都坚忍不拔地献身于科学的精神感染了我，给了我以勇气，使我敢于把这封信一直保存到现在。

从这封信可以看出，杨老在那样困难的条件下的专心读书，并非借以消愁解闷，而是在真正地搞科研，并且做出了不少的成绩。[①] 不仅如此，他在有所发现，“兴奋之余”，还函告他的学生、友好，以分享他的乐趣；同时，他对后辈在工作上稍有成绩，也不惜笔墨给以宽厚的嘉许和热情的鼓励。他的这种革命乐观主义精神和培育后进的优良作风，都是我们学习的榜样。

这封信，和他的另一些著作一样，也表达了杨老强烈的爱国主义思想。他深信：中国晚古生代脊椎动物化石的丰富程度，将不亚于美苏和南非的几处世界最著名的产地。

更令人钦佩不已的是，在1967年那种万马齐喑的日子里，有的受压抑、被迫害的知识分子，对国家、个人前途几乎悲观绝望的情况下，杨老却凭着他政治上深邃的洞察力，对党的深信热爱，以及毕生坚定不移地献身于中国科学事业的精神，能够真知灼见地指出：“文化大革命”过后，社会主义的科学事业必将有飞跃的发展。对当时的我来说，这真不啻是阴霾中的一线阳光，严冬之际的一声春雷，给我带了莫大的慰藉，增长了我应付逆境的勇气，使我对科学事业又有了信心，对个人前途抱有希望。

现在，杨老师辞世将近一年了。粉碎“四人帮”和逐步肃清流毒影响后，我国科学事业飞跃前进的景象，确实有如杨老师预言的那样，正是阳光普照，大地回春，莺歌燕舞，万木欣欣向荣的局面。可惜杨老已不及目睹这种盛况了。

让我们以杨老的优秀品质和宽阔的革命胸怀为榜样，勇往直前地肩负起国家、民族赋予的历史重任，在党的领导下，同心协力，为实现祖国的四个现代化贡献出最大的力量。

（陕西人民出版社1981年5月版《大丈夫只能向前——回忆古生物学家杨钟健》。本文作者1980年当选为中国科学院学部委员（院士）。）

---

①后来知道，杨老在1967年至1970年间，共完成学术论文近30篇，这封信所说的济源材料，仅是其中一个课题。

# 忆杨钟健先生

高振西

我是杨先生的学生，虽然没从事古脊椎动物工作，却听过杨先生的讲课，后来，又同他在一个机关里工作过相当时间。在平日交往中，先生给我留下了终生难忘的印象。

杨先生考虑和处理问题，都是以祖国需要与否为根据的，他选择古脊椎动物学为终身事业，也完全是根据祖国的需要。1922 年，先生于北京大学地质系毕业时，中国地质工作开展还不久，人员也很少，地质工作范畴内的很多学科都还空白着，古脊椎动物的研究工作处于空白状态，需要填补起来。杨先生有机会到德国去学习深造，李四光先生就建议他到德国学习古脊椎，这一建议是根据祖国需要而提出的，因而杨先生也就毅然决然接受了这一建议。他在北京大学念书时期，有几位搞无脊椎古生物学的人在教书，如葛利普、孙云铸等，李四光先生也在研究䗴科。就杨先生在学校的基础和兴趣来讲，恐怕对无脊椎还超过脊椎，对脊椎还基本上没有接触过。虽然研究无脊椎古生物学的人也不算多，究竟已有人从事这项工作，而古脊椎动物的研究，则完全空白，急待有人填补。中国中、新生代地层以陆相为主，古脊椎动物化石的研究对解决中、新生代的地质问题，尤其显得重要，不能长期无人过问。李四光的建议，杨先生的抉择，都是从祖国的需要出发，杨先生这种精神贯彻在他一生的许多方面。

杨先生以事业为重，不斤斤于个人名利，是他在古脊椎动物学方面做出巨大成绩的一个重要原因。1927 年先生在德国获得博士学位，学成回国，就职于当时的地质调查所。地质调查所的工资待遇一般比同类机关的同类人员略少一些，名义也略低一些。对从外国留学回来的，甚至对学位很高的人也是这样。有些把个人名利看得较重的人，往往因此而放弃本行，改就他职。地质调查所这种办法，后来听说是想用较少的钱，办更多的事，同时也是考验一个人对地质工作是否真正热爱。杨先生本是学地质的，在国外专习古脊椎动物，能在地质调查所工作，当然正是英雄用武之地。从古脊椎动物的研究事业出发，工资少点，名义低点，他都不计较了。

坚定不移，勇往向前是杨先生治学精神的一个重要方面，也是大家应当学习的榜样。他在选定了古脊椎动物学这一专业之后，从来没有过改变行业的念头。在他半个多世纪工作时间里，除“记骨”（自称书斋为记骨室）之外，几乎没有想过其他什么。专和钻是科学研究工作的秘诀，厌故喜新、见异思迁的人，从来是不会有什么重大成就的。有重大贡献的人，都是坚定不移，勇往向前，不辞辛苦的劳动者。在这一方面，杨先生是很突出的。20—30年代，不少科学工作者为生活而改行了，为官者有之，为商者也有之，去教书的更多一些，教书不一定改行，但往往因此而放弃或减少了研究工作。在这种情况下，杨先生一点没有动摇过。“在陋巷，人不堪忧，回也不改其乐”，钻研他的龙骨如故。抗日战争期间，八年离乱，四海漂流，生活十分艰苦，工作更是极端困难。他挥泪离开了北京，到长沙，就亲自调查研究长沙盆地和浏阳盆地等处地质；到昆明，就研究禄丰恐龙化石。野外工作一段时间后，还访问过欧美。只要有机会，他就就地取材，就地研究，决不放弃任何工作的可能性。他到什么地方，都对当地的新生代地质进行考察研究，做出贡献。

杨先生治学之勤奋，是人人皆知的。几十年写出几百篇文章，对古脊椎动物和新生代地质做出重大贡献，都是辛勤劳动的成果。杨先生生活工作看起来好像很潇洒似的，不大表现出忙迫紧张的情况。其实他日常工作抓得很紧，不浪费一点时间，该做的随时都做了，他不积压存留重要材料，因而看不到他有什么紧张的表现。凡有研究材料，一到手就马上开始研究，研究一有结果，就马上写成报告或文章，遇到机会就公开发表。他经手的工作，从不积压。有一句形容勤奋行政人员的古话，叫“案无留牍”，指每天应该批阅的文件，都批阅处理完毕，办公桌上不积留待办的文件。这句话完全可以用来形容杨先生的勤奋治学精神。只是杨先生的“牍”，不是行政公文，而是科学材料。在他日常工作中，真正贯穿着一个“勤”字。唯其如此，他才能做到“案无留牍”，他才有时间随时抓起问题和材料进行研究，他才能研究大量的材料，出了大量的成果，做出重大的贡献。

杨先生是中国古脊椎动物学和新生代地质学的奠基人和创业人。在他坚定不移、辛勤劳动的半个世纪中，已为这门科学奠定坚实基础，并培育大批人才。先生去矣，精神常在，中国古脊椎动物学和新生代地质学必将更加蓬勃发展，早日实现四个现代化，而自立于世界先进行列。

（陕西人民出版社1981年5月版《大丈夫只能向前——回忆古生物学家杨钟健》。本文作者1980年当选为中国科学院学部委员（院士），1991年12月9日逝世。）

# 杨钟健教授对我的熏陶

张伯声

我同杨钟健教授的初次接触，是 1937 年春在北京召开的中国地质学会第十三次年会上。由于他在这之前就发表了许多有关在中国发现的古脊椎动物的报告和论文，所以受到了与会者的崇敬和大会的表扬。对于像我这样在当时初任教学的人，确有很大的鼓励。我在以后之所以还能努力，做出一点点科学研究成果，提出一些自己的看法，可以说是同杨钟健教授的潜化与默移分不开的。

杨钟健教授曾于抗日战争时期来过陕西城固一趟，下榻西北大学。那时，我在城固古路坝西北工学院教学，兼任西北大学地质学教师，因而得到第二次机会见到了杨教授。我向他谈了城固、褒城、南郑、勉县等山区的地质情况，他听了后，鼓励我在学术争论中要有勇气，要有“百家争鸣”的精神。正是由于他的鼓励，使我写出了《陕西汉中区之前震旦纪地质》的论文，发表后引起了不少地质学者来陕西——四川交界上的大巴山以及汉中梁山等地区工作，进一步研究这一带的古生物地层和地质构造。因此可以说，在解放以前，进一步推动秦岭巴山的地质构造研究者，杨教授是其中的一位。

1948 年冬，杨钟健教授曾来西安任西北大学校长。那时候，我在西北工学院矿冶系和西北大学地质系任教，而住在西北大学。由于当时的地质系主任逃解放而离开西安，地质系没有系主任。杨教授再三和我商量，要我担任这个职务。他对我是那样的器重和信任，态度是那样的诚恳，使我实在不能推辞。遗憾的是，我上任不久，他就回南京去了。我原以为在他的帮助下，可以更多地学一些地质理论和技术，却不料他是黄鹤一去不复还了。

我在业务上虽说没有来得及直接跟他学到什么，但是因为他的影响，我在教学工作中的责任心和在科学研究的事业心方面，却增进了很多。由于我们在解放前还没有受到党的教育，都还有共同的想法，那就是“科学救国论”。我们都热爱祖国，总想走“科学救国”的道路，渴望中国能够及早屹立于世界的东方，不再受帝国主义的欺侮。但是，旧中国的官僚资产阶级的统治，只是要剥削压迫祖国的千千万万工农劳动群众，他们所想的只是要发展为他们自己服务的自然科学，只顾他们自己骑到广大劳动人民头上作威作福，哪管什么国家的兴亡。我们这些旧知识分子相逢之时，也只能不胜感慨而已。

解放以后，我们这些老知识分子，在党和人民的无比关怀下，又碰到一起了。1954 年，我和杨钟健教授都被选为第一届全国人民代表大会的代表。每次人大开会，我们又都在一个小组，我曾多次听到他的积极发言。第一次人大会议期间，在讨论毛主席的开幕词时，杨钟健教授在发言中，特别强调“领导我们事业的核心力量是中国共产党，指导我们思想的理论基础是马克思列宁主义”。他说：“没有共产党、毛主席，就没有新中国，我们这些搞自然科学的也很难有所作为。”这说明他对于党的深刻认识和对于劳动人民的深厚感情。由于杨钟健教授的熏陶，使我在政治思想上也有了不少的前进。

（陕西人民出版社 1981 年 5 月版《大丈夫只能向前——回忆古生物学家杨钟健》。本文作者 1980 年当选为中国科学院学部委员（院士），1994 年 4 月 4 日逝世。）

# 难忘的记忆

周明镇

四十余年前的抗日战争时期，对于不少“流亡学生”来说，最简单的出路是能考进一所大学。这样就可以有个安身之所，起码能住上宿舍，靠战区学生贷金来维持生活。就在这种情况下，我先在长沙一个医学院里呆了大半年。随着战局的发展，我又辗转到了重庆，正巧赶上重庆大学理学院补招新生的时机，选择了一门对我完全陌生的学科——地质学。就是在这个时候，我才从系里的课程表上，第一次注意到了古生物学这门科学的名字。

这是导致我接触古生物学的开始，可以说完全是一个偶然的机遇。但是，使我从一个对整个地质科学既没有了解，也谈不上任何兴趣和学习目标的学生，对古生物学开始发生兴趣，而且最后迂回曲折地选中了古脊椎动物学这门专业，不能不说是受到杨钟健老师的启发和影响。特别是使我把大半生的生命投入到这门科学，继承他在我国开创的一部分事业，还将要为它献出毕生精力的这个志愿，更是由于钟健老师的鼓励和教导的结果。

1938 年，钟健老师在各方面条件极度艰苦的情况下，和他的二位助手——卞美年和王存义，在云南禄丰发现了晚三叠世的大量骨化石。这项发现立即受到国内外科学界的重视，后来发展为举世闻名的“禄丰蜥龙动物群”的开端。翌年，报上登载了当时认为世界上最古老哺乳动物卞氏兽的完整头骨化石。这个消息迅即轰动了科学界。大学里的师生们，特别像那时重庆大学地质系的主任朱森教授和我们的级任导师李春昱教授等，都以兴奋赞赏的心情，向我们讲述这个发现的科学价值。可是对于初入地质之门，对古生物缺乏专门知识的学生，加上用今天的语言说“还没有树立起专业思想”的我，几乎没有引起什么反应。

1940年春天，我开始上第一门古生物学课程，教授是俞建章老师。春假期间，俞老师带领我们全班十二个同学到北碚附近，作一周野外地质实习。一天，我们去当时“中央地质调查所”的古生物研究室参观。研究室的房子位于北碚附近乡间的几间古庙式的小屋。在那里，我们见到了杨钟健教授，并由他引导，参观了他在禄丰采集的大量珍贵标本。他那种严肃认真的态度和慈祥风雅的神情，给我们深深地留下了难忘的记忆。他完全像一个慈母抚爱自己的婴儿那样，小心地抚摩着每一块骨化石，向我们讲述每件标本的科学意义。第二天清早，钟健老师又带我们到嘉陵江边，观察可能找到古脊椎动物化石的白垩系地层的露头。他给我们介绍了那里的一般地质情况，以及寻找和识别骨化石的初步知识。他告诉我们说，这里地层中的骨化石非常稀少，但是带学生来实习有一个好处，就是人多、眼多，而且青年人热情很高，跑到的露头面较广，容易发现化石。讲完之后，他就让我们分散开去找化石，试试各人的眼力与“运气”!

那一天，时值初春，江潮还没有涨水，到处都是枯水期，露出在水面上的大片滩石，成了理想的寻找化石的露头。同学们在一块块滩石上跳来跳去，拿着放大镜和地质锤，匍匐在岩石露头上，体验着寻找第一块骨化石的艰辛和喜悦。那次只有我和另外两三个同学幸运地找到了几个硬鳞鱼的残片。在这次活动中，杨老师严肃认真的学者风度和科学态度，深深地印记在我的脑中。特别是在当时社会黑暗，战火蔓延的岁月里，他几乎忘掉了一切物质上的享受以及种种难以想象的困难，完全投身于科学工作之中。对于他，化石就代表了他生活中的一切，科学研究就是他最大的乐趣、理想和幸福。从此，一个为科学献身的学者的崇高形象，鼓舞和激励着自己不断前进。

不久，杨老师被重庆大学聘请为特邀教授，给地质系高年级同学教授古脊椎动物学。主要是出于对杨老师的崇敬和对这门学科的好奇心，一种强烈的愿望驱使我去旁听这门在内容上我几乎无法听懂的课程。但是，渐渐地，我对这门学科真正发生了兴趣。四十年过去了，杨老师在这几次接触中给我留下的印象，宛如昨日一样新鲜，一样亲切。就是这短促的相处，他的深刻的教诲，在我思想上播下了一颗种子，它孕育着我以后的全部生活。我终于走上了研究古生物的道路，继而选择了古脊椎动物学作为我终身奋斗的事业。

时间又过去了十年，新中国诞生了。那时，我正在国外。钟健老师从一位美国教授那里，得知我这个中国青年在美国自然历史博物馆里学习古脊椎动物学，感到很高兴。他在给那位美国教授的信中，表示希望我学习结束后，回国参加祖国的古脊椎动物研究工作。不久，他听说我已在美国的一所大学里获得博士学位，就立刻给我写了一封诚挚热情的信，邀我回国参加工作。他在那封信中，字里行间，充满了对新中国美好未来的憧憬。更令人难忘的是他在信中附了一封周总理号召留学生回国参加建设的信件。在祖国的召唤和杨老的再三相邀下，我全家经过一年的周折，终于回到了祖国的怀抱。回国后，我进了中国科学院，在钟健老师领导的古生物研究所新生代与古脊椎动物研究室工作。两个月后，我在山东莱阳参加了杨老领导的恐龙发掘工作。跟着在他的鼓励与指导下，写成了我第一篇古脊椎动物学论文。

时间又过了二十八年，回忆往昔，多少事，犹如昨日；多少话，言犹在耳。今天，我国古脊椎动物学的事业，已经发展到遍及全国大部分省（区）。当年古庙一个角落里的研究室，发展成今天占据着几座大楼的古脊椎动物与古人类研究所。就在这样的时候，杨钟健老师离开了我们。但使我们在悲痛之余感到庆幸的是，在他离开我们以前，他高兴地看到了林彪、“四人帮”的彻底覆灭，并和全国科学家一起迎来了祖国科学的春天。我相信：他那时一定也预见到了科学界更加灿烂的明天！

（陕西人民出版社 1981 年 5 月版《大丈夫只能向前——回忆古生物学家杨钟健》。本文作者 1980 年当选为中国科学院学部委员（院士），1996 年 1 月 4 日逝世。）

# 忆 往 事

## ——怀念亲人杨钟健

王国桢

自从钟健和我们永别以后，我一直想着把对他一生的生活经历和贡献的回忆写出来。每当我坐到案前提起笔来的时候，就泪水盈眶写不成句。几经反复，终于勉强抑制住感情，才把我亲身经见的钟健热爱祖国，热爱党，忠诚科学事业，和严肃认真、刻苦治学的精神等片段，概括地写成这篇短文。

钟健于 1897 年出生在陕西省华县一个教育家的家庭。从童年时起，他就离家跟随在父亲身边读书，朝朝暮暮聆听教诲，受到进步思想的熏陶。他父亲松轩先生在清代末年，与封建势力进行抵抗，艰苦创业，兴办教育，严谨勤奋，力主新学，提倡女孩同样上学，要放足。这一切，都深深地印在他的脑海里，牢记不忘。

青年时代的钟健，看到国家外受帝国主义侵略，内遭军阀官僚的剥削压迫、贪污腐败，造成国家危急、人民痛苦的情形，忧国忧民，愤懑不已。五四运动爆发后，正在北京大学念书的钟健，立即投身到伟大的反帝反封建的爱国运动中去。在这个时期，他参加了进步社团少年中国学会，成为主要领导人之一，并与李大钊、恽代英、邓中夏等革命先烈有过交往，受到他们革命思想的影响。1920 年，他参加马克思学说研究会，先后创办《秦钟》《共进》等进步刊物，积极撰写文章，揭发、鞭挞军阀官僚的剥削压迫，呼唤人民奋起打倒军阀官僚的黑暗统治，争取解放。

北京大学毕业后，钟健想到国外深造，以充实专业理论，考察国外情况，吸取国外革新的先进思想。然而出国谈何容易。当时，由他三叔、四叔，以及钟健父亲、二叔等设法筹借了一笔钱，才得以出国学习。在国外，他的生活十分俭朴，节衣缩食，从来不同别人出去游逛，欣赏异国风光。他的学习十分刻苦，倘遇良师益友，则虚心求救，不放过任何学习机会。他在德国慕尼黑大学以优异成绩通过毕业答辩，取到博士学位。他那篇以《中国北部之啮齿类化石》为题发表的毕业论文，正是我国古脊椎动物学的开篇，受到国内外学者的赞赏。当他即将回国的时候，有个别的外国朋友，劝他留下，说是国外生活比国内舒适，眼界开扩，中国太穷太落后啦！对此，钟健作了直截了当的回答。他说："中国穷是事实，落后也是事实，但那是我的祖国，绝不能抛弃，如同儿子不能抛弃母亲一样。只要全国齐心协力改革，穷和落后是可以改变的，我怎么能为了自己舒服不回祖国呢?" 在这期间，虽然他远离祖国，却时刻关心着国内动荡的时局，经常与志同道合的朋友通信，议论国家前途大事，常有文章诗篇，寄给知己朋友，抒写自己奋发进取的情怀，和对军阀官僚统治不满的激情。后来，把这些篇章，收入《去国的悲哀》一书出版。

钟健在德国的最后一年，由于多参观学习了几个地方，生活很困窘，幸得李四光、翁文灏先生在经济上给予资助，才顺利地完成学业。"山川虽好，终非我土"，毕业后，他毅然决定回国，于 1928 年取道西伯利亚回到北京，得翁文灏先生举荐，任中央地质调查所新生代研究室副主任，兼周口店发掘的指导工作。

1930 年，我同钟健结婚。婚后刚刚九天，他参加中亚科学考察团赴张家口一带做地质调查，我在北京师范大学历史系三年级继续读书。因早年丧父，弟弟妹妹都还小，家境清贫，为了解决学习、生活问题，我不得不在两处家馆担任教师，一处每周一、三、五，另一处每周二、四、六，两处均在晚间授课，每月收入，多数交给母亲补贴生活，给自己留下一少部分做学费用。就这样半工半读，我才上完了大学。我和钟健的结合，算来已四十九年，将近半个世纪了。我们开始只不过是情投意合，互相还不太了解。他是学地质的，因野外考察地质，出差在外的时间多，在家一起生活的时间少。然而长期艰难困窘的生活，使我们在兴趣、事业、生活习惯、语言等方面加深了了解，自然使我们之间思想感情深厚起来，从不甚关心逐渐到相互同情、体贴、怜悯和敬重。说来是夫妻，倒不如说是共患难，同甘苦，情谊深厚的知己还确切些。

1937 年 11 月，日本侵略军内一个自称“古生物学者”的人，要请杨钟健到东京讲学。他态度很恭敬，但来历不明，十分可疑。我们正在焦急不安的时候，章鸿钊先生暗嘱钟健尽快逃走。钟健便由卞美年君（美籍华人）设法买到车票，并陪同逃离北京。第二年，那个可疑的人扬言要来家拜访我。又蒙章鸿钊先生捎口信，叫我速速离京到昆明去。这时的北京车站，已被敌人控制，检查极严。幸由裴文中先生等多方设法，在某国驻京大使馆给我弄到一张护照。我便抛下老母和幼子，只身逃出北京，辗转到了昆明，见到了钟健。这时，钟健在地质调查所昆明办事处担任主任。因为国民党政府根本不重视科学，办事处人员编制少，他这个主任还得兼管出纳。

钟健秉性刚直，一丝不苟，公私分明。绝不因个人所需，动用公家一纸一笔，也告诫办事处同仁们，要以国难在念，为公节约，不料得罪于个别人，向四川北碚地质调查所总所写信，诬告钟健贪污。总所派周赞衡先生专程来昆明查账。费了两昼夜的辛劳，细心核对，查明钟健未贪污一文，反把自己钱垫了进去。真相大白后，钟健辞去主任及出纳职务，专门搞研究及跑野外工作。

1938 年，日本侵略军的飞机，经常窜入昆明上空，轰炸甚紧。各机关及家属，均由昆明城内搬到农村，躲避敌机空袭。我们也搬到了乡下。那时，我们经济很困难，除了隔两三个月，由朋友转兑给北京孩子们生活费外，手中所余无几。衣服补了又补，外边衣服勉强可保持整洁。我的四子思孝，6 岁那年害病，就是因为交不起 100 元住院费，在北京死在医院门外的。

一个夜晚，在通草芯菜油灯的微弱的光亮下，我给钟健补衣服，钟健双目吃力地在灯光下看书。我百感俱集，不由得边哭边缝。钟健看见此情，对我说："哭，是弱者的表现，解决不了问题。要有不怕困难的坚强意志，要有信心，要向前看，就会看出希望，光明一定会到来的。眼前这点苦算什么？比咱们更苦更惨的还多着哩。要相信咱们这么一个大国，这么多受难穷苦的人，只要觉醒过来，紧紧联合在一起，中国会翻身的。不要气馁，好日子在后边哩。"听他这么一说，我渐渐振作起来了，觉得真的有了希望。我佩服他有远见，有骨气，乐观，有些事真也被他说中过。我对他越来越依赖，越来越敬重。

1940 年，昆明办事处及其全体工作人员搬到四川北碚，与总所合并。家属住房很挤，我们住在牌坊湾，租了一家发国难财的富户用木板搭的一座小楼，一遇风就嘎嘎乱响，摇摇欲倒。钟健叫它"危楼"，还作了打油诗讽咏。

钟健办公地点，在一个山坡上，座凳、放标本的架子，都是用买来的装汽油桶的空木箱搭成的，又经济，又适用。钟健每天上下班，拄着一根坚硬的木棍，爬几道山坡，过几个小村（几户就算一个村，都是山坡路）。中午不能回家吃午饭，带上冷馍凉菜，喝白开水就算一顿午餐。

有一天，回家路过一个村，富户四条肥大的狗，如猛虎一般，齐向钟健扑来。前后左右，狂吠乱咬，钟健奋力搏斗，几有招架不住之势。后经村人出来吆喝，才驱散群狗，但钟健的裤脚，却被恶狗咬撕成条，脚后跟被咬得血淋淋，一跛一颠地回到家。我一见他这个样子，禁不住哭出了声，忙扶他坐在一把椅子上。我打来一盆水给他洗脚上的伤口。他边喘气，边笑呵呵地说："这算得了什么？不过同几条恶狗搏斗，要是同敌人去搏斗，血才不白流哩。裤脚剪短了当裤叉穿，爬坡更利索。"他好像没有这回事似的，泰然处之。次日，拄着棍，一跛一颠地照旧爬坡办公去了。

1944 年，钟健由翁先生推荐，赴美、加、西欧考察和讲学，1947 年回国。这时，抗战已经胜利，各机关都迁往南京。钟健回国后，先到地质调查所报了到，然后请假回陕探望母亲。当时，我在陕西华县咸林中学教书。钟健把长子感孝和二子新孝留陕上学，接我及三子慈孝到南京，住地质调查所后院眷属宿舍，我又恢复了放下多年的家庭秘书工作。

1948 年，因陕西省西北大学内国民党派系争夺校长职位十分激烈，闹得相持不下，难以调解。为了平息这场争斗，摆脱困境复课，伪教育部欲物色一位无党无派、有些声望的陕西人任校长。钟健恰好合这条件，即被聘为西北大学校长。这真是一件大伤脑筋的事。因钟健不愿同国民党官场打交道。虽多方辞退也辞不掉，真是无法摆脱。西安官方和校方，都纷纷来电催促。不得已出任校长，但向伪教育部部长当面叮咛，谈好一个条件：首先要准时拨汇经费，不得拖欠。因当时各机关欠薪，成了惯例，没有钱怎么办事？钟健对我说："当大学校长，在别人看来是一件大喜事，对我来说，是不适合。局势很清楚，一定要大变动，你和新孝、慈孝留南京，我一人到西安，熟朋友很多，不会有危险。你要谨记，没有我的亲笔信，你千万不要离开调查所，这里会有人照看你的，千万不要乱动。"

钟健抵达西安时，受到当地政府及西北大学的欢迎。到了西北大学，他未撤换一个教职员，只由本校教授中选调杨炳炎任训导长，关中哲先生担任秘书长工作。钟健住在一好友家，未住学校。

反动当局为镇压学潮，逮捕了许多进步学生。钟健与学校几位主要负责同事，曾尽力设法营救。因有熟人协助，除一学生因暴露明显未救出外，所有被捕师生，均先后被救出。

不久，南京伪教育部来电，勒令西北大学迁往成都。消息传及全校后，立即形成主张迁校与反对迁校两派，辩论很激烈。钟健当即召集师生讲话，晓以大义，分析后果，他说："共产党与日侵略军，绝不能相提并论，共产党是讲道理的……"话未说完，就涌上一些人来，要打校长，幸身旁有许多人保护，急护进校长室，才避免大祸。次日，钟健到学校，见到校园里到处贴了许多标语，连校长办公室窗子上都有标语，“杨中奸”、“杨中间”等等。

钟健本来反对迁校，但还得应付一下当局，便与几位同事商议，召集大会，提出两个办法：一是不得已可以迁校，但须分两批走，先派出少数师生到成都，安顿新校址，以便接迎后续师生及家属；二是校长立即飞南京，向教育部要欠薪和迁校费，款子到手后，第二批再去成都。当场就有几个人报名，志愿先到成都安置新校址，也有少数学生盲从。两天后，这些赞成迁校的“积极分子”，拿到充裕的费用，就奔成都去了。学校内顿显平静，人心也安定了。据后来所知，那些盲从去成都的学生竟有乞讨而回的，真是自己害自己。

钟健走了以后，我们一家人按照他的嘱咐仍然留在南京。新孝、慈孝两个孩子住在学校，我一人住在调查所里。一天，一辆小汽车直开到宿舍我家门前。这是平常没有过的，因为地质调查所有一个惯例，规定汽车不准许开进调查所的后院。到我家来的是一位穿着阔绰、戴金丝眼镜的中年人。他笑嘻嘻地对我说：“我姓陈，是部长派我来的。杨校长在西安，为迁校的事很忙，打电报给部长，叫我们照料你，从南京直接到成都去。你不要多带衣物，明天我用车接你，送你上飞机，到成都就和杨校长见面了。”我说：“我还有两个儿子住在学校里。”他说：“住学校最好，你不用管他们，你一个人走好了。”我说：“你把杨校长的电报给我看看。”这人脸一红，答道：“来得仓促，忘了带啦。咱们不是外人，我内人某某，是你的老同学，她病啦，本想同我一起来看你的，请你相信我。”我说：“我的老同学很多，年久记不清了。我不去成都，没有杨校长直接给我亲笔信，我什么地方也不去。”他纠缠一阵子，见说不动我，悻悻而去。我送他出去，见窗外站着好几位调查所的朋友，我直扑过去，紧紧拉着他们的手，半晌说不出话，热泪夺眶而出。我才知道，自己不是孤立的，许多好心人在暗中保护我。怪不得钟健曾对我说：“调查所有翁先生暗示是不会出事的，所中人对我都很好，有什么犹豫不决的事，就去找他们商量。你安心住在调查所里，不久我就要回来。”真是后怕，差一点被绑架。后来我问钟健，他根本没打过电报，这是陈某他们为牵制钟健，想拿我作钓饵，是一个圈套。多险啊！

为了向伪教育部要欠薪和迁校经费，钟健同训导长杨炳炎二次来到南京。这时因局势紧张，南京政府已是风雨飘摇，岌岌可危。伪教育部和别的机关一样，忙于钉箱，包装文件物资，准备逃迁。第一天去索款，没有确切的答复。夜间，我睡醒一觉，见钟健在地上来回走，我问他：“你怎么还不睡？深更半夜里，你在地上走什么？”他气昂昂地说：“你们吃饱了肚子不饿，西北大学的教师们，马上就揭不开锅啦，钱要不来，我怎么能睡得着！”

第二天他又到伪教育部，直接找到部长，很不容易才批准到上海取款。钱款到手后，请杨炳炎携现款飞西安，这时汇兑已不通。钟健留南京，照旧搞他的研究工作。不久，南京解放了。西北大学总算保留住没有动，绝大多数师生，都很庆幸。

1949 年 12 月，中国科学院聘钟健为编译局局长，并由陶孟和、竺可桢两位副院长写信来催请早日赴京。两个孩子留南京上学，我同钟健来北京，住地安门宿舍。

钟健到北京不久，便和裴文中、贾兰坡、刘宪亭、周明镇、王存义等筹建了古脊椎动物研究室（1957 年改为研究所），开展研究工作，把被日本侵略军摧毁的周口店北京猿人遗址，重新修复，建成北京猿人展览馆，安装了暖气，铺平了路基，种植树木绿化了龙骨山。给第一地点的危险路段，加了铁栏杆，保证参观者安全。为了纪念在抗战时期，为保护龙骨山猿人遗址，惨遭日本侵略军杀害的赵葆华等三位青年技工，把他们相片放大，注明姓名、年龄，悬挂于展览馆休息室墙上。有一位没有相片，挂了空镜框，注明姓名、年龄。过去为修理化石流汗，最后为护山流血遭惨杀害的三位年轻技工，也可以永垂不朽了！

钟健对和他共同工作过的人，不论职务高低，一视同仁，尤其对逝去的同事，都寄予极大的悲悼。到北京不久，由我陪同到安定门外，凭吊老技工陈德清先生墓，在墓前哀悼，悲痛落泪，久久不肯离去。之后，又去龙骨山追悼刁乐斋先生墓，参加青年助理研究员徐余瑄追悼会。均感伤惋惜不已！

1956 年，钟健光荣地加入中国共产党以后，他是那样忠于党，立场坚定，忠于科学研究工作，把研究所当成家看待。对古脊椎动物学的发展，对科研队伍的成长，兢兢业业，忠心耿耿，并不以自己年老而稍憩，还用心爱的一块石料，刻了“八十不老”以自励，他想到说到的，也真的做到了。

钟健参加了 1961 年广州科学会议，同大家共乘小型飞机上海南岛，凭吊海瑞墓，并参观了一些地方。当他下飞机的时候，觉得耳内“叭”的一声响，顿时感到别人讲话声音相当远，当时自己也觉得“糟了！耳膜受伤了”。从那以后，听觉愈来愈差，久治不见功效，极为苦恼。同志们体谅他，同他谈话用笔写；开会、听报告、同别人讲话，都是许多许多的好心同志，写给他看。钟健能够没有因重听离开工作岗位，同这些好心同志的协助，是分不开的，实在叫我们做家属的感激不忘！

十年浩劫中，我家被抄了几次，地板被劈，放在桌屉内准备买米、菜的钱被偷，身上钱一文不留，书被封禁。发给我二人不够杂项开支的“生活费”，更谈不到穿衣、吃饭啦。钟健被批斗，并住了牛棚，他开完批斗会，抓紧时间作研究，写了几十篇文章，而他们说是继续放毒，又批斗他。钟健心是那样镇定，头脑是那样清醒，不怕威胁吼骂拳打脚踢，对他们那一套，横眉冷对，做他该做的想做的事。他一直买汽车月票，对禁用小汽车，他毫不在乎，和小伙子们同样去挤公共汽车，准时到所，坚持工作。

我问他：“你就不怕挨斗挨打？谁在这乱哄哄的时候，还有心去写文章？”他说：“你别替我担心。我没有缺过德，没有做祸国殃民的事，我要对得起党，要对得起人民。我不能像那些人把宝贵的时光荒废掉。只要我有一口气，有几分钟的时间，我就要写，我不能跟着他们白混。肉体的折磨算什么？我这把老骨头还经得起，他们折磨不掉我的意志，他们还没有摧毁我的记忆，我有一丁点儿时间就是要写、写！”这番话，使我对钟健更敬重和爱护，也大大鼓舞了我。

钟健对周口店北京人产地工作及一些事务，极为关注，把实际工作，交裴文中先生与贾兰坡先生负主要责任，也因他二位是周口店的开拓者，建立了不朽的功勋。钟健因年高事繁，只不过经常去视察指导，一直到他逝世前，并未放弃对龙骨山的指导工作。

钟健既是勤奋治学的战士，又是诲人不倦的园丁。他毫不保留地把自己几十年的实践经验，细心而严肃认真地教给向他学习的人，他不是滔滔不绝、惹人厌倦地去讲话，而是细致简练地作指导，叫年轻人独自动脑筋去辨认。比如，他拿一堆大小不同，混杂放在一起的化石标本，交给他们去区分种、属。青年研究人员经过下功夫动脑筋仔细地辨认，排列齐整，拿给他看。分得不准确，再去下功夫辨认，然后再拿给他看。当看到他的学生们做对了，钟健笑了，表示满意赞许。他们经过这样动脑筋下功夫，苦练得到的收获，印象极为深刻，永生不会忘掉。

他编著的古脊椎动物学入门读物《脊椎动物的演化》《演化的实证与过程》等，就是为培养年轻一代而写的。他和研究所内外、自然博物馆古脊椎动物青年工作者，一直有广泛的联系，几万字以至十几万字的论文稿送到他手上，他总是从头到尾认真阅读，提出意见，或给写序推荐出版。解放后，他肩负繁重的研究所和自然博物馆的领导工作和研究任务，仍然长年不懈地为培养青年科研人员而操心尽力。今天，我们看到不是有一大批中、青年古脊椎、古人类科学工作者，都曾在他具体的帮助和扶持下成长起来了吗？

钟健爱惜时间，有闲暇他就手不释卷，不喜聊闲天。他在晚年上半天班时，也极少午睡，不是看书就是写文章。我劝他要劳逸结合，他说："我是和时间赛跑，要追赶才行。"他把一生写作书目，编为《记骨室文目》（编到1958年止），共收编600多篇文章。他是古生物学家、教育家，也是诗人。他爱诗词，但写不好，买了许多有关诗词的书，用心地看，写诗是即兴而发，不加推敲，但也有不少绚丽悲壮的句子。他的诗作共达2000多首，但大都未发表。几十年间，做地质调查，深入华北、西北、东北边疆，几乎跑遍祖国大地。写了一些游记：《去国的悲哀》《国外印象记》《西北的剖面》《剖面的剖面》等。从他的600多篇内容丰富的著作，可以看到一个科学工作者，是在极端困难艰辛的岁月里，勤奋不懈，勇敢斗争而成长起来的，更可以看出他做出来的成就与贡献，是多么不易！可惜这些书有的只存一二本了。

钟健不但热爱自己的科研工作，而且也热爱自然博物馆及科学普及事业，他自兼任北京自然博物馆馆长以后，每周必去馆里同大家商讨馆务发展的方针、计划。他认为中国应该有一个大的自然博物馆。他生前与童弟周同志，有一个共同的愿望和计划，正要着手进行筹措，不幸这两位同志，先后都去世了，实在可惜！

1978年12月31日，钟健照每年旧例，把他经手的事，以及收到的中外信件，均整理捆好作了标记，表明一年事务结束，新的开端，转瞬就来。没料想1979年1月1日下午就病情骤发，15日就和我们永别了！太快啦！

钟健在医院病床上，还念念不忘自然博物馆和古脊椎动物与古人类研究所。他对自己博物馆的同志说："我和你们订的计划，我不能完成啦，希望大家好好干，等我病好了再同你们一起工作。"他对研究所的同志们说："我现在病啦，希望大家共同努力，把工作做好。"未嘱托家中一件事，只紧紧拉着我的手说："掌柜的（平日戏称）！你的血压高不高？头还晕不晕？"我强忍着泪答道："血压不高，头也不晕，你安心养病吧！"钟健频频点头，含着微笑说："好好！不高就好，不晕就好，我放心啦。"谁料得到他第二天，就舍我们而去了！

钟健永远也不会回来了！他留给我们的，是光辉不朽的榜样，是怎样做一个艰苦朴实，诚实忠厚，不阿谀奉迎，不畏强暴，大公无私，热爱党、热爱祖国的榜样，我将以这些自勉，并教育儿孙，永远向钟健学习！

（陕西人民出版社 1981 年 5 月版《大丈夫只能向前——回忆古生物学家杨钟健》）

# 纪念杨钟健先生

## ——回忆我们之间的友谊

袁复礼

1931 年秋，我和杨钟健先生初次结识于乌鲁木齐。那时我参加西北科学考察团，在新疆工作已经四年，正在做收尾工作，准备归程。杨先生当时参加中法科学考察团刚到新疆。

杨钟健先生在到新疆之前，已在地质调查所新生代研究室工作，在研究哺乳类化石上、尤其在对周口店猿人洞穴的丰富化石的鉴定研究上，已有了不少成绩。

杨先生一到乌鲁木齐，就对我前三年中发掘到的 71 具恐龙等爬行类动物化石发生了浓厚的兴趣，因为这么丰富而完整的兽形爬虫类化石，当时在世界上也是少见的，他详细地向我询问这些化石采集地点（吉木萨尔和奇台）的地层、岩性和采集方法，并准备亲自实地一看。可惜由于他们的履带式越野车履带磨损待修，又由于法国人打了中国人惹出事端，因而杨先生想去吉木萨尔和奇台的愿望没能实现。我只有机会带他考察了乌鲁木齐南郊新发现的一种侏罗纪鱼化石的地点。不久，我就随骆驼队一起出发，取道宁夏、绥远回京了。杨先生也随后取道西伯利亚铁路比我先回到北京。

从 1932 年起，我在清华大学任教，我所采集的脊椎动物化石都交地质调查所，由杨钟健先生整理研究。我对爬行动物只认得大的种属，而杨先生那时对此学科已是饱学之士，交给他研究我感到十分高兴。

由于那么多的古脊椎动物化石，尤其是恐龙躯干骨架相当完整，需要很大的屋子才能摆开，而当时地质调查所研究条件很差，最后才找到了协和医院旧址的一个大厅当工作室。我每月总要从清华大学去他那里一二次，也有时是他用电话邀我前去，向他提供标本编号系统、位置及爬行动物集群组合情况，还有地层、植物化石等其他资料。我们常在一起研讨属于哪个地层、时代、古地理，并涉及其他地质理论问题。

我们之间的配合虽然由于日本帝国主义的侵略战争打断，使研究工作中断了八九年之久，所幸的是这部分化石存放在辅仁大学的地窖中，侥幸地保存了下来。

杨先生始终以坚韧的毅力进行科学研究。通过他的大量工作，恢复了我采集的大型白垩纪宁夏盘龙、天山恐龙，以及体长从一米到十几公分的三叠纪水龙兽类和二齿兽类的完整躯干骨架，并进行了深入研究。杨先生还在 1963 年至 1964 年亲自去新疆进行了较详细的采集工作，不但在吉木萨尔，而且在天山南麓也发现了水龙兽，进一步丰富了研究资料。

通过将近五十年的交往，我和杨先生建立了良好的友谊。我对他的工作之认真、研究之细致入微、治学之严谨和在古脊椎动物研究上所达到的高度水平至为钦佩。他不愧为我国和世界上这一学科的第一流专家，为发展这门学科、为培养人才贡献了毕生的精力，对我国、对世界做出了重要贡献。

（陕西人民出版社 1981 年 5 月版《大丈夫只能向前——回忆古生物学家杨钟健》）

# 一生为人民　老而弥坚

杜松寿

钟健先生，在我们中学时期，是同学们非常熟悉、常常称述的人物，虽然他既非老师，也非同学，而又不常见面。这是因为我们咸林中学的创办人，钟健先生的父亲，杨松轩老先生在教导我们时，时常提到他，而且同学中也传说着关于他的故事。

如果说杨松轩老先生的道德、风格、政治、态度、教育思想，给我们同学们以深刻的影响，在一定程度上也左右了我们后期的事业行程，以至思想方法和工作方法的话，那么钟健先生熏陶于乃父教养，自幼至长，耳濡目染，其后造诣之引人瞩目，乃意中事。松轩老先生以封建时代内地儒生而追随孙中山先生，组织同盟会，举义旗，倒娜拉；兴教育会，创办女校；反对孔教，提倡白话；而创造咸林中学，尤为远近传诵。省会青年也有来这个小县就学的。国共合作，北伐告捷，农民运动，风起云涌。华县农民运动前夕的县民大会，就是杨老先生作的动员报告。盛况空前，至今犹历历在目。

但是，松轩老先生的教育事业，自钟健先生赴京求学后，实际上是父子两代合作，共襄义举。钟健先生作为五四运动的积极分子，跟魏野畴、刘天章、刘含初等共产党员一起组织了事实上的中共外围组织，以进步陕西旅京学生为对象的共进社。他由于是这个组织中的领导人和活动的分子而与赵国宾被称颂为“杨龙赵虎”。共进社以吉安所左巷六号为会址，沙滩一带是社员集中居住的地区。他们给考生免费认真补课、接济贫寒学生、组织青年参加党领导的各项群众运动。社员张仲超就是在“三一八”惨案中牺牲的。共进社有党的支部，不少社员在斗争中经受考验入了党。我们咸林中学几个同学都是先入共进社后入党的。《共进》半月刊联系陕西政治经济文化实际，教育在京青年；也作为陕西学生阅读的刊物。咸林中学的学生就是通过钟健先生的帮助得以按期看到《共进》上的文章的。这对同学们提高思想起了很大的作用。

对于我们咸林中学的同学来说，钟健先生的更直接的帮助则是在北京为学校物色教员。他替学校聘请的教员，业务水平高，教学能力强。我们咸林第二批毕业学生考入北大的比率是投考人数的二分之一，而北大总的录取率则是十分之一。尤其使我们引以自豪的，是这些教师的政治面貌。其中有好几位是中国共产党党员：魏野畴、常汉三、王复生、王懋廷，这些教师在学习上、生活上都帮助我们。而他们以后大多为革命献出了自己的生命。所以每当谈起革命先烈，我们也总是要怀念钟健先生的功绩的。

杨先生对于解放后的家乡，充满着无限喜悦。他总是津津乐道家乡的那些变化，说："你无论如何回去看一下。"并说："我每年都回去！"当然，近几年来健康已经不允许他满足愉快的乡思了。乡思，不过是个表层的直觉，而藏在他内心深处的则是解放后农村千年落后面貌的突变：废墟破庙的断瓦残壁消失了，新起的公共建筑出现了，柏油马路代替了羊肠小道，水利设施治愈了旱涝碱滩，"咸林"名副其实地变成了锦锈河山。而最根本的则是人民的当家做主。

对于文字改革问题，他是十分关心的，这不仅因为他是学过、用过汉字的过来人，而且还因为他是一个科学家，有某些切身的联系和体会。

作为一个科学家，钟健先生认为文字也和其他事物一样，总是在发展的，并且可以通过人的加工促进发展。他盛赞解放后文字改革方面的成就，批评那些企图倒转历史车轮的人，指出，这是顺应还是违反人民要求的是非问题。从人民大众的立场出发，他认为使民间习用的简化字合法化以及新增一些有规律可以追寻的新简化字，都是值得欢迎的。前者如把“龍國劉體燈”简化为“龙国刘体灯”，后者如把“認讓進適”简化为“认让进适”。他在回忆幼年时代认字难时，深感现在经过简化再辅以拼音学习就简易多了。而且奉劝“反对文字改革的人应当回忆自己当年学习的苦处，也就可以明白文字改革的好处了”。

但是先生并不停留在对文字改革的一般称赞上，他还提出一些具体的意见。他认为：识字教学方面，常见笔画很多的字，尤需进一步简化。但不大常用或不简化而有某种好处的字，就不一定要简化。同时要有一个控制数字，比方说繁体字简化到百分之四十到五十就够了。简多了会增加困难，起反面作用。另外，减少的笔画不多的也可以不简化。比方“健”简为“𫢸”，只省了一笔，不必多此一举。这一点，1964 年他提过，逝世前两月，又一次提到。

先生说，阿拉伯数字早已引用到汉字中来，同样，化学元素、度量衡符号乃至拉丁字母、生物名词，都应该用到汉字中来。如用“mm”表示“毫米”，既简便，又可通用于国内外。

先生是赞成用汉语拼音拼写对外的罗马字母文书中的中国人名地名的。但是认为，已经用旧拼法写的，可以不改过来。如“周口店”仍写 Choukoutien，而不改为 Zhoukoudian。这些意见至今都是很宝贵的，有的我们今天正是这样做了，有的有待于我们努力去实现。

追念钟健先生，我们要学习他青年时候忧国忧民的壮举，学习他为祖国争光钻研科学的抱负，学习他悉心攻科学关时不忘政治（在德国留学期间仍与共进社联系，不断为《共进》写稿）的精神，学习他热爱社会主义，笃信马列主义、毛泽东思想，老而弥坚，终于成了光荣的中国共产党党员的高贵品质。

（陕西人民出版社 1981 年 5 月版《大丈夫只能向前——回忆古生物学家杨钟健》）

# 反对封建、追求真理的战士

刘尚达

1977年，钟健兄在来信中，述及他“八十不老”。1978年来信又说道：“再记骨，决不休。”这些铿锵有力的话语，充分表达了他年迈而壮志未泯，也给我极大的鼓舞。不料于1979年元月，人们正准备欢度春节的时候，竟传来了他逝世的噩耗，五十余年“共进”深情，使我悲痛失声。随即偕同刘冀急忙前往北京吊唁。在飞机上有感四句如下：“八十不老今竟老，生命规律奈若何；周口蓝田记骨薄，龙笔为国增荣乐。”①

## “人旗”与镇纸

钟健兄家里他的遗像前，设有剑龙模型一具，十分精致，还有一面特制的蓝、黄、红三色小旗，引人注目。好奇的刘冀询问这面旗的含义，国桢嫂告诉他说：“这是你杨伯父生前自己设计的‘人旗’！三种颜色代表他的名字杨钟健三个字的偏旁‘木、钅、亻’。人，是红色的；心，是赤诚的。”从这里我们可以看出这位科学家为祖国勇攀高峰的雄心壮志。

健兄生前办公室的写字台上，陈设着一具简陋的方形镇纸，上面刻有“记骨室”三字。当然是他研究脊椎古生物化石的意思。镇纸的下面还有“镇压妖鬼”四字，这可不能理解为他信神信鬼。因为我们

①龙笔：五四时期，杨钟健、赵国宾有“杨老赵虎”之称，故龙笔系指“杨龙”之笔。

知道他一生提倡科学，反对迷信，疾恶如仇，追求真理。那么，这里的“镇压妖鬼”是指何而言呢？从他的爱子慈孝的遗作中可以得到启示。1974年除夕慈孝有一道痛斥“四人帮”罪行的诗：“劝君珍视七四年，他日史家耐评研。马恩有灵祐华夏，路尽车回看下篇。”由此可见，这“镇压妖鬼”正是他对“四人帮”魔难的一种沉默抵抗。今天看来仍有深刻意义。

## 杨钟健与共进社

五四运动前，离北京大学红楼不远的三眼井吉安所左巷六号，住着“北大”的一群陕西学生。这些生气勃勃的异乡青年，在那里办了一个陕西同学的小伙食团。每到吃饭的时候，聚集在院子里的陕西“楞娃”们就热闹起来了，有说、有闹、有唱、有笑。一天，绰号“呼哘（儿）”的呼延震东不知想起了什么，用目光在三三两两的同学中搜寻着谁。这时，一个戴着银丝眼镜的憨实小伙子，皱着眉头，手里拿着一封家信走进了街门，呼延震东一看，正是他要找的人，便出溜出溜地迎过去。望着那憨实小伙子深沉的目光，屏住了呼吸操着清涧口音问道：“咋价（怎么啦）？”戴着银丝眼镜的青年看了他一眼，不声不响地把家信递给了他。呼延震东急急忙忙从信封里取出了信，匆匆看了起来，没等看完就像霹雳似的“炸”了起来，挥舞着那封信吼道：“老家的人都快让陈树藩整死完咧！你们还高兴呢？”顿时，院子里的说、闹、唱、笑声都停止了。绰号“睁眼（儿）”的刘天章板起严峻的面孔，操着陕西高陵的乡音问那憨实的青年道：“谁来的信？”那憨实青年扶了扶眼镜，瓮声瓮气地用陕西华县土话答道：“我大的信。给大家念念吧！”这时绰号“大脑”的李子洲，从呼延震东手中取过信，用他那绥德话有声有色地为大家宣读了这篇控诉陕西军阀陈树藩虐政的文字。绰号“凤姐”的杨晓初、绰号“瞎瞎林黛玉”的王君毅，以及刘含初、赵国宾、韩仲范（述之）等，你一言我一语地咒骂起来。“大脑”李子洲对那憨实青年说：“克强，你这个《秦劫痛话》的主编又有文章该写了。”原来那个叫克强的憨实青年，就是后来成为著名的地质古生物学家的杨钟健啊！学生时代，初识健兄的人常常感到：他那深沉严肃的神态令人难于接近似的。其实，这个“秦腔”话匣子一打开，滔滔不绝的议论之中也是妙趣横生哩。

那时，陕西在军阀统治下，民遭祸殃，生灵涂炭，健兄爱国心切，“在模糊中觉得必须向新方向发展”。遂与一些先进同学于1919年3月组织旅京陕西学生联合会，搞起了学生运动。由他主编并出版了暴露陕西黑暗的油印刊物——《秦劫痛话》。钟健兄从天真的憧憬之中，跨出了追求、探索改造中国命运的一步。在他从北大预科结业前，爆发了轰轰烈烈的五四运动。深恶官僚统治的他，经学生会主席许德珩的号召，立即跨进同学们的队伍，到天安门前参加了群情激奋的大会。会后，他起劲地喊着口号，和呼延震东等同学一起，闯进那官僚部长的官邸，火烧了赵家楼。回校后听说有32位同学在东单到西单一带被捕，更激起他满腔怒火。他那一向不喜欢出头露面的“暖水瓶”性格，也按捺不住热血沸腾，毅然加入了学生会国货维持股工作，还参加了讲演队到街上去发表激昂的演说。

五四运动使他的政治认识产生了一次飞跃。从此，他参加的会议活动多了，为各地报刊写稿也越来越多了。他主编的《秦劫痛话》和《秦钟》月刊停刊后，于1921年同陕籍北大同学刘天章等一起，又办起了《共进》半月刊。1922年，他们联合旅京的高等师范学校毕业的陕籍同学魏野畴、杨明轩、张炮斗以及其他各校进步的陕籍同学，成立了政治性社团共进社。《共进》半月刊很自然地变为这一社团的机关刊物了。

《共进》的观点较之《秦钟》又提高了一步，旗帜更鲜明。《共进》半月刊曾以“提倡桑梓文化，改造陕西社会”为宗旨，一开始就集中全力声讨为祸陕西的军阀刘镇华和揭露陕西教育界的黑暗。由于中国共产党的成立，反帝、反封建斗争蓬勃开展，开阔了社员们的眼界，提高了认识，遂将宗旨改为“提倡文化，改造社会”，把反对军阀统治和反帝斗争联系起来，开始用马克思主义的观点观察中国的社会问题。因而奉系军阀说："大共（共产党）、小共（共进社），都是一共。"健兄在其《六十述往并感怀百句》一诗中曾说："共进结同志，少中（少年中国学会）避极端"，"从事新文化，曾为去刘篇"。健兄的《去刘篇》，是他反对军阀统治的具有代表性的政论文章，曾在《共进》第5期至第8期上连续刊登。文中不仅列举当时陕西最凶恶的军阀刘镇华祸害陕西的累累罪行，并且从理论上详述了"去刘"的必要和方法。他向人们指出："去刘"是"改进陕西征途上必须要走的路，而且是必须先走的路"。"去刘"的方法有两方面：一是"罢税、罢工、罢市、罢学"，"以至群起而攻之"；一是"利用矛盾"，申明"冯玉祥、胡景翼、靖国军将领等都有'驱刘'之必要"。文中还把刘镇华能够在陕西为祸，归结为"没有好政府——中央政府不管"。这就把矛头直接指向整个旧的反动军阀统治。这一点，在当时是十分难能可贵的。

那时，钟健兄与赵国宾为《共进》杂志撰稿又多又快，旗帜鲜明，笔锋锐利，直刺时弊，针针见血，是我们共进社的闯将，因而同学们誉称他们二人为"杨龙赵虎"。

共进社作为一个进步社团，在中国共产党的影响下，不断得到发展。社员最多时达数百人，遍及京、津、沪各地，远及海外。从《共进》发刊词起，到军阀张作霖封禁停刊的105期止，钟健兄发表了100多篇文章，有时同一期上就有四五篇。这一时期，他还为北平《晨报》《上海国民日报》以及《新潮》《东方杂志》《少年中国》等报刊撰稿，真是海阔天空，任他龙笔飞舞。这一期间他已与李大钊、毛泽东、邓中夏等无产阶级革命家有交往。健兄曾自述：邓中夏烈士"是影响我学生时代一切行动最深的一位，也是使我心中不断考虑，如何对国家的富强有所贡献的人"。

## 《去国的悲哀》及其他

1929 年，健兄把他在赴欧、亚、非三洲五年中考察学习的见闻，以游记形式写成了《去国的悲哀》一部书稿。我当时与王德崇（子休）一起帮助健兄出版这部游记。校对时，健兄奔父丧回陕，嘱我代理一切。校对后我才署名“小伙计”，写了《印后几句话》，附在书的后面。

书名“悲哀”，人们可能误认为是灰溜溜的悲愁哀叹。其实不然，书里充满了爱国的激情。他在这本书的第一篇《去国的悲哀》中，就以政论笔调，咒骂军阀统治说：“土匪是现在中国最通行的东西。在旅行中和土匪接触的机会格外多些，所以，不免大生戒心了。平心讲起来，土匪实在不算是中国最坏的人。土匪何尝像军阀那样地破坏法律，欺诈平民，吸吮人民的脂膏，增加国内的祸乱呢？土匪何尝像官僚那样谄媚军阀，作奸犯科，剥削民财，损人肥己呢？土匪何尝像一般政客和议员，奔走权贵、挑拨是非、掀动政潮、祸国殃民呢？土匪何尝像现在一些下流文人、堕落青年，依附权贵，无恶不作，希冀成未来的政客与官僚，种国家百年的祸根呢！……土匪的功过论，我可以断然地说，至少不能比现在的军阀、官僚、政客、下流文人更坏。”“……可是，我在和土匪接触机会多的时候，对这样可讴歌的‘土匪’不免格外发生戒心，这是什么原故呢？”（《去国的悲哀》第7页）。他洞察到“社会组织不变，物质文明直是罪恶多些”（同上 14 页）。

列强“使中国人民完全在他们暴压之下呻吟”，更令健兄愤怒不已。1931 年在翁文灏先生等友人支持下，由王国桢嫂等帮助，又出版了健兄跋山涉水写成的《西北的剖面》一书。书中不仅剖析了许多地质问题，还洋溢着不受屈辱的中国人民的凛然正气。当时，“中法科学考察团，从北平出发就骄横地不许悬挂中国国旗，而且随时随地侮辱中国代表团团长”。对此健兄非常气愤，书中揭露和痛斥了帝国主义者的丑恶行为。

健兄和他的夫人王国桢数十年如一日，精心搜集，保存了很多书籍、报刊，科学方面的中外资料尤其多，经过整理装订，极为珍贵。早在1937年，他就将自己1919年以后发表于报刊的各种文章，编为《记骨室文目》。1957年，他又把以前所编的目录连同以后二十年的文目合为一起，出版了《重编记骨室文目》。解放前，在国民党白色恐怖下，他不畏杀头的危险，始终保存着毛泽东同志1921年在文化书社时给他的有关参加少年中国学会的亲笔信，又是多么难能可贵啊！健兄生前保存的全套《秦钟》月刊和《共进》半月刊，也是全国极为稀罕的两份文史资料，最近由国桢嫂以无私的精神捐给了陕西省社会科学院。健兄故乡陕西华县30年代的地方报纸《华报》，不久前也赠给了陕西省政协文史资料委员会。还有许多专业资料，都分赠给了有关专业单位。健兄还曾在亲友帮助下，把他父亲——献身于祖国教育事业的杨松轩先生的手稿整理、分类、清抄，并写了一篇生动感人的序言，精装成25册。如今仍保存在陕西省图书馆。

## 破特务窝子与反迁校斗争

1948年秋，伪教育部黔驴技穷，苦于无法收拾残局，便推出陕西籍的科学家杨钟健出任西北大学校长，兼任全国六大图书馆之一的西安图书馆筹委会主任。正如健兄在《六十述往并感怀百句》中所述："因之去西大，比若跳火坑。三月味如何，困难历重重。黑暗无天日，毁灭难逃踪。"这里不仅揭露了玩弄阴谋诡计的反动政客们之卑劣伎俩，也倾诉了他自己的愤懑情怀。

那年10月，我正在陕西省医专任职训导主任。健兄来西安后，就邀我兼任了西安图书馆筹委会的秘书，又邀请关中哲到西北大学任秘书长。

当时"西图"筹委会以大差市一座古老的旧当铺为会址。前任主任刘季洪并不在西安，由总务长张容正带着一伙亲信把持一切。其中有四个反动学生在学校搞特务活动，却在图书馆领馆员工资。张容正等并不在"老当铺"办公，而在后宰门租了一座小洋房，名为"办公院”实是特务窝子。健兄到任后，雷厉风行地来了一个“新官上任三把火”。第一把火宣布了周克仁接任“西图”筹委会总务长，坐镇馆内办公；第二把火，撤销了小洋房“办公院”，馆员一律到老当铺会址办公；第三把火，把几个反动学生叫到当面，晓以大义，撤去馆员职务与名义。由于钟健兄果敢的正义措施，加之这伙人畏惧解放军来到，张容正等逃回南方，几个反动学生也溜往汉中去了。

健兄去西北大学时，西北大学名列全国大学的倒数第二位，接管工作确实困难重重。幸喜的是关中哲任秘书长，岳劼恒掌教务，又有戴万里做出纳主任，大家同心合作，支持校长工作。起初，不少人对这位身着蓝布长衫的“乡巴佬”校长，有些看不起。钟健兄做了一次学术报告会，并展出了他的著作。全校教授和同学才从心底钦佩这位真正的科学家，少数反动分子也目瞪口呆了。

随着人民解放战争的节节胜利，彭德怀将军指挥的西北野战军，已经进入关中地区作战。国民党反动当局看到西安已不可保，遂决定将西北大学迁往成都。钟健兄以他特有的机智和勇敢，团结全校进步师生，同胡宗南为首的一伙反动派，开展了针锋相对的反迁校斗争。一天，钟健兄正在吃饭，胡宗南的副官长来到学校，递上一张印有“战区司令长官”字样的名片说：“胡长官马上来看杨校长。”钟健兄以为胡宗南已经到了学校，从容安详地说：“哦！不知胡长官驾到，未曾远迎，请胡长官客厅稍坐，我吃罢饭就来。”那位副官长声明说：“胡长官让我先来通知杨校长，他本人还没有来哪！”钟健兄听罢转向戴万里说：“戴主任，你先陪副官长客厅休息；我和教授们约定饭后研究一些学术问题；胡长官到后，请马上通知我。”他吃罢饭竟把那位副官长“凉”在一边，回到校长室和教授们兴高采烈地商讨起学术问题来了。他们正在高谈阔论时，校长室的门忽然被推开，进来的正是胡宗南。钟健兄打住了议论，沉着地说：“胡长官驾临指导，必能使我校日新月异。”胡宗南应酬数语，便南腔北调地宣布了让西北大学迁往成都的命令。钟健兄好像早已成竹在胸，他一边满口答应，一边又提出一系列难以驳回的“困难”，弄得胡宗南皱起眉头只好带着他的爪牙离开了西大。为了应付反动当局，西北大学表面上成立了一个“迁校委员会”，学校的教学行政大权仍然紧紧地掌握在杨、关、岳、戴及民主进步教授手里。当时，“西大”经济系同学多数为左派学生，几位共产党员经常与杨校长一起研究“反迁校”的斗争策略。一天，健兄与三位经济系同学商讨“反迁校”的对策，一直畅谈到深夜，格外兴奋。谈罢，还叫戴万里陪他们同坐汽车进城在小摊上喝了粝糟，才回学校休息。

胡宗南的西大之行，给一些热衷于迁校的人撑了腰，助长了邪气。西安解放前两个月，顽固分子煽动一些不明真相的学生闹事。在西大礼堂南边的大操场上，一些学生包围了杨校长和戴主任。摆脱以后，健兄以迁校经费不足为理由，亲往南京找伪教育部，在迁校问题上设置障碍去了；关、岳、戴等留在学校，一直推拖到西安解放。国民党特务虽然骗走了少数师生，但在地下党的领导下，西北大学进步师生的反迁校斗争和护校斗争却取得了胜利。钟健兄有一首诗写道：“内战与抗外，是非分西东。因而下决心，誓死不盲从。”这诗句也说明了他在反迁校斗争中所持的坚定立场。

南京解放前夕，反动派仓皇逃窜时，又以金钱地位劝诱健兄去台湾，遭到他的拒绝。不久，他终于迎来了灿烂的朝霞。解放后，这位在国内外享有盛名的古生物学家，为发展我国科学事业，兢兢业业，勤勤恳恳，不知疲倦地攀登着科学高峰。他以实地考查纠正了外国人对我国许多地区地层的错误论断，对我国的地质工作起了重要的指导作用，为祖国、为人民做出了卓越的贡献，他的不朽业绩，将永远铭刻在人们的心中。

（陕西人民出版社 1981 年 5 月版《大丈夫只能向前——回忆古生物学家杨钟健》）

# 怀念克强[①]

曾世英

我和克强初次相见是1930年秋在前地质调查所。那时我们都是三十来岁的人，他给我的第一印象是一位纯朴热情的科学家。差不多半个世纪过去了，情境尤历历在目。

后来我们随地质调查所的迁徙，由北平而南京、长沙、北碚，再到南京，虽然从事的专业不同，但业余常常聚晤。解放后我们不在同一部门工作，然仍相过从。相处愈久，愈感克强平易近人之外，学识渊博，治学严谨。他不怕艰险、勇往直前为科学工作献身的精神，更加深了我对他的钦佩。他写下了数百篇学术论著及不少散文，数量之多，公认为地质界之冠，博得国内外的声誉。克强素有“关中才子”、“龙骨大王”的绰号，但他自己总是非常谦逊。

克强早年即参加进步的社会活动。就我所知，他是少年中国学会的积极分子，曾为该会给毛泽东同志写过信。在黑暗的国民党统治时代，他珍藏着毛泽东同志1921年的亲笔复信。

早在1920年初，克强就参加陕西学生联合会主办的《秦钟》杂志的编辑工作，反对军阀的反动统治，传播新文化。《秦钟》出版六期即停刊，为了继续向邪恶势力进行斗争和传播革命思想，克强又和当时陕西进步学生，后来成为著名共产党人的刘天章等创办发行长达五年之久的、直到1926年被军阀张作霖封闭的反帝、反封建、讨论民主革命的进步刊物《共进》半月刊，并担任过主编。克强不仅在自然科

①克强是杨钟健的字。

学上做出了杰出的贡献，而且在传播革命思想上也有过长期的努力。抗战后期，他被指派去国民党伪中央训练团“受训”，“受训”期间都会被迫加入国民党，而克强却机智地对前来纠缠的国民党党棍说：“我早就参加了，是李大钊、于右任介绍的，那时你们还不知道在哪里呢！”这样就把国民党的喽啰们甩掉了。这是解放前他告诉我的。

我对克强爱护青年，奖掖后进，也有体会。我家子女的专业，有的搞物理，有的搞电工，但不管学什么，都喜欢向杨伯伯请教。有的从外地出差来京，也一定要抽时间去问候杨伯伯。他们回家，不仅盛赞杨伯伯善于诱导和谈吐幽默，而且对教导他们青年时代的工作上要做出成绩，感受很深，总是念念不忘杨伯伯的教益。

“四人帮”横行时期，克强并不悲观，仍孜孜不倦地研究学问。我每次去看他，总见他独坐在以走廊当书斋的斗室内持卷学习。克强重听，他口谈，我笔谈，彼此乐而忘倦。提到“四人帮”的倒行逆施、祸国殃民，他总是气愤填膺，说不会长久下去的。

克强不幸晚年失爱子。在此悲痛情境中，他克制情感，倍加努力地为党工作，不辞劳累，长途跋涉，积极参加地质考察活动。1979 年年初，我同老伴去慰问已故地质学家孙云铸的夫人时，克强的夫人王国桢也匆匆来到，方知克强因病住院，并已三易医院，病在垂危。我们听了非常着急，便赶去北京医院探望。此时克强被扶起进药。稍谈数语后，他即闭眼躺下。我们想避免惊动，正想悄悄退离，不意被他察觉，立即勉强起坐，伸手拉住我们不放，默然无语，眼中流泪。没想到这一次的见面竟成了永别。克强虽然离开了我们，但他的治学精神，崇高品质，永远留存在我们的脑海里。

（陕西人民出版社 1981 年 5 月版《大丈夫只能向前——回忆古生物学家杨钟健》）

# 杨钟健教授在北京大学

于　洸

杨钟健教授是蜚声中外的地质学家、古生物学家，他 1923 年毕业于北京大学地质学系，至今已有 72 个春秋了。他留学德国于 1928 年回国后又几度在北大任教。在北大学习期间，他追求进步，思想活跃，参加了许多爱国进步活动，并于 1920 年发起成立了我国第一个研究地质学的学术团体——北京大学地质研究会，在庆祝中国地质学会成立 70 周年之际，回顾杨钟健教授当年在北大学习和工作的情况，缅怀这位受人尊敬的地质学界的老前辈，对于学习和继承他的优秀品质，进一步促进我国地质事业的发展是很有意义的。

杨钟健于 1917 年入北京大学理预科学习，入学时理预科有 4 个班，杨钟健与田奇㻪、赵亚曾、张席禔同在乙班，侯德封在甲班，王恭睦在丁班。还有一件趣闻，1918 年 9 月 25 日《北京大学日刊》登了一条“杨钟健请改正年龄已准”的消息，称：“陕籍学生杨钟健投考本校时，系托友人报名，致少填二岁，现有该县知事备文来校，证明改正年龄，本校业已照准，并为转告教育部备案。”杨钟健预科结业后，于 1919 年升入地质学系学习，上述几位也同时入地质学系就读。从这个年级开始，大学四年学制。作为过渡，1919 年入学的一部分三年毕业，一部分四年毕业，杨钟健学习四年于 1923 年毕业，同期毕业的有赵亚曾、田奇㻪、侯德封、张席禔、王恭睦等 27 人。毕业后他即赴德国慕尼黑大学攻读古脊椎动物学。因为有的学者对杨钟健在北大入学和毕业的年份有不同的记述，所以根据北京大学保存的文书档案作如上说明。

杨钟健在北大读书期间，正值中国社会经历重大变动的年代。北京大学是中国新文化运动的摇篮，是五四运动的发祥地，是在中国最早传播马克思主义的主要阵地之一。在俄国十月革命胜利的影响下，在北大具有初步共产主义理想的先进分子的影响下，面对内忧外患的政治形势，杨钟健追求真理，追求进步，在当时的进步学生运动中发挥了出色的作用。

还在他预科结业之前，1919 年爆发了轰轰烈烈的五四爱国民主运动，杨钟健积极投身到群众运动中。5 月 4 日那天，他到天安门参加大会，参加火烧赵家楼，回校后听说有 32 位同学被捕，他立即参加讲演队，到街上发表激昂慷慨的演说。北大文预科一年级学生郭钦光，不顾身患肺疾，毅然参加游行，在游行中受军警追逼，劳累过度，在曹锟家里又于混乱中被军警和曹家人殴伤吐血，因重伤不治，于5 月6 日去世，年仅 24 岁。郭钦光是五四运动中为国捐躯的第一人，5 月 18 日在北大举行了隆重的追悼会。同时，上海学生联合会也召开了追悼郭钦光大会，北大学生代表许德珩、杨钟健参加了会议。在会上，杨钟健介绍了郭钦光与反动派斗争的壮举，许德珩发表了沉痛激昂的演说。五四运动以后，杨钟健作为学生运动的骨干，参加和组织了许多活动。1923 年春，他还作为北大学生代表，赴上海参加全国学生联合会的领导工作，负责编辑会刊。

20 年代，陕西在军阀统治下，人民惨遭涂炭，杨钟健便与在北大和在京其他高校的一些陕籍先进同学，于 1919 年 3 月组织旅京陕西学生联合会，并由他主编出版了油印刊物《秦劫痛话》，揭露军阀在陕西的黑暗统治，这个刊物虽然出版时间不长，但不少稿件曾被京、津、沪、汉等地报纸转载。1920 年 1 月，他又主办了《秦钟》月刊，其使命是："（一）唤起陕西人民自觉心；（二）介绍新知识于陕西；（三）宣布陕西状况于外界。"杨钟健曾在《秦钟》上发表了 9 篇文章。这个刊物只出了 6 期就被迫停刊了，但对于揭露陕西军阀和传播新文化还是起了推动作用的。《秦钟》停刊后，杨钟健又与陕籍进步学生于1921年10月创办了《共进》半月刊，并任主编，继续同陕西顽固势力进行斗争。又以《共进》半月刊为基础，于1922年7月，成立了以“提倡文化，改造社会”为宗旨的进步社团——共进社。在中国共产党的影响下，共进社社员最多时达数百人。共进社成立以后，《共进》半月刊作为她的宣传阵地，进一步把反对封建军阀的斗争与反对帝国主义的斗争联系起来，并开始用马克思主义观点观察社会问题。杨钟健于1923年毕业前，为刊物撰写过70多篇文章，出国以后还撰写了40多篇文章，是该刊最积极的撰稿人。在他任主编期间，该刊登载过1922年6月15日《中国共产党对于时局的主张》，选登过李大钊、陈独秀等共产党人的文章。《共进》半月刊到1926年9月被军阀张作霖封闭为止，共出版105期，对反帝反封建和推动陕西的革命运动都起了很好的促进作用，杨钟健对此做出了重要的贡献。

在蔡元培校长平民教育思想的启示和推动下，北大国文系二年级学生邓中夏等人发起，于1919年3月23日成立了北京大学平民教育讲演团，“以教育普及与平等为目的，以露天讲演为方法”。1919年6月杨钟健参加这个讲演团，并于1920年3月与邓中夏一起当选为该团总务干事。讲演团开始在市区定点讲演和作街头宣传，1920年春决定还要深入北京附近的农村和工厂。3月25日邓中夏与杨钟健召集干事会，筹备利用春假去农村讲演，并议决了八项办法。通县讲演组由杨钟健任书记。讲演团在城市、农村、工厂的讲演，内容广泛，包括国内外大事、反日爱国、民主自治、反对封建、破除迷信、普及科学等。讲演团的活动，不时遭到反动军警的破坏。例如，1920年5月13日，邓中夏、张国焘、高君宇、杨钟健四人去南城虎坊桥模范讲演所讲演，杨钟健的讲题是“个人与社会”，这次活动由于百余警兵一拥上台进行阻挠未能进行。1920年5月19日干事书记联席会议确定另组织一“科学讲演组”，由潘云耿、杨钟健负责筹备，地质学系学生汤炳荣、牟谟等都参加过这项活动，讲过“开煤矿”、“土的来历”、“淘金法”等题目。平民教育讲演团从成立至1925年9月先后有157名北大学生参加，他们的活动对于在工人农民中进行宣传和组织工作，促进知识分子与工农结合等方面都发挥了积极作用。1921 年初北京共产主义小组在长辛店建立的劳动补习学校，就是由邓中夏等人用讲演团的名义进行的。

少年中国学会是 1918 年 6 月 30 日由李大钊等 7 人发起，于 1919 年 7 月 1 日正式成立的，其出版物是《少年中国》半月刊。杨钟健经邓中夏介绍于 1920 年入会。少年中国学会是一个同北京大学关系密切、在五四时期颇有影响、带学术性的进步政治团体，经李大钊提议，其宗旨为："本科学的精神为社会的活动，以创造'少年中国'。"并为会员定了四条信条：（一）奋斗；（二）实践；（三）坚忍；（四）俭朴。到 1925 年停止活动为止，先后有 120 多人入会，但由于会员的思想、信仰，从成立起就不完全一致，人员逐渐两极分化。共产党人李大钊、邓中夏、高君宇等与曾琦、左舜生等国家主义分子分歧越来越大。1921 年 2 月北京会员在李大钊办公室讨论学会应采取何种主义等问题，6 月又召开谈话会交换意见，杨钟健参加了这次会议。1921 年 7 月 1 日至 4 日，少年中国学会南京大会期间，邓中夏、高君宇、杨钟健等五位北大学生及穆济波代表北京会员出席，在确立主义与应否参加政治活动两个问题上，与左舜生等展开了激烈的辩论。1921 年 7 月至 1923 年 7 月杨钟健担任两届执行部主任，一度担任评议员，主持会务。这时正是两派意见分歧表面化的时期，在他主持会务期间，1922 年 7 月杭州大会上，通过了具有一定进步意义的反帝反封建的决议和宣言。此后分歧更趋扩大，1925 年 7 月改组，由中间分子组成改组委员会，并向会员发调查表征求意见，在德国学习的杨钟健 10 月 25 日在调查表上仍明确表示"不赞成一切开倒车的复辟主义、军阀主义及不大切时病之无政府主义等"，表明了他的政治态度。

杨钟健还是北京大学马克思学说研究会的会员。1919 年下半年，在李大钊周围已聚集了一批初步具有共产主义思想的革命青年，李大钊与邓中夏、高君宇等人，经过多次酝酿，于 1920 年 3 月组织了北京大学马克思（当时译称“马克斯”）学说研究会，秘密进行马克思学说的学习和讨论，1921 年 7 月中国共产党“一大”以后，他们决定将这个研究会公开，以 19 名会员为发起人，在 1921 年 11 月 17 日《北京大学日刊》上刊登启事，公开征集会员。有的出版物记述杨钟健 1917 年加入北大马克思主义研究会，这是不确切的，这个研究会不是 1917 年成立的，杨钟健也不是 19 名发起人之内的，据罗章龙保存的 152 名会员名单中有杨钟健的名字，可以说明他的加入应是 1921 年 11 月 17 日以后的事。研究会的主要活动是搜集、采购马克思主义文献，分组进行专题研究；举行定期的讨论会、讲演会和不定期的辩论会。通过这些活动，宣传了马克思主义，提高了群众的觉悟，为革命培养了一批人才。杨钟健年轻时参加了这些活动，对他后来成长为一名共产主义者是不无影响的。

杨钟健不仅积极参加革命的、进步的政治活动，还于 1920 年首创成立北京大学地质研究会（1929 年 11 月 26 日改称北京大学地质学会）。当时，他是地质学系二年级学生，与采矿冶金门（当时这样称呼，“门”即是“学系”）二年级学生赵国宾共同邀请这两个系二年级学生田奇瓗、罗运磷、李芳洲、曾钦英、吴国贤等共 7 人，于 9 月 19 日在北大第一院平民教育讲演团事务室，开了一次谈话会，他们都认为：“中国地质急待整理，社会上尚无一研究之机关；政府治下之地质调查所不在此例。本校为最高学府，同人学识鄙陋，似应速建一会，互相研究，增长课外之学识。”议决创立地质研究会，以到会 7 人为发起人，并公推杨钟健拟定公启及简章草案。杨钟健以 7 人名义拟定的“北京大学地质研究会公启”中，说明发起成立研究会的原因，一是“本共同研究的精神，求地质上的真理”；二是“提倡地质学，引起社会上对地质的注意，补足研究地质学团体不完善的地方”；三是“地质学科，注重实地调查。我们各各调查不特不易，而且效力很少，所以有结合起来共同去作的必要”。《简章》规定其宗旨是：“本共同研究的精神，增进求真理的兴趣，而从事于研究地质学。”入会条件是：

“凡本校同学，具有地质学识者，均得为本会会员，但须经会员一人以上之介绍及会务进行委员会之可决。”“公启”及《简章草案》在1920年9月29日《北京大学日刊》上发表，第一批会员有30人，10月10日举行成立大会，第一期会务进行委员会由5人组成，杨钟健任委员长。杨钟健为研究会的活动做了大量工作，敦请学者讲演，征集图书、标本，出版会刊。仅成立之初的半年中，丁文江、葛利普、何杰、王烈、丁格兰（Dr. Tegengren）等就作了6次讲演，听众有时多达200人，这在当时是相当可观的数字，说明听众不仅是地质学系的，还吸引了其他学科的学生。特别要提到的是出版《北京大学地质研究会年刊》，1921年10月出了第一期，杨钟健是该期编辑委员之一，并写了发刊词。研究会的活动持续到30年代，出版物持续到1931年。北大地质学会员虽然是一个学生组成的学术团体，但它却是我国第一个研究地质学的学术团体，它的出版物也是我国地质学方面较早的出版物之一，在北大乃至在中国地质学界是起过一定历史作用的，这与杨钟健的发起和奠定的基础是分不开的，这项工作也是他对北京大学和我国地质事业的一项贡献。在他起草的“公启”中曾经写道：“我们中国地质，向来少人调查。即有言及，无非就外人调查的大概而言，这是何等可耻的事？我们力量虽少，却要尽力所到，一洗此耻。”“我们知道，所具有的学识都很少，一刻要达到目的是不行的。不过我们立志，所有可以增加我们求真理的兴趣，和可以促进我国地质学进步的方法，无不尽力所及为之。”“世上顶快活的事，更莫有过于达到目的了！也更莫有过于达到求得真理的目的了！”从这些言词中，可以使人感受到他爱国主义的思想感情和对社会的责任感。他当时虽然只是二年级学生，但对地质工作的意义和特点却有着深切的了解，对地质科学真理有着执著的追求，这与他一生的追求和品格是一脉相承的。

杨钟健1928年自德留学归国，就任前中央地质调查所新生代研究室副主任，同时在北京大学主讲“脊椎动物化石”，30年代前期又一直在北大担任教职。例如，1936—1937学年度他就担任两门课程的教学工作，第一学期讲“脊椎动物化石”，第二学期讲“新生代地质”，这两门都是四年级的必修课。“脊椎动物化石”每周讲课2学时，实习2学时。先讲通论，说明脊椎动物的一般构造，特别注意骨骼牙齿等硬的部分；近代骨骼与化石的区别；采集与修理的方法。然后讲各论，从低等脊椎动物讲起，依系统次序讲至人类，特别注意重要种类的性质、地层的分布以及中国发现的重要种类。“新生代地质”每周讲课2学时，实习2学时。讲课内容是：新生代地质概论，第三纪初期一般情况及各地之比较，中新统、上新统、三门系、周口店一般情况，黄土期一般情况，中国地文发育史，中国猿人一般情况及石器文化等。杨钟健是古脊椎动物学和新生代地质的专家，工作经验丰富，讲课内容充实，分析入理，启发性强，讲课过程中还带学生到周口店龙骨山和陈列馆参观，很受学生欢迎。

杨钟健教授从1917年入北京大学学习至1937年，二十年间，除留学德国外，先在北大学习，后在北大任教，此后，在西南联大和复原后的北京大学又几度任教，以上所说只是一个侧面，一些片断，但他热爱祖国，热爱人民，热爱科学，追求进步，勇于开拓，奋发向上，不断探索真理的精神，他的经历和活动，在北京大学和北大地质学系的历史上留下了光辉的一页。在今天建设中国特色社会主义的伟大实践中，在推进我国的地质科学和地质事业，以及培养一代又一代地质事业接班人的宏伟任务中，他的优秀品质永远值得我们学习和发扬光大。

（1995年《地质学史论丛》第3期）

# 杨钟健早期革命活动纪略

李振民　张守宪

杨钟健是我国著名的地质学家、古生物学家和教育家，也是一个有相当影响的社会活动家。早在求学期间，他就积极追求真理，在当时的学生运动中，发挥了出色的作用。

杨钟健1917年卒业于陕西省立西安第三中学，同年，就读北京大学，先在预科两年，后入地质系，1923年毕业，以品学兼优，经地质学家李四光建议赴德留学。杨钟健求学期间，正是中国社会经历重大变动的年代，面对内忧外患的政治形势，在十月革命后新思潮的影响和推动下，杨钟健积极投身于伟大的五四爱国运动。1919年6月，他参加了在李大钊指导下，由邓中夏、许德珩、黄日葵等发起成立的北京大学平民教育讲演团，次年3月，与邓中夏一起当选为该团总务干事，经常深入北京市内和通县、长辛店等地进行宣传工作。当时，旅京陕西学生联合会虽早已成立，但组织比较涣散，思想极不一致，他为改变这种状况，发动旅京陕西学生参加爱国运动，1919年秋冬间，主编《秦劫痛话》，这是一个以揭露陕西社会黑暗为主，由少数人自编自印的油印刊物，虽然出刊时间不长，但不少稿件曾为京、津、沪、汉报纸转载。1920年1月，旅京陕西学生联合会又主办了《秦钟》月刊，《秦钟》比《秦劫痛话》前进了一步，其使命是：“（一）唤起陕人自觉心；（二）介绍新知识于陕西；（三）宣布陕西状况于外界。”它的出刊对反对陕西军阀和传播新文化起了一定的推动作用。杨钟健曾在《秦钟》上发表文章9篇。可惜这个刊物由于种种原因，也没有维持多久，出了六期即行停刊。《秦钟》停刊后，杨钟健和当时陕西进步学生，后来成为著名共产党人的刘天章、魏野畴、李子洲、刘含初等，继续同陕西邪恶势力进行斗争。1920 年 10 月，又发起创办在北京和陕西影响很大的《共进》半月刊，由他和刘天章任主编。次年 7 月，以《共进》半月刊为基础，成立了以“提倡文化，改造社会”为宗旨的进步社团——共进社。共进社在团结和领导陕西学生参加革命活动方面起了重要的历史作用。与此同时，1920 年杨钟健参加了五四时期著名的革命团体——少年中国学会，并成为该会的主要骨干。同年，还参加了北京大学马克思学说研究会，1922 年，又加入了社会主义青年团。1923 年春，他作为北大学生代表，赴上海参加全国学生联合会的领导工作，负责编辑会刊。在上海期间，由李大钊、邵力子介绍加入了孙中山领导的国民党。在这些政治活动中，他曾和著名共产党人李大钊、毛泽东、邓中夏、恽代英、高君宇、黄日葵等有过密切的交往，这对一个矢志救国，以后为社会主义献身的科学家来说，在他一生的历程中是有重大影响的。

杨钟健早期革命活动中，比较突出的是一度主持少年中国学会和编辑《共进》半月刊。

少年中国学会是五四时期出现的历史最久、影响最大的社团之一，它发起于 1918 年 6 月，正式成立于 1919 年 7 月。这个学会因为采取了兼容并包的方针，会员最多，分化也最明显。杨钟健于 1920 年由邓中夏介绍入会后，1921 年 7 月到 1923 年 7 月曾连任两届该会执行部主任，一度担任评议员，主持会务。这时，中国共产党已经成立，会员日趋两极分化，共产党人李大钊、邓中夏、高君宇、黄日葵等和国家主义分子曾琦、李璜、左舜生等表现出愈来愈明显的分歧，而大多数中间派会员则动摇不定，这种状况在 1927 年 7 月学会的南京大会上就开始表面化。之后，1922 年 7 月杭州大会和 1923 年 10 月苏州大会矛盾进一步激化。杨钟健在这种复杂的矛盾中处理会务，自然是困难重重，后来他回忆这段历史时说：“必须承认，在那样情况之下，这执行部主任是不好干的，实际上也干不出什么名堂来。……我所能做的事无非是执行评议会的决议，加强会员间的联系而已。为了加强彼此的联系，我曾编过一本会员通讯录，同时又因为少中会员对于创造少年中国的方案人人主张不同，所以决定搞一次终身事业调查表。但这些工作估计在实际上并未发生什么积极的效果。可以说在多数会员思想混乱、意见分歧的情况下，我所担任的工作，注定是难以完成的。”又说：“回忆起来使我有这么一种强烈的印象，那就是我之所以被看中而当选为执行部主任，可能是为了解决学会中的矛盾。当时学会内部争执已到了相当紧张程度，许多会员就想拿一个比较中间的人来缓冲一下……另外一个可能就是我的前任因事离京，而其他的人又都不合适，于是蜀中无大将，就以廖化作了先锋了。”这个说法确是反映了当时的历史实际，当然也包含着一些过谦之词。杨钟健一生光明磊落，表里如一，实事求是，善于处人，又富有组织才能，因此，他当选为执行部主任也是众望所归，当非偶然。但是，正如他自己表白的：“实际上我是和李、邓诸人较为接近的。”他说：在少中会员中“和我来往最多，因而印象最深的还是邓中夏，他为人的热诚，工作的能力，以及对于许多具体斗争的表现，使人至今不忘。我们一起在平民教育讲演团的工作中，在反宗教同盟的运动中，以及二七罢工等事件中，都经常来往，有时还到当时的西老胡同某号不时碰头开会。其他的人如李大钊、黄日葵等都是通过他认识的”。正是在李大钊、邓中夏、恽代英、高君宇、黄日葵等共产党人的影响和努力下，由他主持会务期间召开的杭州大会和苏州大会，还是通过了具有一定进步意义的反帝反封建的决议和宣言。

1925 年，少年中国学会由于严重分化而改组，这时，杨钟健正在德国学习古脊椎动物学。这一年的 10 月 25 日，他填写了学会发给他的调查表，对于一个专心致志于钻研业务的青年学者来说，他在填表中虽然不可避免地反映了一些模糊认识，但仍然明确表示：“不赞成一切开倒车之复辟主义、军国主义及不大切时病之无政府主义等”，主张各团体“在可能范围内之携手主义（即所谓神圣联合与联合战线也）

而反对倾轧主义”。同时，深情地希望会员为国家前途、民族命运“个个努力，不少退缩”，表现了一个刚直不阿的进步知识分子的高度爱国热忱。

杨钟健为编辑出版《共进》半月刊和组织共进社也花费了不少心血。他从1921年10月10日《共进》创刊即任主编，至1923年10月出国前，先后为《共进》撰写文章70多篇。这些文章内容广泛，体裁多样，锋芒所向直指陕西反动军阀刘镇华和一切封建势力，提倡科学、民主，呼吁陕人救陕。特别是在他任主编期间，还选登了1922年6月15日《中国共产党对于时局的主张》等革命文献（见《共进》第17期，1922年7月10日版）。此外，还经常选登共产党领导人李大钊、陈独秀和陕籍共产党人刘天章、魏野畴、李子洲、武止戈、刘含初等人的文章。1922年10月，共进社成立后，《共进》半月刊进一步开阔了眼界，把反对封建军阀和反对帝国主义的斗争联系起来，并开始用马克思主义观点观察中国社会问题，对反帝反封建和推动陕西革命运动起了很大的促进作用，成为五四以后宣传新思想的刊物中，影响较大和延续时间最长的刊物之一。杨钟健在留学德国期间，仍然十分关心《共进》半月刊的成长，在国外紧张的学习中，还为《共进》撰写文章40多篇，直至1926年9月《共进》出至第105期，为反动军阀张作霖封禁终刊，杨在《共进》共发表文章达百篇之多。后来，他在讲到《共进》的历史作用时说：“如果我们回忆，当20世纪第一个十年的末期，主持陕西教育的人还主张向孔子叩头，此外女子缠足、男子留发等情况还存在，那么《共进》半月刊灌输新知识、新思潮的作用就不能小估。如果我们回忆，当时陕西还没有一寸铁路，军阀像走马灯似的更替，每一个军阀又都穷凶极恶，而老百姓则处于苛捐杂税和土匪威胁之下，那么当时把实况宣布于外界也就不是毫无意义的了。”讲到共进社，他说：它“是20世纪20年代陕西革命史上的一件大事”。这样的分析应该说只是一个起码的估计。事实上，共进社不仅在陕西，而且在五四以后直至1926年间，始终是北京学生运动中最活跃的队伍之一。

作为一个在学术上有重大成就的科学家，杨钟健有他自己的独特道路，但他早期的革命活动，为他后来成长为一个优秀的共产党员，毕生献身于社会主义事业奠定了重要的基础。他于 1927 年毕业于德国慕尼黑大学后回国，在解放前十分困难的条件下艰苦地从事教育和科学研究事业，并且不顾当时国民党反动派的白色恐怖，和夫人王国桢一起，冒着生命危险，始终珍藏着 1921 年前后毛泽东、恽代英、刘天章、魏野畴等给他的亲笔信，以及少年中国学会有关文件和《共进》等许多革命刊物。他对党和人民忠心耿耿，为发展祖国科学事业呕心沥血，这种毕生追求真理，为社会主义事业鞠躬尽瘁，死而后已的革命精神，将永远激励人们为四化建设勇攀高峰！

（陕西人民出版社 1981 年 5 月版《大丈夫只能向前——回忆古生物学家杨钟健》）

# 杨钟健出长国立西北大学

姚　远

杨钟健先生（1897—1979），字克强，陕西华县人，曾在三秦公学就读。1923年北京大学地质系毕业后，即赴德国慕尼黑大学留学，并获博士学位。他是我国现代著名地质学家、中国古脊椎动物学的奠基人和著名教育家，曾相继在北京大学、重庆大学任教。早在30年代，就曾兼任西北大学教授。1948年9月8日至1949年12月，任国立西北大学校长。新中国成立前为中央研究院院士，新中国成立后曾担任中国科学院编译局局长，中国科学院地学部学部委员，中国科学院古脊椎动物与古人类研究所所长，九三学社中央常委，第一、二、三届全国人大代表等。他一生发表有600多篇学术论文和2000多首诗作，其《中国北部之啮齿类化石》是我国古脊椎动物研究领域的开山之作。

1948年的秋天，笼罩在萧瑟秋风中的南京城，市场萧条，物价飞涨，人心惶惶。9月9日，南京国民政府教育部在中央日报第二版赫然刊登了这样一条消息：国立西北大学校长马师儒辞职照准，任命杨钟健继任。

杨钟健抵达西安时，受到各界人士及西北大学师生的热烈欢迎。10月8日，杨钟健到校执事，他深知，治理好学校的关键是人事问题，而人事宜稳而不宜动。于是，他请岳劼恒仍担任教务长，关中哲任秘书长，原校长马师儒任文学院院长。他到校后没有解聘一个人，后来校情的发展证明，他将学校的领导权紧紧地掌握在这些进步人士的手中是极富远见的。在第一次召开校务会议时，他在致词中郑重地表明了他的治校思想："我这一次来西北大学，绝不是来维持现状的，我对西大有一种抱负，希望能把西大办成进步的、充实的、合理的、名符其实的西北学府。为达到这个目的，不能抱妥协的态度，必须兴革新之志，尽力为之，希望全校同仁均予协助……本人来此，希望能造就一良好的民主风气。"在一次学术报告会上，他展出了自己的著作，全校教授和学生从心底钦佩这位真正的科学家。

对于国立西北大学来说，办学最困难的仍是经费拮据。杨钟健派人前往并致函国民政府教育部，经多次沟通，教育部不得不以一袋面粉作为主食，以一袋面粉稍多之数为副食费，借以安定学校师生之心，求得一平静的教书和读书环境。随着各项工作纳入正轨，学校渐有起色。1949 年 2 月 1 日出版的第 2 期《国立西北大学地质通讯》报道："本校自杨校长莅校以来，积极整顿，不遗余力，学校在任何方面均有长足之进步，对学校研究之加强，提倡尤力，故校中各社团，各学会莫不大形活跃云"；"在本届自治会改选竣事后，工作积极展开……敦请教授同席指导，同学发言踊跃，自由民主之风气，洋溢校内"。

杨钟健先生主校时期，正是中国人民解放军取得三大战役胜利的时候，特别是西北野战军在彭德怀将军的指挥下，已进入关中和陇东作战。国民党政府看到西安已不可保，图谋将西大等国立院校裹胁南迁。杨钟健先生到西大不久，就接到南京政府教育部的密函，勒令学校迁往成都。这一消息犹如一枚炸弹掷入校园，校内顿时掀起轩然大波。面对这一严重形势，杨钟健先生立即召开校务会议，统一认识，制定反迁校的策略。

1948 年 11 月中旬，胡宗南带着一批随从来到西北大学，宣布西北大学迁往成都的命令。杨钟健先生好像早有准备，他一边满口答应，一边又向胡提出一系列难以解决的"困难"。在这一时期，南京政府教育部为迁校不断向杨钟健施加压力。后来，甚至发展到企图以杨钟健先生的夫人王国桢（时在南京中央调查所）做人质的地步。杨钟健预见到西安不久就将回到人民的怀抱，便借口迁校经费不足，拖延以待，直到1949年5月20日西安解放，终于把这所历史悠久的大学完整地留给了新中国。

杨钟健能在特殊的历史环境中，自觉地为人民保护这所大学，是有历史原因的。早在五四运动时期，正在北京大学学习的杨钟健就积极地参加了天安门的集会和火烧赵家楼的革命行动。在北京大学，他加入了邓中夏、许德珩、黄日葵等发起的北京大学平民教育讲演团并积极参加宣传讲演活动。经邓中夏介绍，又先后参加了少年中国学会和北京大学马克思学说研究会，以及社会主义青年团，努力吸收新的思想，积极从事进步活动。杨钟健和李大钊、邓中夏、毛泽东、恽代英、高君宇、黄日葵、魏野畴等都有过交往。他组织了陕西旅京学生的进步团体“共进社”，并主编《秦劫痛话》《秦钟》和《共进》等刊物，唤起民众的觉悟。这引起了反动派的恐慌，竟说“大共（共产党）、小共（共进社）都是一共”，共进社最后终于被奉系军阀查封。

杨钟健出任国立西北大学校长，虽仅为其科学人生的一段插曲，但却是西北高等教育史的重要篇章。

（2002年7月17日《光明日报》）

# 杨钟健和周口店

黄慰文

金风吹拂，芳草依依。在峰峦钻天的西山脚下，古老的北京人遗址近旁，一座简朴、庄严的墓地落成了。墓志上刻着两行字："杨钟健之墓，1897. 6. 1—1979. 1. 15。"中国古脊椎动物学的奠基人、古生物学一代大师杨钟健教授就长眠在他生前用心血浇灌的土地上。

在中国的地质学史上，周口店是中国新生代研究的发祥地。这里不但出了大批给中国带来荣誉的科学成果，而且又出了人才——至少有两代科学家在这块土地上成长起来。而杨钟健就是这块园地的开拓者和辛勤的园丁之一。他的一生和周口店不可分割地联系在一起。

"周口店"被列入科学词典是本世纪20年代的事。1921年，瑞典地质学家安特生（J. G. Andersson）根据烧石灰工人提供的线索，在一次考察中找到了"北京人之家"。接着，由奥地利古生物学家师丹斯基于同年和1923年对这个遗址作了短期试掘，所得的动物化石运回瑞典乌普萨拉大学维曼教授的研究室整理研究。1926年9月，由材料中鉴别出两枚人类牙齿化石。消息传到北京，引起了科学界的轰动和强烈兴趣。北京协和医学院解剖科主任、加拿大人类学家步达生立即找中国地质调查所所长翁文灏，共同磋商一项合作发掘周口店的计划。这项计划得到美国洛克菲勒基金会的财政支持。人力方面，由于我国当时缺少适任人员，不能单独担负周口店的发掘和研究工作，于是双方商定：一方面聘请维曼手下一名外国专家来华，另一方面由地质调查所召回一名在德国的中国专家回国共同工作。前一人选落在瑞典人步林身上，后一人选就是杨钟健。

杨钟健于1924年在北京大学地质系毕业，取得理学士学位后，即去德国深造。留德期间，他在慕尼黑大学地质系学习古生物专业，老师是古生物学前辈布罗里和施洛塞。当1927年春周口店系统发掘开始时，杨钟健在慕尼黑的学习尚未结业；同时，根据翁、步的安排，他在结业回国前，还要先去瑞典熟悉一下周口店化石动物群，好为以后的工作打下基础。这样，地质调查所临时指定地质学家李捷为首任周口店野外工作事务主任，与步林一起主持周口店发掘。

1928年春，在慕尼黑大学毕业并获得哲学博士学位的杨钟健回到北京。这时，李捷因另有安排而离开周口店，于是由杨接替他而成为地质调查所在周口店的正式代表，与步林共同负责周口店工作。当时和杨一起到周口店的，是刚刚毕业于北京大学地质系、而后来则成为世界闻名的考古学家裴文中。

1929年，人们认识到周口店的发掘不可能在短期内完成；同时，周口店的内容很丰富，很复杂，要回答发掘中所提出来的问题，还必须将考察范围扩大到周口店的邻近地区去。于是，步达生和翁文灏等人商量，于这一年正式成立了新生代研究室，作为中国地质调查所属下的一个专门机构。步达生被任命为研究室的名誉主任，副主任就是杨钟健。周口店的工作以后一直在这个机构的直接领导下进行。

新生代研究室成立后，除了继续发掘周口店以外，还有计划地在华北、西北、东北和西南等地做了大量考察和研究工作。例如1929年的夏天，担任地质调查所科学顾问的法国古生物学家德日进和杨钟健二人到山西、陕西和鄂尔多斯高原南部所作的为期三个月的考察。这次考察很成功，其成果是组成从地处亚洲腹地的甘肃、到东部沿海地区的中国北方新生代环境的总认识的重要部分。当然，周口店研究是新生代研究室整个工作的重点，1929年的工作也以周口店的收获最大。这一年，德、杨合作完成了周口店的地质与古生物研究的初步报告，以“周口店洞穴层”为题发表于12月出版的《中国地质学会志》第8卷第3期上。这篇论文虽然仅仅是对周口店三年以来系统发掘的初步总结，但是文章中对于周口店动物群的性质和时代，北京人遗址含化石堆积的分层以及周口店各地点的时代序列等问题都作了精辟的分析，这些基本结论成为后来周口店研究的基础。1929 年的另一项重大收获，是裴文中于 12 月 2 日年度野外工作临近结束时，发现了第一个完整的北京人头盖骨。这个发现轰动了全世界，被誉为古人类学史上的一个伟大的里程碑。

步达生对于三位直接参加周口店工作的科学家的工作相当满意，评价极高。他在 1929 年 12 月中旬写给几位国际上著名学者的信里说："裴文中先生是一位出类拔萃的野外工作人员；杨钟健是第一流的研究人员，在野外工作方面亦是如此；德日进是'老将出马，一个顶仨'。"

到 1937 年七七卢沟桥事变爆发，周口店发掘被迫停止之前的近十年中，杨钟健发表了一系列关于周口店研究的专著和论文，如《周口店鸡骨山哺乳类化石》（1930）、《周口店第二第七第八地点之脊椎动物化石》（1932）、《周口店第一地点之偶蹄类化石》（1932）、《周口店之骨化石堆积》（1932）、《周口店中国猿人地点之小哺乳类化石》（1934）以及和步达生、德日进、裴文中合著的《中国原人史要》（1933）等等。这些专著和论文，与其他科学家的研究成果一起，使周口店在世界古人类、古脊椎动物和新生代地质学的研究领域中放射出耀眼的光芒，成为科学界仰慕的"麦加"。

新中国成立后，新生代研究室成为中国科学院的一个直属机构，改称古脊椎动物研究室，后来又发展成古脊椎动物与古人类研究所，在周口店则建立起一个由研究所领导的工作站。担任所长职务的杨钟健，尽管领导事务和社会活动很繁忙，加上他本人的研究工作的重点自 30 年代后期已经转移到爬行动物化石和中生代地层方面，然而，他对周口店的工作始终如一地予以重视。周口店的发掘和研究计划，陈列馆的陈列方案，遗址区的保护和建设，工作人员的培养以及几次为发现第一个北京人头盖骨而举行的纪念活动等等，他无不一一过问。

在他的晚年，虽然年迈体衰，但每年总要专门去一两次周口店。到了龙骨山上，他总是怀着深情这里走走，那里看看，仿佛山上的每个发掘场地，甚至一草一木，他都看不够似的；不论是行政领导、后勤人员还是业务干部、发掘工人以及年轻的讲解员，他都进行亲切地交谈，鼓励大家把工作做好。在他的生前一直保持着这个习惯。

1978 年冬，人们正筹备将于一年后到来的北京人第一个头盖骨发现 50 周年纪念活动。和对待 25 周年、30 周年那两次纪念活动一样，杨老对未来的这次活动表现出十分重视和关心。他对在周口店共事多年的贾兰坡先生说：“我和你在 50 周年纪念会上来个联合发言吧！你负责起草个发言稿，到时我念前一半，后一半由你接着念。”令人遗憾的是，杨老未能实现这个夙愿就过早地离开我们了。然而，杨老虽然走了，但他的事业、他的精神将和龙骨山一样永存。人们将永远怀念他。

（1981 年《大自然》第 4 期）

# 爱国主义的科学家杨钟健

张军孝

杨钟健是我国老一辈的爱国主义科学家。他不仅是革命知识分子的杰出代表，而且是为世界科学界所赞誉和崇敬的人。

## 从勤奋读书到变革社会

1897 年 6 月 1 日，杨钟健出生在陕西华县龙潭堡一个爱国主义教育家的家庭。父亲杨松轩长期办学，力行教育改革。杨钟健随父读书，孜孜不倦。他的作文经常得到先生的好评。

辛亥革命爆发后，杨钟健考入西安三秦公学，他受辛亥革命的影响，热衷于孙中山先生的三民主义思想和革命主张，并以实际行动，结识刘天章、魏野畴、李子洲等同学，第一次投身于伟大的社会革命潮流。1914 年，三秦公学与西北大学中学班合并，成立省立西安第三中学，杨钟健随即转入省立三中。

1917 年，杨钟健考入北京大学。不久，列宁领导的十月革命成功了。消息传入中国，首先在文化教育知识界发生了强烈的反响。北京大学的政治、文化生活更进一步活跃起来，许多进步社团和歌颂十月革命、研究马克思主义学说的刊物杂志，如雨后春笋相继诞生。特别是陈独秀主编的《新青年》杂志，对杨钟健影响极大，他每期必购，认真阅读，爱不释手，并不时写信给该杂志的编辑讨论问题。1918 年，在北京上学的陕西籍学生成立了陕西旅京学生团（1919 年 3 月改为陕西旅京学生联合会），杨钟健是积极的参加者与组织者之一。他以深沉练达、能言善辩的才能，经常与进步同学抨击陕西当局的黑暗统治。

1919年反帝反封建的五四爱国运动爆发后，杨钟健作为一个热血青年，积极参加了“外争国权，内惩国贼”的天安门游行示威大会。会后，他又和呼延震东等同学一起，参加了火烧赵家楼的斗争。爱国学生数十人被捕后，杨钟健满腔怒火，愤然参加北京各校学生联合组织的国货维持股的工作和由邓中夏、许德珩、黄日葵等发起的北京平民教育讲演团，动员群众，反对卖国政府的暴行，营救被捕学生。后来，作为北方学生代表赴沪参加了全国学生代表大会。

1920年，李大钊、邓中夏等共产主义者发起组织北大马克思学说研究会，杨钟健立即参加，积极致力于十月革命的宣传和反封建军阀的斗争。次年，杨钟健经邓中夏介绍，加入了五四运动前后很有影响的全国性进步组织少年中国学会，曾先后两次担任这个组织的执行部主任。在他所加入的组织中，则尤以“共进社”所倾注的心血最多。1921年，《秦劫痛话》和《秦钟》停刊后，杨钟健立即和刘天章、魏野畴、刘含初、李子洲等陕籍同学一起，创办了《共进》半月刊。第二年，他们联合各校一批陕籍进步同学成立了政治性社团——共进社。

1922年，杨钟健在北京加入了中国社会主义青年团。在《共进》半月刊创刊后的两年时间里，杨钟健一直担任这个刊物的主编，并发表了60多篇文章，对于揭露反动军阀的黑暗统治，传播革命思想，特别是唤起陕西人民的觉悟起了非常重要的作用。

1923年，党领导的京汉铁路工人大罢工失败后，杨钟健作为北京大学学生代表，赴上海参加全国学联的领导和会刊的编辑工作。在沪期间，他发表了许多辛辣地揭露反动军阀血腥镇压工人运动和学生运动残暴罪行的战斗檄文，有力地声援了京汉铁路工人的斗争。时隔不久，李大钊、劭力子在沪介绍杨钟健加入了孙中山领导的国民党。

## 志在中华的优秀儿子

在那半殖民地半封建的中国，连续爆发军阀战争，民族文化遗产遭到严重破坏，科学研究处于停滞状态。从1920年前后开始，许多外国学者如德国的李希霍芬、美国的维里斯、瑞典的安达生、奥地利的师丹斯基、法国的桑志华和德日进等，先后来中国搜集古脊椎动物化石，并进行研究，以后又以考察团的名义，大规模地采集与发掘脊椎动物化石。虽然有时候也打着合作的招牌，有部分中国的地质学家参加采集工作，但从来没有中国人作为古脊椎动物学家参与研究。1923年夏，杨钟健以品学兼优毕业于北京大学地质系并获理学士学位。他接受了自己的老师李四光的建议，准备赴古脊椎动物学最发达的德国留学，立志为中华民族争光。

1923年冬，钟健远渡重洋到德国，经过一段时间的德文补习，于次年4月正式考入慕尼黑大学地质系古生物专业，随早就闻名世界的施洛塞教授和布罗里教授，专攻古脊椎动物学。经过四年的刻苦钻研和勤奋学习，杨钟健在慕尼黑大学以优异的成绩通过毕业答辩，获得哲学博士学位（西欧自然科学得博士学位，一般授哲学博士）。他的博士论文《中国北部之啮齿类化石》，于1927年用德文在《中国古生物志》丛刊上发表，受到国内外学者的赞赏。这不仅是杨钟健破天荒第一次研究古脊椎动物学的重要成果，而且标志着中国古脊椎动物学的诞生。

杨钟健虽然远离祖国，但却时刻关心着国内动荡的时局，他除了努力用功于古脊椎动物学习和野外考察以外，还经常与陕西著名的共产党人魏野畴、刘天章以及刘尚达、王德崇等亲朋旧友通信往来，谈论国内和陕西各界的社会状况，仍然积极地为《共进》半月刊撰稿，揭露国内社会弊端，宣传西欧新的先进思想。

在德国留学期间，钟健还参加了留德学生会的活动。1927年国内大革命失败的消息传到德国后，柏林的中国学生会也随着国共两党关系的破裂而逐渐分化。杨钟健曾和孙云铸谈及中国古生物研究的前景，共同讨论发起成立中国古生物学会事宜。同时，他由斯稠穆介绍加入了德国地质学会、古生物学会和柏林地学会，以便互相进行学术交流，提高科研水平，将来促进我国科学研究事业的发展。

1928年初，杨钟健圆满完成了在慕尼黑大学的学习任务，当他即将回国的时候，有个别的外国朋友劝他留下，说是外国生活比国内舒适，眼界开扩，中国太穷太落后啦！“山川虽好，终非我土。”钟健对这位好心的外国朋友作了直截了当的回答，他说：“中国穷是事实，落后也是事实，但那是我的祖国，绝不能抛弃，如同儿子不能抛弃母亲一样。只要全国齐心协力改革，穷和落后是可以改变的，我怎么能为了自己舒服不回祖国呢！”

他的老师布罗里教授得知他回国的消息后，专为他设宴欢送。在宴席上，布罗里教授举杯，满怀深情地向钟健说道：“我的好朋友，中国的一切古生物材料都有待于你的发现研究。”这些无比信赖的分别之言，使钟健浑身充满了力量。他表示决不辜负老师的精心培养和教诲，为祖国的科学事业做出贡献。

## 爱国主义的科学家

杨钟健在德国留学时发表的博士论文，为我国古脊椎动物学的研究开拓了道路。他怀着崇高的理想，远大的抱负，决心将来为建立起中国的古脊椎动物研究体系做出贡献。可是，当他回国后目睹现实，不由得发起呆来了。要开展古脊椎动物的研究，人，从哪里来？钱，从哪里出？洛氏基金董事会所给的一笔可怜的经费，究竟能支撑多大的局面？想到这些，杨钟健炽热的理想的火焰，被浇了一瓢冷水。他陷入了深深的悲哀之中。

悲哀并不是希望的破灭。他在自己的笔端倾注了当时的感情：“如何送悲哀之墓，如何滋养希望长成呢？这是我未来的希望和应该努力的！”

杨钟健带着惨重的伤痕投入了生活的激流。1928年夏，他在仅有几个人的地质调查所新生代研究室挂了一个副主任的头衔，同裴文中一起，参加了“周口店北京人”遗址的发掘工作。次年春，杨钟健把周口店的发掘工作交由裴文中主持。他与法国地质学家德日进开始了晋西和陕北的地质旅行，针对在西北黄土高原的成因和年代问题上的争论，进行了细致的工作，为中国黄土研究工作奠定了基础。这一年他返回北平后，又重新参加了周口店发掘的指导工作。

杨钟健的主要学术研究是在古哺乳动物、爬行动物学和第四纪地质方面。他和他的合作者所撰写的许多著作，不仅是我国近代科学史上有关方面最早的著作，而且对推动科学与教育工作起了启蒙和先驱的作用。

杨钟健在地层古生物研究中，继承和发扬了司马迁、沈括、徐霞客和李时珍等身体力行和寻根问底的优良传统，足迹遍及祖国各地。他以出众的才华，自强不息的精神，博览强记的习惯，一丝不苟的作风，真知灼见的胆识，挥动生花之笔，谱写了我国古生物和环境变迁的史诗，为欧非两大洲古动物的对比研究提供了宝贵的原始标本，同时也给地球史和生物史填补了空白。他以卓越的学术成就，被选为1936年和1937年中国地质学会的两任理事长，并荣获葛氏纪念金质奖章。

卢沟桥事变后，日本帝国主义者的铁蹄践踏了北平和华北，许多不愿做亡国奴的志士仁人，纷纷参加抗日队伍。就在这样的时刻，日本侵略者企图以“聘请”杨钟健“讲学”的名义，把他带到东京去。

钟健得知这一消息后，在章鸿钊、卞美年的多方协助下，挥泪抛下妻子和孩子逃出北平，绕道天津、香港，来到长沙。他看到日本帝国主义者侵略我中华民族的残暴行径，肺都要气炸了，1937年冬，他在给朱森教授的纪念册上留下的一首五言诗中写道：

河山半破碎，　同道集三湘。
杀敌无寸铁，　救国空热肠。

1938年夏，他离开长沙，经桂林取道越南河内，辗转到昆明，任地质调查所昆明办事处主任。他整天四处奔走，物色人员，组织班子，找地方铺摊子，想方设法工作，在他的积极努力和苦心筹划下，昆明工作站很快成立，古脊椎考察发掘工作逐步展开。1938 年，云南禄丰动物化石群发现后，杨钟健沉浸在十分欢乐的幸福之中。因为这是在中国第一次发现的最完整的恐龙骨架，而且是中国人发现的。从此，偏僻的禄丰名扬天下，成了举世瞩目的化石产地。尤其是杨钟健所著《禄丰蜥脚类恐龙的初步研究报告》的发表，震动了国际学术界，为中国人民在世界上争了一口气。杨钟健从此也以发现恐龙而独步世界。

1940 年 10 月，昆明办事处迁到重庆。在此期间，杨钟健除了怀着为发展中华民族科学事业的赤子之心，到川、陕、甘、新等地采集脊椎动物化石和考察研究外，十分关心民族抗日救亡运动。他曾写了一首《寄友人》的诗，抒发了一个爱国主义科学家忧国忧民的炽热之情。诗言：

天生我辈必有用，　忍看神州半陆沦。
指锥虽愧雕虫技，　救亡亦存报效心。
斯文不教从此丧，　国运应令万古新。
塞外风光应更好，　黄河渡口看日沉。

## 忠诚的共产主义战士

中华人民共和国成立以后，中国科学院副院长竺可桢、陶孟和受院长郭沫若的委托，从北京给当时在南京的杨钟健发来公函，邀请他到科学院担任编译局局长。钟健愉快地接受了邀请，离开南京北上，兴致勃勃地投入了新中国的科学研究工作。

1953 年，科学院成立了古脊椎动物研究室，杨钟健兼任了该室主任。党对科学事业的重视和对他的信任，使他受到了莫大的鼓舞。从此以后，杨钟健更是壮思益飞，干劲倍增。他针对我国在古脊椎动物和古人类研究方面的具体情况，制定了一套长远的战略计划。用他自己的话，概括为“搞清四个来源，两种堆积，填三白，还三愿，把死物变活，和群众见面”。四个来源，就是要研究探索脊椎动物的来源，陆生脊椎动物的来源，哺乳动物的来源和人类的来源。两种堆积是：土状堆积和红层堆积。三白是：地区的空白、动物门类的空白和地史阶段的空白。三愿是：为地质地层科学服务的愿望，为生物科学服务的愿望，为广大工农兵群众服务的愿望。言简意明，重点突出，是我国古脊椎动物与古人类学研究的百年创论。

1956年，杨钟健加入中国共产党后不久，收到了一位朋友的来信，他看完后笑着对自己家人说：“说我思想先进，愧不敢当；只是大丈夫只能向前，哪有后退之理！”

“文化大革命”爆发后，杨钟健受到冲击，被打成“资产阶级反动学术权威”而靠边站了，汽车卡掉了，办公室也给占了，工资也基本上停发了，只给他们夫妇俩每月发32元的生活费；家里的书籍也被封禁了。当时70岁高龄的杨钟健除了被挂上沉重的大牌子挨揪斗外，还要干打扫食堂、砸煤块等惩罚性的体力劳动。但他仍抓紧时间做研究工作。当他的夫人王国桢问他：“你就不怕挨斗挨打？谁在这乱哄哄的时候，还有心去写文章？”他说：“你别替我担心。我没有缺过德，没有做过祸国殃民的事，我要对得起党，要对得起人民。我不能像那些人把宝贵的时光荒废掉。只要我有一口气，有几分钟的时间，我就要写，我不能跟着他们白混。肉体的折磨算什么！我这把老骨头还经得起，他们折磨不掉我的意志，他们还没有摧毁我的记忆，我有一丁点时间就要写、写！”他认为合乎客观规律的认识，要勇于维护和坚持，才算忠于党，忠于人民。他看不起那种“墙头草”，敬佩苍松翠柏与冬梅。在那窘迫的岁月，他从来没有放弃学习，依然坚持工作、伏案观察化石，撰写文章。明知道文章不能付印，但他还是一字一句地认真地描述化石，阐明观点，从未间断。他忍辱负重相继完成了20多篇论文和几部重要论著，不仅填补了有关学科门类的空白，而且为后人开创了攀登科学高峰的通道。

杨钟健对我党早期杰出的革命家具有深厚的无产阶级感情。早在五四运动前，他在北京就结识了毛泽东。1921 年，毛泽东在长沙文化书店工作的时候，以一个会员的身份给当时担任少年中国学会执行部主任的杨钟健写过信。在白色恐怖的年代里，钟健冒着生命危险，在他的同事贾兰坡和夫人王国桢帮助下，一直把毛泽东的信，还有邓中夏、恽代英、魏野畴、刘天章等革命先烈的信，均完整无缺地保存了下来，成为十分珍贵的革命文物。

全国解放后，周恩来曾多次接见杨钟健，和他同席进餐，详细询问他的工作和生活情况，这使他浑身增添了无穷无尽的力量。

他以“年近八旬心尚丹，欲和同辈共登攀。应知世上无难事，记骨而今仍依然”的诗句自勉，直奋斗到 1979 年 1 月 15 日心脏最后停止跳动前，仍然念念不忘他一生心爱的古脊椎动物研究所和自然博物馆的建设。他不愧为忠诚的共产主义战士，祖国科学界一颗闪闪发光的明星。

（1984 年《革命英烈》第 4 期）

# “记骨室”主杨钟健

文 洋

苍松翠柏掩映的周口店北京人遗址后山上，一块汉白玉石墓碑镌刻着两行金字碑文：

**杨钟健之墓**

1897. 6. 1—1979. 1. 15

这位优秀的中国共产党员，杰出的古生物学家，长眠在这块闪耀着人类曙光的土地上，永远受到人们的怀念。

## 一、从“关中才子”到“杨龙”

1917 年，杨钟健以优异的成绩从陕西考入北京大学理科地质学门（两年后改为地质学系）。他“幼负聪明誉”，到北大不久便因学习成绩优秀，被同学们称为“关中才子”。

杨钟健生在陕西华县龙潭堡一个教育家的家庭里，从童年时起，就受到进步思想的熏陶。父亲杨松轩以封建时代内地儒生而追随孙中山先生，领导同盟会，反对孔教，提倡白话，创办了闻名关中内外的咸林中学。

军阀统治下的陕西，同全国各地一样黑暗，民不聊生。杨钟健“在模糊中觉得必须向新方向发展”。为了探索改革的道路，他同一些进步同学在 1919 年 3 月组织起旅京陕西学生联合会，并具体负责主编暴露陕西黑暗的油印刊物——《秦劫痛话》。

五四运动爆发了。在北大学生会主席许德珩的号召下，杨钟健到天安门前参加了群情激奋的大会。会后，他又和呼延震东等同学一起冲进卖国贼的官邸，火烧了赵家楼。

斗争日渐深入。1921年，《秦劫痛话》和《秦钟》停刊后，杨钟健立即和刘天章等陕籍同学一起，办起《共进》半月刊。第二年，他们联合各校一批进步同学成立了政治性社团——共进社。

中国共产党的成立，扩大了共进社员的眼界。他们将《共进》的宗旨“提倡桑梓文化，改造陕西社会”改为“提倡文化，改造社会”，矛头从为祸陕西的军阀刘镇华进而指向整个的反动军阀统治。奉系军阀张作霖气急败坏地说：“大共（共产党）、小共（共进社），都是一共。”的确，刘天章、魏野畴等为国捐躯的革命烈士，都是在创办共进社时期加入了中国共产党，成为建党初期的著名党员。

在《共进》上，从创刊起，到张作霖封禁停刊的105期止，杨钟健发表了100多篇文章。他和一位名叫赵国宾的同学因笔锋犀利，切中时弊，被同学们誉为共进社里的“杨龙赵虎”。

## 二、在“少年中国”言志

1920年，杨钟健经邓中夏等人介绍，加入少年中国学会。这是一个学术性的政治团体。杨钟健在《关于少年中国的回忆》一文中，谈到自己加入的动机时说：“学会标榜要建立一个少年中国，换言之，就是新中国，但究竟要创造什么样的新中国，也是意见不一。但是，在当时学会初成立时，确有一些共同之点，这共同之点就是：（1）不满于现状；（2）要创造一个新局面；（3）入会的人不管其出身如何，所学如何，都具有一种向上的革新的意志。至少就我来说，我就是抱着这样的想法加入少年中国学会的。”同年，杨钟健还参加了北京大学马克思学说研究会。

1922 年，杨钟健加入了中国社会主义青年团。第二年春天，他作为北大学生代表赴上海，参加全国学生联合会的领导工作，负责编辑会刊。在上海期间，李大钊、邵力子介绍他加入了孙中山领导的中国国民党。

从 1921 年 7 月到 1923 年 7 月，杨钟健连任两届少年中国学会执行部主任，并担任评议员，主持会务。在这些政治活动中，他和李大钊、毛泽东、邓中夏、恽代英、高君宇、黄日葵等著名共产党人亲切交往，受到献身人类解放事业的宏伟思想的启发和诱导。在风雨如磐的岁月里，杨钟健始终珍藏着与毛泽东、恽代英等同志的通信，以及少年中国的有关文件和《共进》等许多进步刊物，保存下一批珍贵的史料。

20 年代初期，少年中国决定搞一次会员终身志业调查。杨钟健在调查表中写道："终身欲研究地质学，偏重于古生物学"，"文学，偏重于诗歌"。

## 三、"儿子不能抛弃母亲"

1923 年，杨钟健获得北大理学士学位。李四光望着自己的得意学生，满怀期望地建议他去德国留学，从事古脊椎方面的研究。偌大中国，众多人口，祖先的发展史只能由懂得古脊椎动物的外国人研究，作为炎黄子孙岂能无动于衷！

杨钟健到了德国慕尼黑大学随施洛塞和布罗里等学习古脊椎动物学。在学习期间，他先后赴欧、亚、非等一些国家考察。在法国武二屯堡作地质旅行时，他"睹异国之气象，念祖国之疮痍，国势不振，因之处处遭人歧视"，激起了满腔热血，愤笔写下了《旅中感怀》。诗曰：

（一）

跑山整七日，　风雨一身收。
劳苦我何辞，　知识但得求。

（二）

国威衰不扬，　舌亦失自由。
到处遭白眼，　泪向天涯流。

（三）

荆棘遍祖国，　愧见此河山。
山山草木绿，　村村有电杆。

（四）

风物虽宜目，　繁华隐弊端。
然尤如中国，　尚不保治安。

（五）

国事嗟如此，　忍作袖手观？
此生无所补，　空为一青年。

从此，杨钟健更加奋发苦读。他节衣缩食，生活俭朴，很少同别人外出观光或游乐，几乎把全部精力和时间都投入了学习。1927 年 2 月，杨钟健获得哲学博士学位（当时西欧学自然科学得博士学位，一般授哲学博士）。他那篇以《中国北部之啮齿类化石》为题的博士论文出版后，立即受到了国内外学者的赞扬，被公认为中国古脊椎动物学的开篇。

1928 年初，杨钟健结束了学习，决定马上回国。一位外国朋友找到他，推心置腹地说："杨先生，留下吧！这里生活舒适，眼界也开阔。中国太穷太落后啦！"

"中国穷是事实，落后也是事实，但那是我的祖国，绝不能抛弃，如同儿子不能抛弃母亲一样。只要中国人齐心协力奋斗，穷和落后是可以改变的。我怎么能为了自己舒服不回祖国呢？"听了杨钟健发自肺腑的心声，那位外国朋友无言以答。

## 四、新生代研究室的主力

1928年早春，杨钟健取道西伯利亚回到北京。“而立”之年的杨钟健经翁文灏举荐，主持国民党政府实业部的中央地质调查所新生代研究室周口店发掘事务，翌年又担任了这个研究室的副主任。

初到中央地质调查所工作的人，首先遇到的一个考验就是待遇问题。这里的工作并不轻松，工资待遇却比同类机关的同类人员略少一些。对从国外留学回来的，甚至是获得学位的高级研究人员也是如此。地质调查所所长翁文灏当时之所以采用这种办法，是想花较少的钱办更多的事情；同时，也借以考验一下从事地质研究的人对这项工作是否真正热爱。有些把个人利益看得较重的人，往往因此而放弃本行，改就他职。对于以事业为重的杨钟健来说，过这一关却并不困难。真正的压力是新生代研究室的繁重工作。那时候，这方面的研究人员少得可怜，许多工作都要靠杨钟健自己动手，从头做起。

杨钟健在回国前，曾有一段时间到瑞典乌普萨拉维曼教授领导的古生物研究室研究周口店的化石。当他看到外国科学家跑到中国，从周口店发掘出许多化石运到异邦去研究，心里很不是滋味。但杨钟健发现，周口店还只是刚刚被人注意，真正的发掘和研究还并没有开始。所以，他一到周口店，马上就投入了这一开拓性的工作。第一年，他和新生代研究室顾问、法国神父德日进一起完成了周口店的地质与古生物的初步报告。杨钟健与德日进合作取得的这一突破性的成就，为后来的周口店研究以至华北的第四纪地质学的研究打下了坚实的基础。著名古生物学家裴文中发现第一个“北京人”头盖骨，就是在这个基础上取得的成果。

要研究中国的新生代必须展开广泛的野外工作，1930年，杨钟健结婚刚刚九天，就告别了妻子王国桢，参加中亚科学考察团赴张家口一带作地质调查。前后几年的时间里，他跑遍了华北地区，发表了关于华北新第三纪和第四纪的哺乳动物群，主要是啮齿类、兽形类等小哺乳动物化石，偶蹄类及大量有关新生代地层、地质发育史的论著。这些论著是中国这方面研究的经典著作。

1936年，杨钟健以卓越的学术成就当选为中国地质学会该年度理事长，成为这个学会历届理事长中最年轻的一个。次年，他再次当选为中国地质学会理事长。

## 五、唤醒了“禄丰龙”

抗日战争爆发后，日本侵略者占领了北平。

1938年的一个凌晨，杨钟健的孩子们从睡梦中惊醒，只见父亲俯身在他们身旁，沉默了一会儿，说道：“娃，我走了！”说罢，转身出了家门。在朋友们的协助下，他秘密地离开北平，辗转南下到达了云南昆明。

连天烽火，丝毫不能动摇一个科学家为祖国献身的事业心。杨钟健一到昆明，立即忙碌起来。在他的主持下，成立了中央地质调查所昆明办事处。

为了躲避敌机的轰炸，杨钟健决定把研究室搬到乡下去。在离城十多里的瓦窑村，有一个不进香火、破烂不堪的旧关帝庙。他领着大家把垃圾清除掉，用泥巴糊住透风的墙壁，又把几个木箱支起，当做办公桌和工作台。此时此地，一些工作人员心中充满难言的忧郁。而杨钟健却坐下来，铺纸挥毫，写了一首《关帝庙即景》：

三间矮屋藏神龙，　闷对枯骨究异同。
且忍半月地上垢，　姑敲一日份内钟。
起接屋顶漏雨水，　坐当脚底空穴风。
人生到此何足论，　频对残篇注路穷。

他写完后，把诗读给大家听，又一再鼓励说：“在这里开发西南红层的研究是很有希望的，禄丰盆地就是一个理想的试点。过去洋人因为人生地不熟，转了几次都没有找到什么化石。我们耐心仔细地找，一定会有所发现。”

科学家的预言被科学的事实所证实。经过几个月的艰苦探查、发掘，在位于禄丰县城东北十多华里的沙湾，他们终于发现了一个化石宝穴。当化石逐渐裸露，一个头在外、肢体骨斜卧在里边的“禄丰龙”呈现出来时，群情激动，一片欢呼声响彻山谷。“禄丰龙”被唤醒了！从此，偏僻的禄丰名扬天下，成了举世瞩目的化石产地。

禄丰的发掘和研究工作，自始至终都是杨钟健主持的。找到了“禄丰龙”和其他化石后，他白天在室内忙于写作，晚上还到办公室去，整理标本，端详着每块化石，伏案修改研究报告。

1939 年，杨钟健发表了《禄丰蜥脚类恐龙的初步研究报告》。中国第一次发现了最完整的恐龙骨架，而且是中国人自己发现并研究的，这消息震动了国际学术界，为中国人民在世界上争了一口气。杨钟健从此也以发现恐龙而独步世界。

## 六、在西北大学反迁校

1940 年，中央地质调查所昆明办事处及其全体工作人员搬到四川北碚，与总所合并。在翁文灏的建议下，杨钟健于 1944 年赴美国、英国、法国、瑞士等国考察。他走访了许多古脊椎动物研究中心，特别是在美国自然历史博物馆和大英博物馆观察标本，与沃森、格雷戈里、罗默、辛普森等许多同时代的外国专家共同探讨，完成或开始了他一生中的许多重要著作。

1948 年，杨钟健接到出任西北大学校长的聘请。原来，西北大学内的国民党派系争夺校长职位十分激烈。教育部长为了平息内部争斗，看中了他们认为无党无派而又颇有国际声望的陕西人杨钟健。

多方辞谢而无法摆脱，杨钟健只得走马上任。临行前，他专门找到教育部长，当面谈好一个条件：准时拨汇经费，不得拖延。当时，濒临崩溃的国民党政府各机关欠薪已成惯例。

杨钟健身着蓝布长衫来到了西北大学，不少人对这位“乡巴佬”校长颇有些看不起。他首先在全校作了一次学术报告，并展出了自己的著作。一下子，全校教授和学生打心眼里钦佩这位真正的科学家。

随着人民解放战争的节节胜利，彭德怀司令员指挥的西北野战军，已经进入关中地区作战。国民党当局看到西安古城大势已去，遂电令将西北大学迁往成都。

迁校消息传开，本来就不平静的西北大学更加人心浮动。全校立即形成了两派，主张迁校与反对迁校的人们，到处展开激烈的辩论。一天，杨钟健召集师生讲话说：“共产党是讲道理的……”话音未落，特务学生涌上讲台要打他。幸亏身旁有许多人把他保护进校长室，才避免了一场灾祸。次日，校园里到处是攻击他的标语，连杨钟健办公室的窗户上也贴上了“杨中间”、“杨中奸”。

杨钟健自1928年留学归国后，埋头科学研究，已经多年脱离政治斗争的舞台。如今，光明与黑暗在中国决战的时刻，杨钟健又被推到了阶级搏斗的涡流中。他选择了光明，大义凛然地团结全校进步师生，展开了机智而勇敢的反迁校斗争。

国民党政府的西北军政长官公署副长官兼西安绥靖公署主任胡宗南，见西北大学迟迟没有迁校，决定亲自出马。一天，杨钟健正在吃饭，胡宗南的副官长来到学校，递上一张胡宗南的名片说：“胡长官马上来看杨校长。”杨钟健听罢对身旁的出纳主任戴万里说：“你先陪副官长到客厅休息。我和教授们约定饭后研究一些学术问题；胡长官到后，请马上通知我。”不久，胡宗南来了。杨钟健沉着地说：“胡长官驾临指导，必能使我校日新月异。”待胡宗南正式宣布迁校令后，杨钟健一边满口答应，一边又提出一系列难以解决的“困难”。最后，胡宗南皱起眉头扫兴地离去。国民党当局强令西北大学迁校的图谋终未得逞。

## 七、一身二任的编译局长

南京解放前夕，反动派仓皇逃跑时，企图用台湾大学校长的职位引诱杨钟健去台湾，遭到了他的严词拒绝。

新中国成立了。1949 年 12 月，中国科学院聘请杨钟健担任编译局局长并兼新生代研究室（即现在古脊椎动物与古人类研究所的前身）主任。陶孟和、竺可桢两位副院长代表郭沫若院长写了热情的邀请信，催促他早日赴京。不久，杨钟健和夫人一道来到了北京。

杨钟健筹划出版了《科学通报》《中国科学》和《科学记录》等综合性学术刊物，组织科学名词的审订工作，调整和改进院属各研究机构的出版物，指导各专门学会期刊的出版，特别是为科学出版社的筹建付出了很大的辛劳。

解放前和解放初期，我国学者们都把英语 reptile 和俄语 лресмикающийсд 译作爬虫。新到编译局工作的年轻人刘后一在和另一位同事合作翻译俄文《脊椎动物学》时，认为根据这些名词原有的含意，译作爬行动物更为确切。他还认为，虽然我国古代人泛指动物为虫，但现代大多数人都是把无脊椎动物叫“虫”的。因此，把龟、蛇、鳄、蜥叫做“虫”就不大合适。但也有些人不同意。争持不下，杨钟健支持了刘后一的意见，说：“拉丁文 repto 也是爬行的意思。”从此，我国出版物上所有的“爬虫”都改译为“爬行动物”了。

杨钟健的办公室除了公文和书籍以外，还堆满了大大小小的骨化石。他利用一切空隙时间从事研究和写作，许多论文包括 1955 年出版的 40 多万言的《古脊椎动物的演化》一书，都是在紧张的工作之余完成的。

1953 年，中国科学院古脊椎动物研究室成立后，杨钟健主动辞去了编译局局长的职务，把全部力量投入到当时仅有几十个人的小小研究室，充分体现了他对古生物研究事业的一往深情。如今这个研究室已改为研究所，在世界上也颇负盛名了。

## 八、“百计千方抗病魔”

1956年4月20日，杨钟健光荣地加入了中国共产党。这位从青年时代起就追求光明、献身真理的爱国科学家终于找到了光荣归宿。

入党后不久，杨钟健收到一位老朋友的贺信。他看完信后，含笑对身旁的孩子说：“说我思想先进，愧不敢当。只是大丈夫只能向前，哪有后退之理！”

杨钟健以更加振奋的斗志和旺盛的精力，投入到野外考察和研究工作。从山东莱阳的恐龙化石——青岛龙，到中国的假鳄类——山西鳄，包括“基型”爬行类与各种“统治”爬行类和形迹学方面，他都做了大量开创性的发掘和研究工作。这个时期，杨钟健对中国二叠纪到早第三纪爬行动物的形态、分布和系统发育方面的发现、修改和补充，对动物地理、系统发育、动物群及层位对比上的填补、充实、修订和整理概括，使人们对中国以至全世界这些方面问题的认识起了重大的改变。杨钟健的卓越贡献受到中外科学界的高度重视。1956年，他成为莫斯科自然博物学会的国外会员。1962年，他又荣任美国古脊椎动物学会的名誉会员。

正当杨钟健从事科学工作的鼎盛时期，一个意外的打击降临到他的身上。那是1961年，杨钟健参加广州科学会议期间同大家共乘小型飞机赴海南岛参观。当他走下飞机后，猛然间觉得耳内“叭”的一声响：“糟了！耳膜受伤了。”从那以后，别人同他讲话要靠笔写；开会、听报告也是同志们记给他看。但是，他并没有因为重听而放松研究工作。

杨钟健耳膜受伤之前，多年的过度疲劳和野外生活，他的身体已经很差。据医生检查，他共有11种病，较重的是糖尿病和高血压、心脏病等。但是，杨钟健以积极乐观的态度去与疾病顽强斗争。1965年，他写了一首《六八初度感书》诗：

余生去死还差多，　百计千方抗病魔。
对于亡神何所惧，　能从现实理沉疴。
光阴有限争分秒，　来日虽暂不蹉跎。
暮景一年十年用，　生平经验树新模。

他在诗序中写道：“近读明末钱牧斋诗句有‘余生去死未争多’之句，因反其意而书吾感。”

## 九、“一生想办个博物馆”

我国自然博物馆事业从无到有、从小到大，杨钟健倾注了巨大的心血。1959年，他担任北京自然博物馆馆长。从任馆长的第一天起，就告诉同志们说：“我不务虚名，要做实事；不做挂名的馆长，要做具体工作。”

“我一生想办个博物馆，就是想把自然界有代表性的物种集中起来，形象地反映自然的历史，这要比空讲道理好得多。”给人以知识，为人们认识自然、利用自然、改造自然服务，这就是杨钟健办自然博然馆的目的。他说：“我要了一辈子‘龙骨’。每当我有一点新发现，对自然界的认识又进了一步时，总是高兴得睡不着觉。化石标本——看起来是一些乱石头，但我懂得它们的价值，我也希望大家都懂得它们的价值。”

为了实现这一理想，他对自然博物馆的规模、设备直至科研队伍都提出了具体规划。博物馆每展出一个新的陈列，他都要详细审阅展览提纲，同时，不辞劳苦地到展览厅实地观看，从科学内容到艺术形式都一丝不苟，力求达到完美的程度。1972 年，他审查古生物馆的人类陈列时，力主把“中国猿人”放在人科人属，叫“北京人”，而不再称“中国猿人”或“北京猿人”。他说：“50 万年以前，人类早已成长起来了，为什么还叫‘猿’?”恐龙陈列时，他坚持陈列“禄丰龙”，说：“要给人以完整的概念。”要让人看到在中国土地上发掘出来的完整恐龙化石。

## 十、“再记骨，决不休”

杨钟健办公室的写字台上，经常放着一个简陋的方形镇纸，上面刻着“记骨室”三字，意思是它的主人潜心于研究脊椎古生物化石。

自从 20 年代投身到古生物研究以来，杨钟健在这一领域奋斗了半个多世纪。他的著作《记骨室文集》，除了600 多篇科学论文外，还有相当一部分游记和杂文。同时，他还写下了 2000 多首诗词。即使是在“四人帮”横行的年代里，他也始终不辍笔耕，完成了 30 多篇论文。造反派质问他：“你为什么还写文章?”他回答说：“你们斗我是‘抓革命’，我写文章是‘促生产’。”

在整个我国近代自然科学界，杨钟健被公认为“丰产作家”。不但中国科学界，就是世界科学界中，也很少有人能赶上他。然而，杨钟健并不满足。1978 年，他在给一位朋友的信中写道：“再记骨，决不休。”表达了他“烈士暮年，壮心不已”的崇高境界。

这年 9 月，中国第四纪冰川和第四纪地质学术会议在庐山举行。杨钟健抱病前往参加，并坚持和中青年同志一起进行现场考察。地质部副部长许杰婉言劝他保重身体，杨钟健点点头，却诚恳地说：“冰川问题对我钻研的专业，关系十分重大，过去我对我国第四纪冰川认识不足。这次我赶来是为的又一次补课。我不能不抓紧呀!”一次野外考察，路经高大的三宝树，又回到仙人洞小憩，许杰诗兴勃发，顺口吟出了两句诗“参天古木堪称宝，入洞仙人不足论”，并写在笔记本上。

杨钟健看完后，提笔续了“自古神仙皆虚妄，吾侪努力为人民”，与许杰的两句合成一绝。

1978年12月31日，杨钟健按照每年的旧例，把他经手的事，以及收到的中外信件，都一一整理捆扎好，作了标记，表明一年的事务已经全部结束，新的开端，转瞬就来。

谁知，新年第一天下午，杨钟健突然发病住进了医院。

在医院病床上，杨钟健念念不忘、一再叮嘱的是他未竟的科学事业，而没有嘱托家中一事。但是，他的心里十分挂念着同甘共苦半个世纪的夫人。他紧紧地拉着王国桢的手说：“掌柜的（平日戏称）！你的血压高不高？头晕不晕？”王国桢强忍着泪答道：“血压不高，头也不晕，你安心养病吧！”“好，好！不高就好，不晕就好，我放心啦！”

1979年1月15日，82岁的杨钟健永远离开了他研究一生的龙骨。

（1983年《人物》第5期）

# 科学道路上的脚印

## ——地质古生物学家杨钟健的故事片断

周文斌

### 哲学与地学

1917年春天，一个20岁的年轻人，离开了他的故乡——陕西省华县，只身赴北平求学。他就是后来成为我国著名地质古生物学家的杨钟健。

可是，他这次赴北平，并没有抱着学地质的愿望，而是想学哲学。他认为，世界上的万事万物，莫不包含着某种哲理，莫不受着哲理的支配。况且，他在中学的时候，文科成绩便很好，自然为学哲学打下了基础。

在北平经过短期的补习，他果然考上了北京大学的文预科。可是，这时正在北大上学的四叔却不同意他学文科，他甚至越俎代庖，为侄儿打下一份入理预科的报告。在四叔的坚持下，杨钟健不得不入了北大理预科。

两年以后，他从理预科毕业，该升入本科了。当时北大的理科只有数学、物理、化学和地质四个系。他反复比较的结果，觉得只有地质系还比较符合自己活泼的天性和热爱大自然的情趣，因而果敢地跨进了这道门槛。

杨钟健很快产生了对地质的兴趣。系主任何杰所讲授的普通地质，陶孟和、王抚五等人主讲的社会概论、科学概论，都深深地吸引着他。第二年，地质系新来了两名主要教员，一位是葛利普，一位是李四光。葛利普先生是美国人，早年在北平地质调查所担任古生物技师，已经久负盛名。到北大后，担任地史和古生物学的教学任务。他那富有说服力的见解和风趣而幽默的讲演技术，给了杨钟健以极好的影响。李四光先生则是新近从英国留学归来的，到北大讲授岩石学和构造学。他深邃的学术思想和理论联系实际的教学方法，也不断地开拓了杨钟健的知识面。一个科学的新天地，终于展现在杨钟健的眼前。

## 中国古脊椎动物学的诞生

杨钟健从北大毕业以后，经葛利普的介绍，于 1923 年 10 月到德国的明兴大学（今慕尼黑大学）从布罗里教授学习古脊椎动物学，并兼听地理系、动物系的课程。在这里，他接触了凯沙、布罗里、斯稠穆、劳意克斯、堡登、达克、施洛塞等著名学者，学业上进步很快。

临毕业之前，布罗里教授同杨钟健商量，希望他开始着手博士论文的写作。恰好在这时，中央地质调查所所长翁文灏先生给他写来了一封信，建议他研究放在瑞典乌普萨拉的中国化石。翁先生告诉他，瑞典人安特生和奥地利人师丹斯基，曾先后到我国北方采集新生代化石。由于我们自己没有力量进行研究，他们所采的化石全部运往了乌普萨拉大学。现在，我们有了第一代地质古生物学工作者，应当把这些化石的研究作为我国古脊椎动物学的起点。

杨钟健把翁先生的意思转告了布罗里，得到了支持，并把这一课题列为做博士论文的题目。经布罗里教授与乌普萨拉大学的维曼教授商议，得知上新世的材料及肉食类、犀牛类等化石均有人进行了研究，只有啮齿类尚无人问津。

三箱啮齿类化石很快由乌普萨拉运到了慕尼黑。在此后的一年中，杨钟健竟日埋头于化石堆中，先对它们进行分类，然后逐种记述。在此基础上，他于 1927 年写成了《中国北部之啮齿类化石》的科学论文。这篇文章长达一百来页，并附有三幅图版。它的发表，标志着中国古脊椎动物学的诞生。同年 2 月，杨钟健顺利地通过了论文答辩，获得了博士学位。

## 逆境中的奋斗

从德国回来，杨钟健受翁文灏先生的聘请，入地质调查所担任技师，并赴周口店从事脊椎动物化石的发掘工作。

正当他对事业怀着新的希望的时候，他家里屡遭灾祸。1928 年 5 月，一股兵匪侵入他华县的家中，烧毁了房舍，并将二叔绑至村外击毙。年底，父亲病逝。

杨钟健节制着悲哀，继续登攀在科学的道路上。1929 年 4 月，他以新生代研究室副主任的身份，再次来到周口店，与裴文中等人一起主持周口店的发掘工作。同时，他还到山西、陕西等地作了一次地质旅行。著名的神木古禽龙脚印化石，就是在这次旅行中发现的。

工作的新进展，激发了杨钟健更加高昂的热情。在此后的七年中，他与地学界的同行们一道，进行了一系列的科学考察。东起山东，西至新疆，北起黑龙江，南至广东省，到处都留下了他辛勤的足迹。山西黄土的研究，南方洞穴堆积的调查，内蒙古扁齿象化石和四川荣县恐龙化石的发现，山东临朐的植物、鱼、蛙及哺乳动物化石的采集，都记载着他对我国地质古生物事业的贡献。

## 七年漂泊

抗日战争爆发了，杨钟健被迫离开北平，在长沙、昆明、重庆等地度过了七年的漂泊生涯。

他在长沙作了七个月的地质调查，奉命往昆明建立地质调查所的昆明办事处，并担任了办事处的主任。

1938 年冬天，办事处的卞美年在云南元谋、禄丰等地采集了大批的骨化石。这些化石的修理和研究，成了杨钟健的主要工作。为了躲避日本飞机的轰炸，杨钟健在昆明城北三十来里的瓦窑村租了三间农民的房子，作为工作和居住的地点。没有桌椅和标本箱，他就用装煤油的空木箱作为代用品；没有图书资料，他就给国外的老熟人写信，求得他们的援助。经过他对所采化石进行鉴定的结果，证明均为中生代动物，推翻了前人所认定的第三纪的结论。他还把在禄丰采集的一部分化石同南非及德国的上三叠世蜥龙类化石相比较，而把另外若干化石同六七年前在南非发现的三瘤兽相对照，认为这类化石属于上三叠世原始哺乳动物。论文发表以后，英国的瓦特生教授进行了评述，提出了它们应归于类似哺乳动物的爬行动物。杨钟健苦于找不到更多的对比材料，无法做进一步的工作。直到 1944 年他赴美考察之时，才把这些化石带到美国进行研究，终于做出了它们属于似哺乳爬行动物的结论。



## 新的宏图

全国解放以后，杨钟健到中国科学院担任了编译局局长。1953 年，中国科学院成立了古脊椎动物研究室，他又担任了室主任的职务。1957 年，这个研究室发展成了古脊椎动物与古人类研究所。杨钟健作为研究所所长，不仅积极从事着古脊椎动物学的研究和野外考察工作，而且还为我国地质古生物事业制定了一个长远的战略目标。他把这个目标概括为“搞清四个来源、两种堆积，填三白，还三愿，把死动物变活，和群众见面”几句话。四个来源，即脊椎动物的来源，陆生脊椎动物的来源，哺乳动物的来源和人类的来源；两种堆积，即土状堆积和红层堆积；三白，即空白地区，空白动物门类和空白地史阶段；三愿，即为地质地层学服务的愿望，为生物学服务的愿望和为人民群众服务的愿望。

为了实现这个宏图，杨钟健进行了一系列艰苦的工作。整个 50 年代和 60 年代的前半期，构成了他科学研究的鼎盛时期。从山东莱阳恐龙化石——青岛龙，到中国的假鳄类——山西鳄，他都做了大量的工作，发表了许多独到的见解。他对中国二叠纪到早第三纪爬行动物的形态、分布和系统发育方面的发现、修改和补充，对动物地理、系统发育、动物群及层位对比上的填补、修订和概括，对包括从古生代的鱼类到新生代的灵长类在内的古脊椎动物的研究，均做出了巨大的贡献，使人们对许多问题的认识发生了重大改变。

如今，中国科学院古脊椎动物与古人类研究所已经成为了世界上最大的古脊椎动物研究机构和重要的研究中心。它的发展壮大，浇灌着杨钟健教授的心血和汗水。

（1983 年《化石》第 4 期）

# 杨钟健：从民主战士到“龙骨大王”

刁培德

本世纪20到30年代，是近代科学在中国社会生活中站住脚跟，并且蓓蕾初绽的重要时期。杨钟健就是这个时期涌现出来的我国老一辈的自然科学家之一。他的一生，平凡，又极不平凡：是他，在我国创立了古脊椎动物学，是这门学科的一代宗师，但他又只是中国现代知识界的普通一员；他曾经为民主自由英勇战斗，为社会主义事业埋头苦干，却又始终汇集在亿万优秀的中华儿女不断前进的滚滚洪流之中。因此，我们传叙他的历史，并不意味着对英雄史观的崇拜，而是为了从一个人的过去，看到国家的未来。

## 呐喊与沉思

1897年6月1日，杨钟健出生于陕西华县龙潭堡。父亲杨松轩，是一位具有民主思想的教育家，还在清朝末年，即创办新式教育，提倡男女同校，主张女子不缠足。他还是同盟会华县支部负责人。辛亥革命后，松轩先生曾任陕西省军政府教育司次长，省议会副议长等职，后来回到华县，创办咸林中学，以兴办教育、培养人才为终生的事业。杨钟健自幼随父读书，受到父亲的民主思想的熏陶。他那种不畏艰难困苦，献身科学事业的坚强意志，最初也是得之于松轩先生的教诲。杨钟健曾经满怀深情地回忆说：“先父讲学精神，始终以灌输新知识及启发学生思想为目的，故学生乐于就学。钟健犹忆有时在甘露寺侍宿，先父时时为钟健讲西哲探险及航海等故事。钟健以后对于探索研究工作，稍有兴会，实受先父此等启发之影响也。”

1916年，杨钟健从省立西安第三中学毕业，次年进北京大学预科，又两年，入北大地质系读书。当时的北京，是北洋军阀统治的巢穴，反动政治的中心，同时又是各种政治力量集结的场所。封建主义和民主主义，无政府主义和马克思主义，各种社会思潮纵横交错，斗争激荡，为自己的生存而竞争。北京大学正是这种思想斗争漩涡的中心。由于新任校长蔡元培开明的兼容并包政策，这里特别成为进步势力的一片乐土。正是在这样的环境中，年轻的杨钟健的民主主义思想得到了进一步发展，他为反对封建军阀、争取民主自由而放声呐喊，在进步舆论的阵地上勇猛驰骋。

在预科结业前夕，五四运动爆发了，这给了杨钟健强烈的刺激。他把满腔的悲愤，化作参加天安门的集会游行和火烧赵家楼的革命行动。从此以后，陕西籍学生居住的三眼井吉安所左巷六号，就不仅显得更加热闹、生气勃勃，而且还有更严肃的讨论，更紧张的工作。

在北京大学，杨钟健结识了一批新的志同道合者。他参加了邓中夏、许德珩、黄日葵等发起成立的北京大学平民教育讲演团，经常到市内、通县和长辛店等地宣传讲演，还担任过该团的总务干事。经邓中夏介绍，又先后参加了少年中国学会和北京大学马克思学说研究会，以及社会主义青年团，努力吸收新的思想和知识，积极从事进步活动。杨钟健和李大钊、邓中夏、毛泽东、恽代英、高君宇、黄日葵等有过交往，特别深受邓中夏的影响。他曾在自述中说到：邓中夏“是影响我学生时代一切行动最深的一位，也是使我心中不断考虑，如何对国家的富强有所贡献的人”。1972年7月，杨钟健出差到南京，他专程去雨花台，凭吊邓中夏烈士遇害的地方，伫立良久，不忍离去。他深切怀念革命前驱，始终以他们那种坚贞不屈的革命精神自励。

那时，杨钟健一方面刻苦攻读地质学，一方面时刻关心着家乡乃至全国政治斗争的形势。他以卓越的才能，组织了陕西旅京学生的进步团体“共进社”，先后主编《秦劫痛话》《秦钟》和《共进》等刊物，他自己就写了100多篇文章，揭露政治的黑暗，宣传民主思想，唤起民众的觉悟。特别是《共进》半月刊，从1920年10月创办起，直到1926年9月被奉系军阀查封，前后达六年之久，在京、陕等地影响尤大，对于五四以后的反帝反封建斗争，起了很好的促进作用。难怪有的反动派说：“大共（共产党）、小共（共进社），都是一共。”

在北大地质系的第二年，美国哥伦比亚大学古生物学教授葛利普（A. W. Grabau）来校任教，讲授古生物学、地史学等课程，同时在北京作长期公开讲演，题目是《地球及其生物之进化》。杨钟健以极大的兴趣听葛利普的课，并为讲演担任记录。这使他对于古生物学和地史学，开始发生了浓厚的兴趣。

1923年，杨钟健以品学兼优从北大地质系毕业。为了充实学业，考察国外情况，并吸收革新的思想，他打算出国继续深造。在地质系主任李四光和家人的赞助下，他的愿望实现了。年底，他带了葛利普写的几封介绍信，从上海到了德国，入慕尼黑大学地质系古生物专业，随布罗里（Broili）和施洛塞（Schosser）学习。

德意志民族是一个长于理论思维的民族，巴伐利亚的索伦霍芬附近，又是发现具有重大意义的始祖鸟化石的地方。这两个方面，都给杨钟健留下了深刻的印象。他的导师布罗里，曾是当时古生物学界权威学者齐特尔的高足，担任慕尼黑大学地质系教授，兼巴燕地质史及古生物陈列馆馆长。杨钟健受到布罗里的热忱接待，加上当地收藏丰富的古生物标本，使他打消了原定的转学别处的念头，一直跟着布罗里学习了三年，从而奠定了他终生事业的基础。布罗里工作勤奋，态度严肃，虽然偶尔也有颇为诙谐的时候。那时正是第一次世界大战刚刚结束、德国战败不久，生活十分艰苦，但他的研究并未停顿，朝夕在室内写作。一个星期之中，除上课及规定两次共两小时的会客时间以外，全在工作，这给了杨钟健深刻的教育。三年之中，他也几乎全是在实验室中度过的。由于经济拮据，他节衣缩食，十分俭朴。尽管如此，最后一年还是在得到李四光和翁文灏先生给予的资助才勉强支撑下来的。他刻苦学习，虚心求教，不放过任何机会。他很少同别人出去游逛，欣赏异国风光，但每次地质旅行总是一定要参加的。

与此同时，杨钟健也没有忘记国内动荡的时局，经常和朋友们通信，议论改造国家的大事，还常常写些文章，寄到国内发表。他身在万里之外，心却紧紧同祖国人民的命运连在一起。不过，这也是一个冷静下来，认真思索的时候；他已下定决心，要好好学习外国先进的科学知识，以便将来报效祖国。

1927 年，杨钟健以优异的成绩通过毕业论文答辩，取得博士学位，他的论文《中国北部之啮齿类化石》，也用德文在《中国古生物志》上发表了。这篇研究我国北京的小型哺乳类动物化石及晚新生代地层的论文，受到国内外学者的赞赏。这也是第一篇由中国学者撰写的古脊椎动物学的学术著作，它向全世界科学界的同行们宣告：古脊椎动物学在中国诞生了！

## 奠基的年代

古脊椎动物学，是研究自约五亿年前古生代奥陶纪的原始鱼类至新石器时代绝大多数已经从地球上绝迹的脊椎动物的进化规律和有关的生物和地质现象的一门学科。

我国地处亚洲大陆东部，地形复杂，幅员辽阔，蕴藏着丰富的古动物化石，历代均有发现。世界上第一部古地理专著、我国的《山海经》一书中，就有所谓“龙骨”的记载。《史记·河渠书》也谈到，战国时代临晋人民开渠打井，“得龙骨”，“龙首渠”就因此而得名。历代以来，各地民间医生多以“龙骨”入药。其实这些都是上新世到更新世的哺乳动物化石，不过在人类还没有为科学知识武装起来以前，只能靠猜测甚至以迷信的观点来加以附会和描述罢了。

人类对化石的系统而科学的认识，还是在近代以后。在达尔文进化论的形成和发展中，古脊椎动物化石的研究曾经起了不可磨灭的作用，始终伴随进化论在全世界的凯歌行进。从居维叶以比较解剖学的观点对古生物化石的研究、从而奠定了这一学科的基础，到拉马克、达尔文提出进化论学说，再到海克尔的种系发生学，古脊椎动物学从零星的、附带的研究发展成为系统的、专门的学科。正是在一代又一代的人们对古今生物的综合研究的基础上，最终勾画出了生物进化的科学谱系，驳斥了神创论以及形形色色唯心主义和形而上学的生命观，使人类的认识发生了质的飞跃。不仅如此，古脊椎动物学还为地质科学的发展，对古地理和古气候的研究，对人类寻找和开发各种矿产资源，做出了重要的贡献。随着研究工作的开展，古脊椎动物学家从欧洲走向世界，足迹遍布南北美洲、非洲、亚洲、大洋洲和南极洲。

早在上个世纪中期至本世纪初，英国、德国的学者就曾有专文论述中国的哺乳动物化石。大约 1914 年以后，欧美许多国家都有学者或传教士开始到我国采集和发掘古动物化石，如瑞典的安特生，奥地利的师丹斯基，法国的桑志华、德日进等。1916 年以后，美国、瑞典、法国又先后组织了考察团，多次到我国西部和北部调查采集动物化石，其中也不乏盗窃和掠夺的殖民主义行径。总之，在当时的中国，古脊椎动物学同其他科学文化事业一样，完全为外国学者所垄断，有着浓厚的殖民主义色彩。正是在这样的历史条件下，杨钟健勇敢坚定地走上了科学的征途。

从慕尼黑大学毕业的时候，有的外国朋友劝杨钟健留在国外工作，说那里生活舒适，眼界开阔，容易取得成果，而中国太穷太落后了，杨钟健何尝不了解这一切呢？但他决不愿意游离于祖国和人民的命运之外，他不仅是一个科学工作者，而且首先是祖国的忠诚儿女。他明确回答说：“中国穷是事实，落后也是事实，但那是我的祖国，绝不能抛弃，如同儿子不能抛弃母亲一样。”他把希望寄托在改革上，而科学又是改造国家的一个重要手段，他坚信：“只要全国齐心协力改革，穷和落后是可以改变的，我怎么能为了自己舒服不回祖国呢？”

1928 年初，杨钟健取道西伯利亚回国，很快得到中央地质调查所所长翁文灏先生的荐举，任该所新生代研究室副主任。他代替李捷先生，指导已经开始的、后来震惊中外的周口店发掘工作。在丁文江、翁文灏等人的直接支持和推动下，杨钟健与加拿大学者步达生（Davidson Black）、法国学者德日进（P. Teilhard de Chardin）以及后来的德国学者魏敦瑞（F. Weidenreich）等密切合作，领导裴文中、卞美年、贾兰坡、李悦言等中国学者，取得了周口店发掘工作的伟大成就。1929 年冬，裴文中发现了第一个完整的“北京猿人”头骨。1936 年，贾兰坡又发现了四个头骨。同时，这里还发掘出大批新生代动物化石，“北京人”和“山顶洞人”使用的石器骨器和用火遗迹等。这一工作规模之大，收获之富，都是举世瞩目的。尽管那时主要研究工作还基本掌握在外国学者手中，但标本已不送往国外，中国学者也参加了大量研究活动。由于中外学者的工作，对于中国猿人的解剖知识，猿与人的关系以及人类进化的整个分类，多有阐明，具有划时代的意义。中国猿人，被公认是当时世界上已知的最早的人类化石之一。不仅如此，在以后的数十年间，周口店还成为培育我国古脊椎动物和古人类学者的摇篮，成了对人民群众进行辩证唯物主义和历史唯物主义教育的一所不可多得的学校。

古脊椎动物学研究最基础的工作，是经常不断地野外考察、发掘，了解化石出产地的地质构造，掌握第一手资料，仅仅在实验室里，坐享别人的成果，是决然做不出重大发现的。半个多世纪以来，杨钟健正是这样不畏辛劳，在这门学科领域的荒山野岭和崎岖小路上长途跋涉，努力攀登的。在领导周口店的发掘的同时，杨钟健开始了对北方各地的考察，仅在 1929—1931 的三年中，行程即达二万余里。下面是一个简单的日程表：

1929 年 6—9 月，到晋西和陕北作地质旅行；

1930 年 4 月 23 日—5 月 22 日，参加中亚科学考察团赴东北作地质调查；

同年 5 月 26 日—7 月 24 日，参加中美考察团赴内蒙古作地质调查；

1931 年 5 月 12 日—9 月 4 日，参加中法科学考察团赴新疆作地质调查。

当时的中国，军阀混战，民不聊生，田园荒芜，交通阻塞。进行这样的考察，既缺少交通工具，食品医药也很匮乏，有时还得应付考察团中某些外国人的捣乱。饥餐露宿，备尝艰苦且不说，遇到兵变土匪甚至还有生命危险，杨钟健仍以巨大的毅力，乐此不疲。对祖国的热爱，对真理的追求，就是他永不枯竭的动力。正因为如此，他在1930年4月同王国桢女士结婚九天后就参加了中亚科学考察团，从东北回来仅仅四天，又兴致勃勃地出发去了内蒙古。为了科学事业，他真正做到了人不解甲，马不卸鞍。通过这一系列的考察，他对我国北方的地质情况有了一个基本的了解，为后来的研究打下了扎实的基础。

抗战爆发前后，杨钟健对山东、山西、新疆、云南、四川等地许多脊椎动物化石的发现和研究做出了重要的贡献。1935年，他发现了山东临朐山旺动物群化石，这里的中新世中期多种脊椎动物化石，保存完好，处于呈页片状的岩层中，被人们誉为“万卷书”，至今仍是学术界关注的一个重要地点。1936年，杨钟健研究了王存义在山西武乡县发现的几块二齿兽类腿骨，定名为中国肯氏兽。1938年，在杨钟健的领导下，助手卞美年、王存义等人在云南禄丰发现大批晚三叠世的恐龙及原始哺乳类化石，经过长期研究，他发表了《禄丰蜥脚类恐龙的初步研究报告》等一系列著名论文，从此，“禄丰龙动物群”就闻名世界。“卞氏兽”的研究，还与确定爬行类向原始哺乳类的过渡有密切关系。1942—1943年，在抗日战争最艰苦的时期，杨钟健参加了新疆石油调查队，为独山子、库车和阿克苏地区的填图找油竭尽全力。同时，他还考察了天山南麓的白垩—新生代地层，也取得了很好的成绩。他在这个时期报导的四川上龙的发现，是有关我国产的水生爬行动物的第一篇论文。

这个时期，由于杨钟健和他所培养、团结的一批科学工作者的艰苦卓绝的努力，中国的古脊椎动物学有了一个初步的基础。杨钟健继承了我国古代学者的优良传统，读万卷书，行万里路，他走遍了黄河两岸，大江南北，在我国古脊椎动物学的发展道路上，几乎每一步都洒下了他辛勤的汗水，留下了这位创业者的足迹。

## 乱离中的新眼界

1937年7月，卢沟桥的炮火给中华民族带来空前的灾难，同时又是一个奋起新生的转机。杨钟健怀着爱国者的满腔悲愤和救亡图存的决心，更加坚定地前进。

就在这一年的冬天，协和医院娄公楼新生代研究室来了一个自称“古生物学家”的不速之客，他是日本侵略军派来的。他装作态度恭敬，邀请杨钟健到东京“讲学”。这是一个危险的信号，也是他绝对不能接受的。在地质学界前辈章鸿钊先生的建议下，他由卞美年陪同，悄悄逃离北京，经长沙辗转来到大后方，先后在地质调查所昆明办事处和重庆北碚的总所工作。这是一个生活上更加艰苦，事业上更加困难的乱离时期。

战争形势的日益恶化，使杨钟健更加看清了蒋介石政府推行的卖国投降政策和反共反人民的本来面目。他为国家民族的前途担忧，又深感报国无门。“河山半破碎，同道集三湘。杀敌无寸铁，救国空热肠。”他在长沙写的这首诗，准确地反映了那一代知识分子深沉的忧世爱国之情。

尽管形势险恶，条件艰苦，杨钟健并没有气馁，他和一批来到大后方的数量有限却又弥足宝贵的古脊椎动物学家一起，克服了重重困难，不知疲倦地工作着。他一到昆明，就四处奔走，苦心筹划，建立了新的班子，使研究工作逐步走上轨道，古脊椎的考察和发掘也很快取得了成绩。“三间倭屋藏神龙，闷对枯骨究异同。”禄丰龙动物群的发现，可以说是在当时世界上最艰苦的环境中获得的最出色的科学成就之一，这是毫不夸张的。为了躲开日寇的狂轰滥炸，他们在昆明郊外的瓦窑村找了一所破败不堪的关帝庙，用泥巴糊住透风的墙壁，把垃圾扫除干净，又找了几个案子支起来，就开始工作了。杨钟健满怀热情地鼓励大家说：“在这里开发西南红层的研究是很有希望的，禄丰盆地就是一个很有希望的地点。过去洋人因为人生地不熟，转了几次都没有找到什么化石。只要我们耐心仔细地找，一定会有所发现。”以后的事实，证明了杨钟健的预言是何等的正确。

那时，住的是“危楼”，穿的是补了又补的衣服，用旧木箱当座椅，在油灯下看书、写作，他留在北平的六岁的儿子因为交不起住院费而病夭……这一切，都未能使杨钟健稍有动摇，始终保持着一个正直知识分子的骨气和坚毅向上的精神，一丝不苟地工作着。在最困难的时刻，他还鼓励别人说：“要有信心，要向前看，就会看出希望，光明一定会到来的。眼前这点苦算得了什么？要相信咱们这么一个大国，这么多受难穷苦的人，只要觉醒过来，紧紧联合在一起，中国会翻身的。好日子还在后边哩！”这是杨钟健的肺腑之言，也是超出他专业范围之外、却又十分准确中肯的又一个预言。人们不能不由衷地敬佩他品德的纯正，眼界的开阔。

1944 年春，得翁文灏先生的推荐，杨钟健出国考察和讲学。两年时间，他先后在美国自然历史博物馆和大英博物馆做研究工作，同著名学者沃森（Watson）、格雷戈里（Gregory）、罗默（Romer）、辛普森（Simpson）、科尔伯特（Colbret）等共同探讨地质和古脊椎动物学。在英国，他还把自己带去的在云南发现的化石同在英国发现的三瘤兽化石进行了比较研究，又有了新的认识。他还短期去过法国和瑞士的一些地方作学术性访问。

“前去尽有新眼界，临行仍怜旧山河。”杨钟健出国期间，正是第二次世界大战就要结束的时候，中国也面临一个新的历史转折点。他身在欧美，然而梦绕魂牵的仍无时无刻不是灾难深重的祖国。在华盛顿参加庆祝希特勒覆灭的盛典时，他“看到人家的狂欢，也忘不了我们目下的痛苦”；身处瑞士和平美好的空气之中，一种“赏心乐事谁家院”之感又在他心中油然而生；看到洛杉矶的自然历史博物馆和兰旗拉布拉的骨化石，他不禁想到周口店，计划“将来亦可辟作公园，将各动物再造起来，亦为一有意义的工作……”。

他对西方国家科学技术的进步，博物馆、陈列馆规模的宏大，学者们孜孜不倦的探索精神，都钦佩不已，希望中国也早日步入现代化国家的行列。但面对西方的生活方式，他又始终保持着清醒的头脑，对当时国内某些人那种盲目崇外的习气深表忧虑，他说：“我国摩登人士，近来对圣诞亦染了些习气，可见此等东西，我国人最易吸收，而对真正之科学气象如陈列馆者，亦只若有若无，取其皮毛，舍其精髓，如此洋化，前途亦大可忧也。”他提出的这个原则，不是至今仍有某些现实的意义吗?

经过两年的游历，作了种种的对比，杨钟健得出的结论还是乐观的，他有了新的眼界和新的希望。他指出：“悲观、颓丧是没有用的。中国在科学上、事业上，随处都是新眼界、新天地，不必光羡慕人家的新眼界，而当开拓我们的前途。所谓困难，都是可以克服的。”

敢将学术贡社会，欲为中兴作喽啰——从国外回来以后，杨钟健正是怀着这样的愿望和决心，更加奋发努力地工作，而且坚持同国民党反动派对抗人民解放事业的行径做斗争，终于迎来了新中国的黎明。

## 古脊椎焕发青春

1949 年 12 月，正在南京的杨钟健接到了新成立的中国科学院副院长陶孟和、竺可桢的来信，聘请他担任中国科学院编译局局长。杨钟健高兴地接受了新职，立即轻装上道。

新中国的成立，给我国科学事业带来了新生，古脊椎动物学也有了大步前进的可能。杨钟健多年的愿望就要实现了，而且这是第一次真正以中国科学事业的主人的身份来工作。他以巨大的热情投入了新的战斗。

杨钟健精通英文、德文等多种外语，熟习拉丁文和希腊文，但在编译局主要搞组织领导工作，却不是他的本行。然而，他深深懂得做好这件事对于我国科学事业的未来具有多么重大的意义，把这当做自己义不容辞的责任，做了大量开创性的工作，如规划出版中国科学院的综合期刊，组织科学名词的审定，调整和发展各研究机构和学会的出版物，培养青年编辑出版人才等等。这一切，为我国科技编译出版工作和中外学术交流的发展打下了坚实的基础，其意义并不亚于他对古脊椎动物学的研究。

不过，杨钟健最心爱的，还是那些奇形怪状、斑驳陆离的“龙骨”。到京后不久，他就同重新聚首的裴文中、贾兰坡、刘宪亭等人又一次勘察了周口店遗址，决定了新的发掘方针；同刘东生、王存义、周明镇等调查了山东莱阳新近发现的恐龙及蛋化石……1953 年，由于编译局的工作已初具规模，在他的建议和努力下，成立了中国科学院古脊椎动物研究室（1957 年发展为研究所），杨钟健也辞去编译局局长的职务，全心全意投入古脊椎动物学的研究和领导工作。从此，这门学科开始了一个新的前所未有的发展时期。在人民共和国的明媚阳光下，埋藏在地下亿万年的古脊椎动物化石，又重新焕发了青春。

科学探索没有止境。杨钟健在新的历史时期给自己、也给研究所的同志们提出了新的任务和更高的要求，这就是“填三白，还三愿”，即填补我国古脊椎动物的空白地区、空白门类、空白地层，建立起研究体系；弄清脊椎动物起源、哺乳动物起源和人类起源，把死物变活物，同群众见面。这是一个宏大的计划，表现了杨钟健继续攀登科学高峰的雄心壮志，当然，也更需要脚踏实地的工作。

50 年代，杨钟健重点研究山东白垩纪恐龙动物群，包括青岛龙、鹦鹉嘴龙、成窝的恐龙蛋等稀世之珍，《山东莱阳恐龙化石》一书，就是这一系列研究成果的总结。50 年代后期，在他的领导下，又在山西石千峰、石盒子、和尚沟、二马营等地点，发现了多种三叠纪爬行类化石，从而建立了中国肯氏兽类动物群；1964 年，在对这一动物群研究的基础上，杨钟健在《中国古生物志》上发表了《中国的假鳄类》。60 年代，古脊椎动物与古人类研究所组织了几个考察队，赴新疆考察和发掘，开辟了三叠纪海相爬行类研究的新领域，确定了新疆地区含四足类骨化石的四个层位，分别取得了二齿兽类、水龙兽动物群、肯氏兽动物群，以及某些迷齿类、假鳄类等重要发现。70 年代初，新疆的一系列发现的宣布，在世界上引起了巨大的反响，这是因为，按照大陆漂移学说，新疆地处南北两大陆缝合线以北，而这些动物群的性质和顺序，正与过去南非的发现十分一致，具有鲜明的古冈瓦纳色彩。这对于自 60 年代以来重新复活的大陆漂移理论是又一个有力的证明。

这一时期，杨钟健根据新发现的准噶尔恐龙化石的特征，提出将翼龙目分为三个亚目的新见解。后来又就华南水生爬行类动物做了一些重要的研究。

在杨钟健和他的研究所的努力下，中国二叠纪及三叠纪爬行动物和恐龙动物群的发现和研究都有了巨大的进展，不论地区、化石门类或新的层位，以及不同时代的动物群，都有很多突破，改变了解放前那种孤立、零散的状况。至于古哺乳动物，经过三十多年的努力，也已初步确定了新生代各个阶段的代表性动物的特征，可用于进行洲际对比。更新世哺乳动物，同古人类及其文化的研究更有密不可分的联系。在这两个方面，我国新的发现也层出不穷，积累了丰富的资料和研究成果。

解放以后的三十年，杨钟健作为这门学科的带头人和领导者，对我国古脊椎动物学的发展所起的决定性作用是不容置疑的。解放初，我国古脊椎动物学的研究人员（包括辅助人员在内）不过二十多人，现在已达数百人，增加了十多倍，而且成为一支可用于攻坚制胜的老中青结合的完整梯队。他在 1957 年创办的古脊椎动物学报，是当时世界上唯一的专业期刊；他亲手创建的古脊椎动物和古人类研究所，在当时是世界上唯一专门的研究所，现在则已成为世界上任何人都不能忽视的一个重要的研究中心。此外，对于我国自然博物馆的建设和发展，向人民群众普及有关科学知识，杨钟健也付出了许多心血。

1956 年 4 月 20 日，杨钟健 59 岁的时候，光荣地加入了中国共产党。他决心在党的旗帜下，为社会主义祖国的繁荣富强，为共产主义事业贡献自己余生的全部智慧和力量。随着岁月的流逝，这位科研战线的实干家已届老年，但在政治上和事业上，他都获得了新的生命，浑身充满了青春的活力。

## “大丈夫只能向前”

杨钟健以毕生精力，从事地层古生物的研究和教育工作。他的研究，涉及地层古生物、古人类和考古学的广泛领域，完成学术论文500多篇，是学术界少有的著作等身的辛勤耕耘者。他一生所研究描述的脊椎动物化石（包括与别人合作的）有近一百新属，超过二百个新种。他的工作，为我国及亚洲古脊椎动物学奠定了基础，也为整个古脊椎动物学的发展做出了杰出的贡献。他是一位卓越的地质学家、古生物学家和教育家。他以自己丰富的学识为人民服务，也赢得了人民发自内心的尊敬和爱戴，“龙骨大王”——就是人民群众给他的称誉。在国际学术界，杨钟健也享有很高的地位和声望，他是英国林耐学会会员和北美古脊椎动物学会、莫斯科自然博物协会的荣誉委员和名誉会员。这些，他都是当之无愧的，也不是偶然的。

1948年，杨钟健在纪念葛利普逝世两周年写的《科学家是怎样长成的?》一文中，谈到作为科学大师几个必须具备的条件，第一点就是科学家本身的素养，他说：“科学大师需要高尚的素养，本人必须意志纯洁，以发展科学为己任，无有其他功利杂念”，“处事虚心，对科学研究，以真理为依归，不固执成见”；“对新进青年，能有热忱指导的耐心，循循善诱”……总之，“凡是一个伟大的科学家，也就是一个伟大的做人模范”。他说的是葛利普，自己也完全是以这样的精神对待科学事业和为人处世的。

杨钟健是一个人民科学家，是一个忠诚的爱国者。从青年时代起，他就为民主和科学奔走呼号，为祖国的独立与富强奋斗不息。他的一生，有过好的机遇和顺利发展的时候，也多次身处逆境，忧患频仍，但他从不谋取个人私利，也从来不在困难面前低头。他以“大丈夫只能向前”的豪言激励自己，孜孜矻矻，自强不息。在十年浩劫中，古稀之年的杨钟健被戴上“反动学术权威”的帽子，受到批斗，但批斗会一完，他又回到办公室研究和写作，似乎只有这样，才能恢复心理上被打乱了的平衡。停止他上下班使用汽车的权利，他就买了一张公共汽车月票，硬是坚持每天到所上班。家被抄了，资料被查封，人被隔离，他就凭记忆写作。动乱的年月，痛苦的遭遇，看起来似乎没有尽头，使一些人壮志消磨，一些人甚至丧失了生活的勇气，他却以惊人的毅力和顽强的意志，写下了 20 多篇文章。

“四人帮”被粉碎的 1976 年，杨钟健已经是 79 岁高龄。他以无比兴奋的心情，奋笔疾书，写下了这样一首诗：“年近八旬心尚丹，欲和同辈共登攀。应知世上无难事，记骨而今仍依然。”在八十寿诞的时候，他又亲手把自己珍藏了多年的一块鹅孵状花石拦腰锯断，送到荣宝斋，请人镌刻了四个大家：“八十不老”。是的，在工作面前，杨钟健忘记了衰老，不知道疲劳，仍然风尘仆仆，四处奔波。这些年，他先后去过杭州、南京，去过河北阳原泥河湾，去过山西许家窑，去过重庆、自贡和万县，还多次到北京西山，直到 1978 年 9 月他 81 岁时，还坚持去庐山参加第四纪冰川现场会议，并作了他一生中最后一次地质旅行。他确实实践了自己要“拼老命大干一场”的誓言，一直战斗到生命的最后一息。

杨钟健平生很欣赏德文中 GRÜNDLIGH（意为“根本的”或“彻底的”）一词，无论做什么事，都认真负责，决不取巧，科学研究就更是如此。他治学严谨，谦虚谨慎，从不自满。他曾说到：“古生物学在科学中不过是一门自然科学，而我年来从事的，仅是其中的脊椎动物部门，然已感到浩如烟海，自己能力不能全部贯通。”因此，“我也只有承认，只有自责，只有觉得自己能力还是很差”。他在四十自寿的对联中写道“记骨廿载，爬哺莫能辨”，正是这种虚怀若谷的精神风貌的生动写照。正因为有这样的深切感受，对于那些从不认真学习一点东西，却自认为“什么都会”的“万能人”，他是深表怀疑的。在杨钟健的工作室里，悬挂着许多世界知名学者赠送给他作为纪念的照片，这不是崇洋，也不是炫耀，而是为了时刻鞭策自己不要落在别人的后面。他深深地了解，解放以来，我国古脊椎动物学虽然取得了许多重要的成就，但由于种种原因，仍然落后于世界先进水平，需要我们继续努力，奋起直追。

杨钟健继承了教育家的家风，同时也像当年葛利普、白劳德、翁文灏、李四光、章鸿钊等中外前辈对他的关心帮助一样，对青年科学工作者关怀备至，一往情深；既严格要求，又循循善诱，诲人不倦；而且特别注意基本功的训练，和培养独立工作能力。他鼓励青年大胆创新，后来居上，又告诫他们一定要有充分的证据，全面分析不同的论点。几十年来，杨钟健以自己光明磊落的人格，为科学献身的崇高精神，做了青年的表率，培育和影响了我国一代又一代的古脊椎动物学者。

1979年1月15日，杨钟健因病在北京逝世，终年82岁。这是我国科学文化事业的一个重大损失。所幸的是，他是在严冬过后，在科学的春天中含笑离去的；而他的形象，还将继续留在人们中间，去召唤美好的心灵，去鼓舞攻关的勇气。杨钟健的精神，表现了现代中国知识界的一种堂堂正气，既然在已往的艰难岁月中，这种精神曾经不绝如缕，在我们未来的征途上，它就一定还会发扬光大，沛然莫御！

（1982年《自然辩证法通讯》第4卷第5期）

# 还将骨石当成宝

## ——忆杨钟健馆长

甄朔南

"鸡鸣好，好鸡鸣， 风雨如晦仍不停，
不嫌劳苦争先行， 鸣来鸣去到天明，
仰首共观东方红。
好鸡鸣，鸡鸣好， 活将八旬未算老，
困难不计功能小， 还将骨石当成宝，
鸣到死时方算了。"

这是我国著名的古脊椎动物学家杨钟健教授，在"四人帮"横行的1975年写下的一首词。他生于1897年，属鸡，故以鸡自况。这短短68个字的诗句，控诉了"四个帮"的封建法西斯统治，表达了自己献身于科学的崇高理想，是他一生高贵品质的概括。他出生在教育家杨鹤年先生的家庭，自小受父亲的影响，酷爱学习。1923年毕业于北京大学地质系，获理学士学位。同年自费考入德国慕尼黑大学。1927年毕业，并获得哲学博士学位。第二年游历了英、法、瑞典、比利时、苏联等国以后，归来在中央地质调查所工作，并相继在北京大学、北京师范大学、重庆大学、西北大学任教，一度任西北大学校长，中国科学院编译局局长。从解放到他逝世之前，他一直是中国科学院地学部委员、中国科学院古脊椎动物与古人类研究所所长、北京自然博物馆馆长。粉碎"四人帮"以后，正当他怀着老骥伏枥、壮心未已的心情，准备为四化贡献有生之年时，胃出血却夺去了他的生命，于1979年1月15日在北京逝世。

回顾这位老科学家的历程，我们将受到很大教益。

## 从啮齿类到恐龙



很早以来，中国古代文献中就有关于脊椎动物化石（“龙骨”）的记载，但由于长期受封建社会的桎梏，并没有把它作为一种科学进行研究。从1920年前后开始，许多外国学者来中国收集古脊椎动物化石，并进行研究；以后又以考察团的名义，大规模地采集与发掘脊椎动物化石。虽然有时候也打着合作的招牌，有部分中国的地质学家参加采集工作，但从来没有中国人作为古脊椎动物学家参与研究。当时在北大的教授李四光以敏锐的眼光，预见到中国需要这方面的专家，便建议自己的学生杨钟健到当时古脊椎动物学最发达的德国去学习。杨钟健到慕尼黑大学后，即跟随著名的古脊椎动物学家施洛塞（旧译舒罗塞）、布罗里（旧译布劳里）等学习。他没有辜负祖国人民的期望，他的博士论文《中国北部之啮齿类化石》（见《中国古生物志》丙种5号3册）的发表，是中国人第一次关于古脊椎动物的专著，它标志着现代的古脊椎动物学在中国诞生了。

从此以后，杨钟健就像一位辛勤的园丁，以极大的热情和毅力，在中国这块现代科学的处女地上，开辟和发展古脊椎动物学的研究工作。他的研究范围十分广泛，涉及到古脊椎动物学的各个门类。在许多方面都是开创性的，为后人的研究工作打下了良好的基础。1928年他与斐文中一起，投入了周口店的发掘工作。以后，他又踏遍山西、陕西、河北、河南、山东、内蒙古、甘肃、新疆、宁夏、四川、云南以及东北三省，不管是严寒酷暑，还是兵荒马乱，他都在辛勤地采集和发掘沉睡在地下的各类脊椎动物化石，让它们道出动物演化的真情以及地层的时代顺序。

打开杨钟健的著作目录，可以清楚地看到，他的学术生涯的前期工作主要是华北新生代地质，重点研究的是哺乳动物化石啮齿类、兔形类、偶蹄类、长鼻类等。绝大多数都发表在《中国古生物志》丙种、《中国地质学会志》等刊物上。如《周口店化石堆积的初步报告》、《周口店第二、第七、第八地点之脊椎动物化石》、《周口店第一地点之偶蹄类化石》、《山西、河南之哺乳动物化石》等，都是这个时期的代表著作。大约 1934 年以后，杨钟健研究的重点又转向爬行动物。从他与袁复礼共同研究新疆的二齿兽及水龙兽开始，很快对中生代地层以及恐龙发生极大的兴趣（如对山东蒙阴恐龙的研究），为他后来在恐龙研究上取得巨大成就奠定了基础。这个时期，他仍继续发表了水平更高的哺乳类化石的论文，同时对山东山旺中新世的鱼、两栖和哺乳类化石进行了首次的研究。

在艰苦的抗日战争年代里，杨钟健除了继续从事哺乳动物化石以及地层的研究外，又把整个兴趣放在恐龙以及似哺乳爬行动物的研究上。他在昆明完成了禄丰蜥龙动物群以及似哺乳爬行动物卞氏兽等的研究，这些能够阐明生物演化的重大发现，曾经引起国际古脊椎动物学界的关注。当他在 1944 年至 1946 年间赴美国、加拿大以及西欧各国访问、讲学时，受到了各国学者的推崇。

解放以后至文化大革命以前，杨钟健更是以献身于新中国的科研事业的巨大热情，从事爬行动物的研究。这是他在学术上最活跃的时期。他除了继续发表有关鱼类、两栖类、鸟类、哺乳类的论文外，重点在恐龙、基干爬行类以及遗迹学（如恐龙蛋、脚印）等方面。如《山东莱阳恐龙化石》《中国的假鳄类》等大部头的著作是他这一时期的代表作。从动物群的形态、系统演化、地理分布以及地层对比上，都作了总结性的论述，对许多问题提出了新的见解。这些著作的发表，受到了国际地质古生物界的更大重视与推崇。1956 年他被选为莫斯科自然博物学会的国外会员；1959 年被选为美洲古脊椎动物学会的荣誉会员。文化大革命期间，杨钟健虽然被林彪、“四个帮”扣上“反动学术权威”的帽子，他仍然没有离开自己的岗位，相继完成了 40 多篇论文。不仅填补了中国三叠纪水生爬行动物的空白，而且完成了新疆三叠纪动物群的一系列著述，又为后人开创了一条攀登科学高峰的通道。在此期间，他还写了《镵石集》和《古脊椎的研究成就和问题》两本带有总结研究心得的论丛。

总之，半个多世纪以来，杨钟健共发表学术论文500多篇，其中有20多部专著、教科书以及科普著作。把他称为科学的巨星是当之无愧的。

## 从《共进》到“古生物学会”

杨钟健诞生的时候，正是中国历史上百日维新的前夕。他的父亲是一位具有维新思想的教育家，从小就给他以影响。动荡、腐败、落后的旧中国，更促使他想改革那不合理的现实。特别是他到了北大以后，五四运动争民主、要科学的思潮，给他以极大的影响。他开始在《北京晨报》《新潮》等报刊投稿，向半封建半殖民地旧中国的时弊展开了猛烈的抨击。五四运动中，杨钟健是火烧赵家楼的参加者之一。1919年6月，他参加了由邓中夏、许德珩等人发起的北大平民教育讲演团，并作为北方学生代表赴沪参加全国学生代表大会。1920年，杨钟健和邓中夏当选为总干事，也曾经到北京附近的通县、长辛店等地进行发动群众的宣传。1920年陕西旅京学生联合会主办《秦钟》进步月刊，杨钟健相继表发了《教育停止》《半身不遂》《省议会》等文章，攻击的矛头直指陕西军阀。陕西旅京学生又成立了以“提倡文化，改造社会”为宗旨的共进社，发行了《共进》半月刊，杨钟健从1921年10月创刊至1923年10月他出国留学以前，一直担任这个刊物的主编。这个刊物经常登载陈独秀、刘天章等共产党人的文章，在五四运动前后有很大的影响。

特别值得一提的是杨钟健与少年中国学会的关系。少年中国学会是在五四运动前后很有影响的全国性组织，参加的都是青年知识分子中有代表性的人物。杨钟健是由邓中夏介绍参加的，1921年7月至

1923 年 7 月两次担任这个组织的执行部主任，并一度任评议员。在这个组织的活动中，他和邓中夏、李大钊等共产党人有过较多的接触。白色恐怖时期，在他的夫人王国桢的帮助下，他一直珍藏着《少年中国学会会员通讯录》《少年中国学会会员终身志业调查表》，以及 1921 年前后，毛泽东、恽代英等人给他的亲笔信。这些活动，为他后来成为一个优秀的共产党员打下了思想基础。

抗日战争爆发以后，日本侵略者要把杨钟健逼到东京去。他抛下妻子和四个孩子，单身逃出了北京，从香港又辗转到长沙、昆明、重庆等地，坚持抗战。南京解放前夕，国民党反动派诱惑杨钟健去台湾，他断然拒绝，以全副精力投入了人民的解放事业。解放后他被选为历届的人大代表，而且一直是九三学社的中央委员。

杨钟健也是学术界有卓越才能的组织者和领导人。早在德国求学期间，他就与著名的古生物学家孙云铸酝酿成立中国古生物学会。在他们的推动下，终于在 1929 年 8 月 31 日在北京宣告中国古生物学会的诞生。杨钟健一直是这个学会的领导人之一。他在与疾病做斗争的最后一些日子里，还为将在 1979 年 4 月在苏州召开的中国古生物学会第三次全国会员代表大会及第十二届学术年会写了一篇报告，念念不忘我国的古生物研究如何赶超世界的先进水平。他也是中国地质学会、中国第四纪研究委员会的领导人之一。他虽已是 81 岁高龄的老人，仍然亲赴庐山参加第四纪冰川学术会议。中国科学院古脊椎动物与古人类研究所是全国有关古脊椎动物学和古人类学学术研究的中心。研究所的建设，人才的培养，都浸透了杨钟健的心血。是他及时地提出了战略性的组织措施和科研方向，才使这个研究所成为当代世界上最大的一个古脊椎动物研究机构，为中国人民争得荣誉。

## 自然博物馆的拓荒人

杨钟健在德国留学期间，就开始注意西欧各国大学附设的陈列馆。他在 1929 年出版的《去国的悲哀》一书中，用较多的篇幅来介绍德国、瑞典等国的陈列馆，这实际上就是指自然历史博物馆。远在1925年，杨钟健就认识到，为了提高整个中华民族的科学文化水平，我国急需筹建一些自然历史博物馆。他在《学生杂志》第12卷第8号上就专门写了一篇《论陈列馆》的文章。1931年他又在《北大学生月刊》第1卷第4期上写了一篇文章，极力主张在我国应办好地质陈列馆。1936年5月，他又在《科学》第25卷第5期中写了一篇《关于陈列馆的意见》。这是他对办好自然历史博物馆最富有代表性的发言。虽然流光易逝，四十多年过去了，但是重温这些意见，感到仍然有很大的现实意义。1947年9月，他写了一篇《记纽约的自然历史博物馆》的文章，从组织、采集、研究、教育等各方面介绍美国自然历史博物馆概况，在文章的最后批评了国民党反动派不开展这项工作，再次呼吁办自然博物馆。

从1959年北京自然博物馆建馆那一天起，杨钟健就担任馆长，一直到他逝世。二十年来，他一直为发展中国的自然博物馆事业而呕心沥血。他曾亲笔上书中央领导同志，力主在中国建立各种类型的自然博物馆。1972年他在《古脊椎的研究成就和问题》一书中又提出：100万人口以上的城市都应当建立自然博物馆，有的县（如云南禄丰、陕西蓝田）也应设立结合本地自然历史的博物馆。1965年秋，他曾去东北三省参观各地博物馆，并在大连自然博物馆作了一个办好自然历史博物馆的报告。他从标本采集、科学研究、基本陈列、人才培养、机构设置等方面，提出了精辟的意见。可惜由于极左思潮和林彪、“四人帮”的干扰，他的理想一直未能实现。

杨钟健为中国自然科学博物馆事业奔走，从不知疲倦。1972年刚刚恢复工作，他又与北京自然博物馆的一些同志去上海、南京、杭州、天津等地。他以一个科学家的老实态度，力主要尽快地把有关生物系统进化的基本陈列搞起来，并提出有条件的可以把古生物和现代生物结合起来。他对当时天津市把天津自然博物馆合并到历史、艺术博物馆的做法提出了不同的意见。他的这次南行访问，大大鼓舞了各地从事自然科学博物馆工作的同志，促进了博物馆工作的正常开展。

粉碎“四人帮”以后，杨钟健更是壮志凌云，雄心勃发。他与北京自然博物馆的几位副馆长作过多次的长谈，表述他的发展北京自然博物馆的远景规划。在他逝世前的半个多月，已是步履艰难，他还走上陈列大厅的三楼，向全馆同志讲话，语重心长地鼓励大家同心同德搞好工作。可惜壮志未酬，他就与世长辞了。但是，他作为中国自然博物馆拓荒人的光辉形象，将永远留在广大自然博物馆工作人员心中，并将载入中国博物馆学的史册。

（1980 年《大自然》第 1 期）

# 研究科学家书信　充实我国科学发展史

刘东生

在21世纪即将来临之际，回顾一下在20世纪这个天翻地覆的时代里科学家们所走过的历程对我们很有启迪，是这个时代为我们塑造了在各个学科领域各具特色的科学家。他们继承了东方文化，引进了西方科学。他们开拓了中国近代历史的一个中西科学交流的时代。他们的业绩和品德不仅充实了中国近代历史，而且对今天许多知识分子的发展方向和精神世界都产生了影响。他们还可能将会影响到后代人。

我们回顾过去，也仅仅是因为它在某种程度上能够反映出我们今天生活的价值观和心态的变化，激励我们去思考未来。我们需要把这些科学家们遗留的历史保存下来。

杨钟健先生（1897—1979）是这个时代的代表人物之一。在中国现代科学史上，杨钟健这个名字人们可能并不陌生，他是中国古脊椎动物学和新生代地质学的开拓者和奠基人。很多人读过他的科学论著。他的科学考察游记和自传体的回忆录也是人们所熟知的。他还写过一些自己家庭、学习和内容丰富的时论与诗文。别人也整理出版过他的文集、文献目录和年谱，也有人写过纪念他的文章和小传。关于他的历史资料可以说是相当丰富，但是对于他的科学活动中的很重要的一个方面，即他和国内外同行科学家们讨论学术问题的来往书信则记载很少。杨先生在他自己写的回忆录中几乎没有引用过，其他人的记载[①]中也较少提及（并且也不系统），这使我们缺失了杨老学术交流活动的许多珍贵资料。

为纪念杨钟健先生百岁诞辰，杨新孝所著《杨钟健教授与美国科学家学术交流简史》正好补充了上述的不足之处，这是一件非常及时的大好事。新孝多年来致力于中国地质科学史的研究，在杨老师逝世后，他精心整理老师遗留给他的文稿、书信和照片等，不遗余力。为了搜集老师和美国古脊椎动物学家们的科学交流的史实，他曾亲自访问美国纽约自然历史博物馆，和科学家们交谈并查阅了该馆收藏的来往信件档案，发现了许多杨老的通信。这些书信是构成新孝著述的主要的内容。它不仅反映了杨先生和这些科学家们的友谊，还是研究杨钟健学术思想和中国古脊椎动物学发展史的一份必不可少的重要的材料。

科学家们之间学术交流的书信是第一手材料。从中不仅可以看到他们的生活和友谊，还可以从书信的内容厘定某些史实，探讨他们思想的渊源和发生的影响，有时还可以跟踪这门科学发展的道路和步伐。对我国来说，20 世纪是开始大规模引进西方现代自然科学的时代，这是近代东西文化交流史的重要的一页。在这一点上杨钟健先生的科学书信有突出的反映。

新孝的著述按年代先后叙述古脊椎动物学从西方引进我国的过程，重点讲述了杨钟健先生于 1944 年访美前后与当时的西方有代表性的一些著名的古脊椎动物学大师，如辛普森（G. G. Simpson），罗默（A. S. Romer），科尔伯特（E. H. Clobert）等的书信来往，讨论古脊椎

①李星学先生曾摘引杨老 1967 年 12 月和他讨论二叠纪地层的信。刘咸先生曾引用 1937 年杨老和他讨论古气候和古猿猴的信；1950 年杨老给荆三林先生的信中曾请他注意东北的脊椎动物化石线索。杨老同国内外科学家们的来往书信是我国地质科学历史上的一件宝贵的遗产，不仅在国内其他科学家手中少见，即在国际上亦不多见，似应在今后扩大范围，广为收集。

动物的分类、演化和分布与迁移等问题。中国古脊椎动物学的发展，按年代划分，大致可分为两个阶段：40 年代以前，即 20 世纪早期，是中国古脊椎动物学发展的初期，以引进为主；而 40 年代以后到现在，即 20 世纪晚期，是中国古脊椎动物学的发展时期，以交流为主，辅以引进。在后一阶段，中国经过了八年艰苦抗日战争和胜利，经过了中华人民共和国的诞生和成长，经过了文化大革命的十年灾难，又经过了拨乱反正，迎来了科学的春天。1944 年杨先生已 47 岁了，是他科学上成熟的时期和走上国际舞台的时期。据《杨钟健文集》统计，在他全部 483 篇科学论文中，从 1940 年到 1979 年之间发表的有 272 篇之多，占全部论文的一半以上。在这期间发表的新种有 125 种，占全部 223 个新种的一半以上。新种的鉴定是古生物研究中最吃力的工作，但杨先生仍精力充沛，超过他年轻时期的记录。在这个时期建立了古脊椎动物与古人类研究所，出版了古脊椎动物学报和培养了一批青年地质古生物学家。

从这个简单的时代背景介绍后，再回过头来看看杨先生与美国科学家学术交流中的来往书信对这个世纪说了些什么呢？我们发现这些书信中有一种倾向性。在古脊椎动物的研究和交流中，美国（也包括一些其他的西方科学家）的古脊椎动物学家倾向（向往?）中国。谈化石，他们羡慕中国发现的新材料；谈研究，他们惊奇于中国进步之快；谈未来，他们折服于中国之大有希望。在这种明显而强烈的倾向性中蕴藏着贯彻始终的一种氛围，即他们为杨钟健，中国科学家的品德的魅力所吸引，是这种品德吸引了编辑古脊椎动物学会讯的 R. 尼科尔斯夫人（Mrs. Nichols），三十四年如一日，在杨钟健先生和她之间 130 多封通信中，向中国提供西方的科学信息，把来自中国的科学成就传递给美国的科学家。在她悼念杨先生逝世的唁电中表达了不仅是她个人，而且是美国科学家们的愿望：“我们，当然，这是从他在 1944 年访问我曾工作过的美国自然历史博物馆时起建立了友谊。他是一位可亲和可喜之人，我们曾经一直互相通信达 34 年之久。我从他那里得到的最后一封信是1978年12月18日。在信中他表达了我们两国关系的正常化和希望从此科学家们可以互访的喜悦之情。”还有比这个更能表达强烈的中西科学交流的愿望和感情吗?

就在这前不久杨老生前收到她1978年12月6日的信中说:“我们都可以称得上是幸运的同龄人，现在仍然能够对生命还充满活力，至少，也还有一定的精力可以享受这种乐趣。”这也许是对杨老为古脊椎动物研究奋斗终生给她留下的最为深刻的印象吧!

杨老那种只争朝夕，以古脊动物研究为他的第一生命的精神，这种东方人的自强不息的哲学，在四十多年前给她留下的印象可能还未忘却。在1946年杨先生给她的信中，因为这时抗战刚刚胜利，地质调查所从重庆搬回南京的标本还未运到，不能正常开展工作。他对自己的严格要求和当时政府的腐败之间形成了巨大的落差驱使他写信说:“在过去的六个月里，在科学世界中我几乎没有留下我的生命的任何足迹，一句话，中国战后的情况比战时还糟。”

这是杨老生前四十多年前所发生的事了，在那个时代东方和西方所发生的一切，从这些信中所记录的杨老四十年前所发生的一切，在一位美国朋友的记忆中恐怕再深刻没有了。他以自己的行动赢得了朋友们的尊敬。

堪萨斯大学的赫尔（E. R. Hall）教授在信中说:“您的丰产（指文章）是对其他古生物学家的一个挑战和鼓舞，我希望见到您做出更多的重要的贡献。”这是杨老在这个世纪中给他的同行们的最为鲜明的印象，“挑战和鼓舞”。

60年代以后，中国的古脊椎动物学的研究已进入到一个发展的时期。在回答杨老的信中，赫尔说:“您对古脊椎动物学发展的计划，确实雄心勃勃。假如客观存在可以实现的话，古生物学将在科学界取得前所未有的突出的地位。”杨老对古脊椎动物研究事业瞻望未来充满信心的精神，吸引了国外科学家们的共鸣和羡慕。

所以科尔伯特（E. H. Collbert）给杨先生来信说:“你们的出版

物从世界的另一方投下了非常需要的光亮，同时，这个新的信息对我们所有人在解释和增加我们对世界那一边的脊椎动物化石的知识方面是有很大帮助的。”杨先生在东西方的科学文化的交流方面的功绩，是西方科学家所欢迎的。

在阅读了新孝著述中摘录的这些来往书信后，我们充分地体会到杨钟健先生的品德的魅力和他为科学的赤诚之心。他是一位科学家，也是一位文化的传播者，东方和西方文化的传播者。

这使我想起我们的地质古生物界许多前辈，虽然专业不同，但他们在地质古生物学的各个分支都在引进西方的科学和传播中国的科学方面有和杨钟健先生类似的经历。

当人们不仅仅是以他所从事的职业为糊口和谋生之技的时候，人们的生命的价值似乎也重了一些。

# 杨钟健与美国科学家的学术交流活动

杨新孝

近代地质学在中国的发展并非继承了中国古代地学思想所致，而是由引进西方地学的过程中发展壮大起来的。古脊椎动物学作为地质学的一门“派生学科”，在中国是在本世纪20年代之后才形成一门学科的。

1927年杨钟健教授在德国古脊椎动物学家F. Broili和Max Schlosser教授指导下，发表了博士论文《中国北部之啮齿类化石》。这是由中国人研究发表的第一篇古脊椎动物学专著，从而开始了古脊椎动物学在中国的发展。虽然在此之前，有一些美国学者在中国进行了发掘及报道，例如：1898年Charles R. Eastman关于华北的鸵鸟蛋化石的研究，20年代美国科学家在蒙古高原的考察。

杨钟健与美国古脊椎动物学者的交往始于1927年，他在慕尼黑大学古生物研究所与美国学者George G. Simpson相识并成为知交，开始了他俩五十多年的友谊。这是迄今所知的最早的中美古脊椎动物学家的交往。

杨钟健于1928年从德国回国后负责周口店发掘工作。由于这一工作涉及一些中美科学合作的史实，有必要回顾一下它的进展经过：1918年，在北平燕京大学化学系担任教授的美国人J. M. Gibbs在周口店附近鸡骨山的红色粘土中采到一些化石骨片，他即邀请当时任中国矿业顾问的瑞典学者Johan G. Andersson赴周口店调查。1921年，奥地利古生物学家Otto Zdansky来华与Andersson合作，即去周口店发掘。同年8月，Andersson陪同美国古生物学家Walter Granger去周口店看望 Zdansky，并做一些实地调查。他们通过当地农民的指引，找到了后来被称为“第一地点”的所在地，但当时他们仅发掘到一些肿骨鹿的下颌化石。1926 年，Zdansky 在乌普沙拉古生物研究室整理周口店的化石时认出了人牙化石。当年 10 月，Andersson 在北平欢迎瑞典皇太子的会上宣布了这一发现，引起中外学术界的关注。在北平协和医学院任解剖系主任的加拿大学者 Davidson Black 写了一份报告交给协和医学院的负责人 Henry S. Houghton，建议由美国洛克菲勒基金会资助，在周口店进行系统发掘。1927 年 1 月，洛克菲勒基金会同意给周口店拨款 24000 美元，作为美方代表的 D. Black 与翁文灏草拟了《中国地质调查所与北平协和医学院关于合作研究华北第三纪及第四纪堆积物的协议书》。同年 3 月，洛氏基金会远东部负责人 Roger S. Greene 来信称该协议已获批准。

1928 年冬，Black 和翁文灏等开列了 1929—1932 年周口店工作细目，提出总额为 11 万美元的预算方案，执行新计划的机构是新生代研究室。Black 和杨钟健分别担任正副主任。新生代研究室就是现在的中国科学院古脊椎动物与古人类研究所的前身。

中国的古脊椎动物学研究一开始就是与国际合作分不开的，杨钟健的一生与中国的古脊椎动物学和古人类学发展密不可分。

### 1. 抗战前中美科学家合作考察

1930 年，中美两国的古脊椎动物学家进行了首次正式合作。在此之前，美国纽约自然历史博物馆组织的“中亚考察团”，从 1921 年起在中国的内蒙古和蒙古国中部进行了多次考察，并涉及到我国的云南、四川等地的化石发掘。该考察团在蒙古国的白垩系中发现了许多恐龙蛋化石，有些蛋壳中保存有正在孵化中的原角龙幼体的骨骼。1928 年，该团在蒙古采集的化石标本计 83 箱，在张家口被驻军扣留，于是两国进行谈判，中方谈判代表为文物保管委员会主任马衡、地质调查所所长翁文灏和北京大学教授刘复。至 1930 年该团拟再开展工作，按照谈判协定，中美双方各派团长及工作人员，中方团长为张席禔，杨钟健和德日进（法籍）为中方专家代表。1930 年的中亚考察团的主要人员组成如下：

| | |
|---|---|
| R. C. Andrews | （美方团长） |
| 张席禔 | （中方团长） |
| 杨钟健 | （古生物学家） |
| 德日进（P. Teilhard de Chardin） | （地质学家） |
| W. Granger | （古生物学家） |
| Albert Thomson | （修理化石主任） |
| W. G. Wyman | （地形专家） |
| 刘德霖 | （技工） |
| A. Z. Garber | （医生） |
| Mack Young | （汽车队长） |

1930 年 5 月 26 日中午，考察团由北平（北京）西直门启程，晚 9 时抵张家口，住在瑞典人的养马场，次日过万全关至张北县，住店。28 日沿去库伦的大道行抵哈达庙，即在庙南支起帐篷。31 日下午，Ardrews、Granger、杨钟健和德日进到 45 公里外一骨化石地点工作。原计划去哈达庙东 250 公里的一个化石地点，以便与 1928 年在二连以东的工作地点连接。但东面沙丘太多，决定改向正北方向进发。6 月 6 日，Andrews 率骆驼队出发，次日汽车队也出发，过滂江抵东百灵庙。8 日至古里乌苏，转至 1928 年所住的地方"乳齿象营地"。次日，Granger、Andrews、德日进和杨钟健在"乳齿象营地"以东 20 公里的乌拉草坡找到大批骨化石，遂决定全体移此。6 月 10 日搬到新营地，至地点后遇到几条狼，遂命名驻地为"狼营地"。

"狼营地"在戈壁平原的边沿，德日进与杨钟健在营地南约 6 公里处发现了许多骨化石，最多的为一种乳齿象，另有犀牛、鹿及一些食肉类，其时代为晚第三纪。6 月 12 日，骆驼队到达，原拟在"狼营地"住两个星期，只因化石越来越多，便延期了。

有一天，Andrews 与杨钟健、张席禔开车外出，途中遇见两条狼。Andrews 开足马力追赶，追了半天，迷失方向。杨钟健提议循原路退回，总算在天黑前找到了驻地。

7 月 14 日，德日进和杨钟健乘运送化石的汽车返回，23 日抵张家口，次日回到北平，结束了野外考察工作。这次中美学者在一起工作不过两个月，对于中国学者而言，收获并不大。不过，杨钟健从此与 W. Granger 建立了良好的友谊，并通过他与美国纽约自然历史博物馆有了业务上的交流。

1931 年夏天，杨钟健随中法科学考察团去新疆。8 月 7 日，Granger 由纽约来信，希望看到他的考察报告，并寄来一些在蒙古拍的照片。

1933 年 7 月，加州大学的 R. A. Stiron 教授来信与杨钟健商榷河狸的属名问题。

1934 年，杨钟健和德日进邀请美国 Cincinnati 大学教授 George Barbour 来华，参加长江流域的新生代地质考察。同年秋天，杨钟健与卞美年去山东调查，在齐鲁大学任教的 J. C. Scott 向他们展示了产于临朐的鱼化石。

1935 年 11 月 6 日，美国著名古生物学家、中国地质学会名誉会员 H. F. Osborn 在纽约去世。杨钟健在中文刊物《自然》第 162 期上发表了《奥斯朋逝世感言》一文。

1936 年春，加州大学 Charles L. Camp 教授转道南非来华，其目的是来看新疆发现的水龙兽和二齿兽化石，并调查中生代地质。杨钟健与他及袁复礼教授去山西考察后返北平，杨钟健又与他去四川荣县。

早在 1915 年，美国人 G. D. Louderback 在四川威远一带进行石油地质调查，发现了肉食类恐龙化石，过了 20 年始由 Camp 研究。此次 Camp 与杨钟健在荣县西爪山发现了恐龙化石，但层位及岩性与 Louderback 发现的不同。他们于 7 月 2 日开始雇工挖掘，至 16 日掘完，装箱挑至内江县，由汽车运重庆，航运至天津转北平。

Camp 于 7 月 20 日抵上海乘船回国，他接连给杨钟健来信，对于在华的工作与生活表示留恋。

1937 年春末，美国古植物学家 R. W. Chaney 来到北平。他此行目的是研究山东山旺的植物化石，这批化石系杨钟健与卞美年于 1934 年所采，已交胡先骕先生研究，Chaney 愿参加共同工作。6 月中旬，杨钟健与他一道去临朐，往返两周时间，就在返北平后不久，“七七事变”爆发。

## 2. 抗战中的友谊

1937 年 7 月 7 日黄昏，葛利普、魏敦瑞、Chaney、杨钟键、张席禔和谢家荣在北京大学内聚餐，饭未吃完，街道戒严，战争爆发了。日军占领北平后，杨钟健与卞美年结伴南下，杨钟健行前到葛利普家中告别，葛氏因拄双拐，无法行动，他表示决不为日本人做事，并托杨钟健向南方的同事致意，为中国的前途祝福。当杨钟健同他握手辞行时，葛氏泪流满面。

杨、卞二氏先去长沙，后移昆明。1938 年，卞氏在云南禄丰发现大批骨化石。经杨钟健鉴定，知大部分是与南非及德国之三叠纪蜥臀目化石相似，另外两个头骨及若干上颌则是与在南非发现的三列齿兽相似。

美国古生物学界对于禄丰动物群的发现与研究表示了很大的兴趣，他们纷纷给杨钟健来信了解情况，更可贵的是，很多美国古脊椎动物学家在信中对于中国的抗战表示支持。例如，W. Granger 在 1939 年 2 月 23 日的信中写道：“对于您研究的禄丰恐龙及伴生的哺乳类化石至为关注，我等待着您对它们的详细描述。”他在收到杨钟健的文章后又来信写道：“三篇文章均已收到，我和我的同事们对于中国地质调查所的同行们在如此恐怖的局面前所表现的勇气感到钦佩。总而言之，绝大多数美国人民，还有所有在中国住过一段时间的美国人都心向中国，全力支持你们!”

杨钟健在给 Granger 的回信中写道：“我愿以全体中国公民的名义

向你们对于中国抗日战争的同情和正义观点表示由衷的感谢，我们确信我国会在这场战争中获得光荣的胜利，这已由国内外无数的事实所预示了。”此外，诸如C. L. Camp、G. G. Simpson、R. W. Chaney以及滞留北平的魏敦瑞、德日进等都给杨钟健写信表达了同样的态度。

禄丰三叠纪动物群之发现，无论是从材料之丰富，学术上之意义来看，确为周口店发掘工作以后的最重大发现。周口店工作在当时已持续进行了十年以上，而禄丰化石发掘不过一年，杨钟健已发表论文多篇，这种研究成果是在难以想象的困难条件下取得的，无怪外国学者把他的研究与整个形势联系起来看待了。

在日本人占领下的北平，周口店的工作被迫停顿，新生代研究室名存实亡。葛利普深居简出，魏敦瑞于1941年4月离开北平返美。他的秘书Olga Hempel Gowen在给杨钟健的一封信中说：“葛利普博士现在十分孤单，老裴（裴文中）有时去看他。德日进和裴对您最近的发现极感兴趣，德日进很想去找您一起工作。但我劝他，在眼下这种情况下，不要妄动。”

新生代研究室在协和医学院的掩护下维持到珍珠港事件发生时，才被迫暂时停止活动。

在中国后方的古脊椎动物学家的日子也不好过，由于战争关系，与海外的信息交流时常中断。例如，Camp在1940年8月26日给杨钟健的信中写道：“我非常失望，您竟然没有收到我在去年给您寄去的资料。我盼着形势好转，我还想去中国与您相会。”

杨钟健于1940年在重庆大学兼授古脊椎动物学，由于缺乏教材，他写信向A. S. Romer索取他的新著。Romer立即给杨钟健寄来他著的古脊椎动物学教本和《人与脊椎动物》两本书，并在信中写道：“好久没有得到您的消息了，欣闻近况，至慰。但我感到难过的是您开创的卓有成效的中国古脊椎动物学研究工作，被这场战争阻碍得如此严重。”

顺便提一下，当时在重庆大学听杨钟健讲课的学生中便有后来成为杰出的古脊椎动物学家周明镇先生。

## 3. 杨钟健在美国

1943 年，重庆政府的资源委员会委派杨钟健等四人赴美考察。杨氏于 1944 年 4 月 22 日由重庆飞抵加尔各答，在那里参观了印度地质调查所。5 月 11 日抵卡拉奇，乘飞机经北非、南美而抵美国迈阿密，于 5 月 13 日抵纽约。他先住进哈尔格利夫旅馆（Hargrave Hotel），魏敦瑞在这个旅馆中已住了三年，二人谈起新生代研究室的情况，自有许多感慨。杨钟健即去哥伦比亚大学参观，会见原在中亚考察团任地质师的 C. P. Berkey 教授，对于已于 1941 年逝世的 Granger 表示哀悼。美国自然历史博物馆为杨钟健提供了办公室，杨钟健每日在此工作，并将携去的“小昆明”化石请馆中已有 50 年修理化石经验的 Otto Falkenbach 修理。

杨钟健在博物馆首先会晤了资深的古生物学者 Barnum Brown 和 William K. Gregory，并听了后者退休前讲的“最后一课”。Charles Leidy 是美国古脊椎动物学的开拓者，曾在 Philadelphia 的自然科学院工作多年，现在该院前有他的铜像峙立。此后 O. C. Marsh 和 E. D. Cope 倡导此一学科，是为第二代学者。第三代以 H. F. Osborn 为代表，他以自然历史博物馆为基地，扩充研究范围与规模。与 Osborn 同时代而较为年轻者有 W. C. Gilmore、R. S. Lull、C. W. Sternberg、W. K. Gregory、W. D. Matthew 等，均为本学科佼佼者。此外还有在芝加哥另树一帜的 S. S. Willeston 和在加州的 J. C. Merriam 等学者。当杨钟健在美国时，除了上述在世外，美国的主要古脊椎动物学家为 C. L. Camp、A. S. Romer 和 C. S. Stock 等人，年轻而极为活跃的有 G. G. Simpson、E. H. Colbert、C. M. Schultz、C. W. Hibbard 和 K. E. Caster 等。

杨钟健抵美后不久，E. H. Colbert 即在《古脊椎动物学报》第 12 期上发布了杨钟健访问及研究动向的报道。杨钟健在自然历史博物馆工作数月后，去华盛顿美国博物馆参观，该馆主持人 C. W. Gilmore 当时已 71 岁，他向杨钟健详细介绍了化石标本的储藏方法及新式标本柜的结构。他请杨钟健进餐时，杨钟健注意到他的精神非常好，不料于次年即去世了。

杨钟健在返纽约途中参观了费城的自然科学研究院，复转普林斯顿大学与 G. L. Jepsen 会晤。

1944 年秋，杨钟健参观耶鲁大学及皮保德博物馆（Peabody Museum）。该馆由 C. O. Dunbar 主持，馆中除恐龙外，以中生代哺乳动物化石收藏最富。应 Romer 之邀，杨钟健复去哈佛大学。Romer 是 W. K. Gregory 的学生，原在芝加哥大学任教，30 年代至哈佛大学任比较动物学系主任。他在 30 年代即出版了古脊椎动物学教科书，1945 年又出版了增订版。1927 年杨钟健在慕尼黑大学时，认识的一位古生物学家 Tilly Edinger，此时亦在哈佛大学。她从事脑化石研究，已成此项权威。她为犹太人，希特勒执政后，只身逃至美国。她见到杨钟健，谈起在德往事，不胜感慨。Romer 请杨钟健至其乡间别墅度周末，次日去附近的 Amherst 学院参观，见到了极其丰富的恐龙足迹化石。

杨钟健返纽约后，于 9 月份去加拿大，在 Buffalo 科学陈列馆参观了葛利普纪念室，因葛氏昔年对此地的地层古生物有过详细研究。与葛氏之胞弟 John Grabau 见面时，谈起困居北平的葛氏，极为惦念。此后，由 Torento 返美 Ann Arbor 大学与 E. C. Case 会晤，参观了大学古生物博物馆，馆中三叠纪鳄鱼标本相当丰富而且保存很好。次日去芝加哥，会见 E. C. Olsen 及 W. J. Pope 等，此处化石以新生代者居多。由芝加哥去 Cincinnati，与原在中国熟识的 G. B. Barbour 会面，他现任 Cincinnati 理学院院长。他乡遇故知，极为欢愉，乃在其家住宿。复去 Cleveland 自然历史博物馆，见到非常丰富的泥盆纪鱼化石，杨钟健认为这是一个重要的鱼化石中心。

当时主持 Carnegie 博物馆的 A. Avinoff 写信邀请杨钟健，在那里见到不少恐龙的正型标本。这里收藏的新生代化石也很多。

回到纽约后不久，杨钟健又去西部。先至芝加哥自然历史博物馆与P. O. Macgrew讨论了一些问题后去林肯城。在内布拉斯加大学参观了地质系、陈列馆和地质调查所，与M. N. Elias和C. B. Schultz讨论了第四纪的下限问题。后去劳伦斯，当地陈列馆馆长R. Hall到旅馆会晤杨钟健。Hall为美国哺乳动物学会会长，该馆为美国中西部最好的博物馆。杨钟健应邀在此作了讲演。三日后返林肯城，正遇雨雪交加，未能按计划去野外考察，在此会见了已退休的E. H. Barbour，并合影留念。

由林肯城去丹佛，当地的自然科学博物馆馆长E. B. Bailey热情接待杨钟健。该馆有一位修理化石的P. Reinheimer先生，时年85岁，仍工作如常。他从五十多岁才开始修理化石，三十多年工作不断，杨钟健对他深为敬佩。由此去伯克利。初住旅馆，老朋友C. L. Camp来访，随即住入民房。加利福尼亚大学古生物系的Camp和Chaney都是杨钟健的老友，但杨钟健抵此后从未三人一起聚会过。

美国西部除伯克利为古生物研究中心外，加州工业学院和洛杉矶市博物馆亦有不少化石标本，杨钟健即去参观，学院地质系的C. Stock来车站迎接。Stock是哺乳动物化石专家，所收第三纪标准化石很多。

伯克利附近的斯坦福大学地质系有两位在中国最早进行过地质调查的宿将，即B. Willis和E. Blackwelder。杨钟健与他们约定后去拜访他们，Blackwelder引导杨钟健参观了地质系。Willis与杨钟健长谈两次，他虽85岁高龄仍对在本世纪他调查过的中国地层问题津津乐道。杨钟健亦与Blackwelder讨论了中国地质问题。

杨钟健在伯克利住了三个多月，回纽约后仍在自然历史博物馆工作。4月12日下午得知罗斯福总统去世，大为震惊。抽暇去华盛顿，又会见了Gilmore。得知最近在中国发现的一些化石情况，如凌原县中生代页岩中的爬行动物，日本人以为是恐龙。Gilmore据图片定为蜥蜴类，杨钟健则认为是原始的鳄鱼。

再去波士顿与Romer和Edinger会晤，又在Romer家中下榻。返纽约后，应老同学De Terra之约去其家小住数日。8月15日传来日本投降消息，杨钟健与De Terra去哈德孙河畔的海德公园拜谒罗斯福墓。当日该处竟然渺无一人，杨钟健为此深为感慨。

杨钟健在美的工作已结束，于9月23日乘船赴英国，此行目的是研究南非的三列齿兽化石正型标本及英国的中生代哺乳动物化石。Watson博士为杨钟健在伦敦大学动物学系中准备了房间，杨钟健在大英自然历史博物馆会见了研究鱼类化石的E. J. White，以及研究哺乳类化石的A. T. Hopwood等。由G. A. Kuehne引导去了伦敦北的Tring，参观战时转移到那里的化石标本。

此后杨钟健又去了法国、瑞士等地，会见了法国的C. Arambourg、H. Breuil和J. Piveteau，以及瑞士的S. Schaub和B. Peyer等。返英国后，因回国船票困难。乃于1946年2月15日重返纽约。23日乘船开往上海，3月28日到达。

### 4. 尼科尔斯（R. Nichols）夫人的功劳

杨钟健在离美前，将在美的一切学术活动未了事宜托付给R. Nichols夫人。她是自然历史博物馆的科学助理兼管Osborn图书馆，杨钟健为该馆补充了一些该馆缺乏的中国古生物志等，他们建立了良好的友谊。在此后的几十年中，Nichols不断为杨钟健提供国际古生物学信息。她对于中国古脊椎动物学研究工作提供了不少的帮助。

二战后的中国是个非常混乱的局面，中央地质调查所和中央研究院原有的古生物标本遭到严重的破坏，野外工作无法开展。

T. Edinger在1947年任News Bulletin的编辑，杨钟健应邀写了一篇记述战后中国古脊椎动物研究状况的报告。美国同行经常来信关注本学科在中国的进展情况，兹不赘述。

新中国成立后，于50年代初建立了“新生代与脊椎动物化石研究室”。当时与国外的学术交流几乎仅通过Nichols一人沟通，她还为欧洲同行如 Teilhard、Watson、Von Huene 和 Kuehne 等人与杨钟健进行了联系。

1950 年在山东莱阳发现了恐龙和蛋化石，杨钟健和回国不久的周明镇均参加了这一工作。Nichols 得知此消息后，即寄来一些恐龙蛋化石碎片。1952 年 2 月 20 日，Romer 给杨钟健来信认为莱阳化石很有意义，对他而言，以兽头类（therocephalians）最为有趣。

由于杨钟健离美前给 Nichols 留下一笔小小的款子专为购买书刊之用，因此能通过她得到一些国外的新书刊。而杨钟健也经常把他的新著寄给 Nichols，由她分送给一些美国同行。

甚至一些国外同行的逝世消息，也是经由 Nichols 通告给杨钟健的。例如：1951 年南非爬行类专家 Broom 之去世以及 1955 年德日进在纽约逝世，而且她立即为杨钟健介绍了南非地质调查所的 Sidney H. Haughton 博士和 J. T. Robinson 作为此后这方面研究的联系人。

杨钟健在得知德日进逝世后给 Nichols 写信说："您信中告知德氏去世，令我非常难过。我与他有着二十多年的友谊，他才识丰富，对我教益良深。"不久，杨钟健写了一篇怀念德日进的文章，由 Nichols 转给法国有关方面，并将该文在美国古脊椎动物杂志上发表。

在 50 年代，中美两国不存在正式的科学交流，因而学者之间的互赠书刊便成为唯一的交流途径，这在当时是难能可贵的办法。杨钟健藏书中的许多珍贵的油印本就是通过这种持续的交换以及购买而得的。周明镇也与美国同行进行个人资料交流，例如 1956 年 4 月 14 日，他写信给 Bobb Schaeffer："自 1952 年以来，我与杨钟健博士一起工作，主要从事哺乳动物化石的研究，间或也搞爬行类，我现在是他的学术秘书。我亟望获得 Matthew 博士关于 Siwalik 和北美的工作文献。"不久周氏便得到 Schaeffer 的回信，信中写道："Nichols 夫人已经为您收集了您所要的资料，凡是她目前能找到的都尽量收集了，现寄去，另附我的一些著作。"同时，他要求周明镇补充中国新发现的中生代鱼化石地点。

1956年，由杨钟健、周明镇等人组成的中国古生物学代表团去苏联访问了两个月，苏联科学院院士奥尔洛夫要求杨钟健写一些介绍西方古生物学家的文章。杨钟健写信给 Nichols 告知此事，Nichols 给杨钟健寄来了著名的美国古生物学者们的照片。

山西襄汾县丁村人类牙齿化石发现的消息传到美国，误为周口店。Nichols 写信向杨钟健询问，杨钟健为之更正。她又来信说："感谢您对于山西的野外工作的解释，不知孔尼华（von Koenigswald）是否知道这一发现？他若得知，一定会为不能去看这些发现而急疯了。"

由于大规模的经济建设，中国各地发现的骨化石日益增多，研究任务很大。1957年古脊椎动物研究室改为研究所，同年该所出版学术刊物《古脊椎动物学报》（Vertebrata Palasiatica）。Nichols 在收到其创刊号后写信给杨钟健："收到新刊学报，它是如此精美，你们一定为它作了许多努力，尤为令我们高兴的是它有着很多英文，既然我们在学习如中文这样的文字上很笨，自然乐于可以较为方便地阅读您的刊物啦。"

## 5. 美国学者的关注

几年内在山西发现了许多爬行类化石，在中国肯氏兽动物群（Sinokannemerian fauna）中又发现非常完好的带下颌的犬齿兽头骨和二齿兽的头骨。A. Romer 多次给杨钟健来信表示关注，他在信中写道："或许你们在山西发现的动物群最终可与南非的经典动物群相媲美了。"他在收到两期古脊椎动物学报后写信给杨钟健说："我确信该刊物将对东亚的古脊椎动物研究起极大的促进作用，我祝贺你们卓有成效的贡献。"他还热情地写道："我仍对于您在此的访问怀着美好的怀念，并且对于国际局势阻碍了我们再聚而深感惆怅，但愿事态好转！"

E. H. Colbert 在1958年1月给杨钟健的一封信中写道："我极为高兴地收到前两期古脊椎动物学报，饶有兴趣地研究了它。您和您的北京同事们的这一新刊应得到很高的评价。近年来，亚洲发现了一些奇妙的化石，你们的刊物提供了世界这一地区的脊椎动物化石方面极为需要的信息，这些信息有助于我们更深入地认识其他地区的脊椎动物化石。”

T. Edinger 在研究 *Procolophon* 的顶骨孔的过程中，从一系列测量数据推断会有一种顶骨孔较大的种，她从杨钟健寄去的 *Neoprocolophon* 的文章中得到了证实，极为欣悦。她于 1958 年 10 月 21 日写信给杨钟健：“我对于我们的科学在贵国如此蓬勃的发展表示钦慕，祝贺你们!”她在得知古脊椎动物与古人类研究所在贵州采到 *Nothosaurus* 后来信写道：“我的毕业论文及一些早期著作都是关于 *Nothosaurus* 的，因此特别高兴它在贵国亦有发现。”

G. G. Simpson 于 1959 年由 AMNH 退体，Nichols 写信给杨钟健说，她也将于次年退休。她写道：“请勿为您的古脊椎动物学会会费操心，我总是在交我自己会费时就给您交了。您留在这儿的钱还够交几年会费的，即使用完了，我也乐意为您继续交下去。希望您知道我是多么珍惜与您的友谊!”她在另一封信中写道：“此间所有人士均对你们的刊物赞扬不已，这说明中国的古脊椎动物研究取得了极大的成就。尚不知道谁来接替我在博物馆的工作，但您仍会从我这里获得有关信息，别担心！我为我们的通信感到骄傲，因此不会叫它中断!”

Nichols 是个对本职工作极其负责的人，她在退休前夕还念念不忘要使 Osborn 图书馆得到较为完备的中国刊物。她在 1960 年4 月给杨钟健寄来一份该图书馆现藏的《中国古生物志》的目录，要求杨钟健为其补充缺存的内容，此外她还想得到动物学报、地质学报以及中国地学文献摘要等刊物，杨钟健即寄给她了。

美国纽约自然历史博物馆于 1960 年 5 月 6 日为 R. Nichols 举行了退休宴会，她给杨钟健来信述及其事，并且写道：“我们从来没有接待过像您这样给我们留下深刻的友好印象的来访者。”她在 6 月 28 日又来信写道：“此信是我从博物馆寄予您的最后一信，但您会得到我从别的地方寄去的信。我极为重视我们十六年来的友谊，感谢您为我和我们的图书馆多年来的帮助。”这里，有必要说明一下，自从 R. Nichols 于 1960 年下半年在 Berkeley 定居以后，我们就找不到杨钟健给她的信件了。而且，美国纽约自然历史博物馆档案中的中国学者去信自 Nichols 退休后即基本上缺失了（只保存一封杨钟健于 1964 年 8 月 29 日写给 Colbert 的信）。因此，此后的交流情况仅能根据美国学者的信来分析。

杨钟健于 1962 年当选为美国古脊椎动物学会荣誉会员。

杨钟健在 1963 年收到国际动物学会第 16 届大会在华盛顿开会的邀请，这在当时是不可能实现的。正如 Romer 在 1963 年 2 月 27 日给杨钟健来信所写的：“我们两国未能建立外交关系，以致像您和我这样的老同行长期以来不得聚会，深为可惜。而且，由于同一原因，我恐怕您难以参加国际动物学大会了。”

Bobb Schaeffer 在 1964 年元旦来信，向杨钟健了解中国的中生代鱼化石地点，杨钟健即予答复。他又来信说他在新墨西哥州等地找到了很好的侏罗纪鱼化石。

密执安大学的 C. W. Hibbard 在收到杨钟健寄去的一些著作后，来信说：“感谢寄来大作，它们将被编入我们的《系统古脊椎动物学》教材。”

E. H. Colbert 于 1964 年去印度和澳大利亚调查三叠纪地层，他于 7 月份回到纽约后即给杨钟健写信，要求继续寄去《古脊椎动物学报》。他表示该学报对他的研究工作是极其重要的。

1965 年，杨钟健发表了广东、江西的蛋化石文章，并与美国自然历史博物馆保存的蒙古材料进行对比，并特在文中注明 R. Nichols 提供了蛋片化石。

“文革”期间，科研工作受到极大的破坏，与国外的交流基本中断。

Nichols 于 1967 年多次给杨钟健来信，表示长期未得去信，甚为担心，并通告了 Tilly Edinger 于 5 月 26 日去世的消息。

Romer 于 1969 年 10 月 20 日给杨钟健来信，说他两年多未得杨钟健信件，最近由 Nichols 处得知杨钟健尚好，甚感宽慰。

60 年代是学术交流的消沉时期，通信大为减少，互寄的书刊也往往不能收到。

## 6. 欣慰的晚年

R. Nichols 于 1970 年 3 月 12 日写信给杨钟健："自从 1966 年以来，我没有得到您的任何文章！"

G. G. Simpson 于 1972 年 11 月给杨钟健来信写道："我最近一次收到您的著作是在 1965 年！"他还写道："我相信，我们两国最终会避开任何意识形态上的分歧而建立友好关系，正如我们这些科学工作者所希望的那样。"

1973 年，R. Nichols 当选为荣誉会员，杨钟健去信祝贺。10 月 5 日，Nichols 来信说，Romer 给她看了载有杨钟健工作照片的《中国画报》(1972 年第 7 期)。但仅过半月，Romer 于 10 月 20 日患中风而于 11 月 6 日去世。

杨钟健在这一时期很少给国外去信，但是国外学者向他索取著作的人却空前增多。例如，R. Singer 来信要关于第四纪研究的文章，W. A. Clemens 要新疆化石的文章，F. Edwards 要鳄类化石的文章，C. H. Goodwin 要中国古生物志等等。J. T. Gregory 在收到杨钟健寄去的新疆翼龙动物群（Pterosaurian Fauna）的文章后，于 10 月 17 日给杨钟健来信说："准噶尔翼龙新种（*Dsungaripterus*）发现证实了您的推论！这是三叠纪爬行类化石极为重要的发现，所有的这些都令人感到古生物学在中国得到了飞跃的发展。"

1974 年的中国局势有所好转，一些美国学者提出访华的要求。例如，Texastech 大学的 C. L. Black 给杨钟健来信说："我们曾在 1934—1936 年见过面，那时我只有 2 ~ 4 岁，您和德日进常来访问我的双亲，Arthur P. Black 博士及夫人。我渴望访问我的出生地北京，作为古脊椎动物学会上一任主席，或许中国科学院可以为我安排。”

亚利桑那大学的S. J. Olsen教授想要携带采自Idaho州的Jaguar Cave的最老的家犬化石模型和采自Arizona的Pueblo的犬类化石模型访华。他在1973年向当时的中国驻美联络处申请签证，并在此后一年的时间里给杨钟健写了数十封信，却无结果。他并不灰心，连续给杨钟健寄来了*Canis familiaris*的下颌模型和*Tomarctus canavus*与*Cynodesmus iamonesis*的模型。直到1976年6月，Olsen才随亚利桑那大学学者访华团来到北京，但由于不知何故，并未得到与杨钟健会面的安排。

Romer夫人在Olsen来华时请他向杨钟健致意，并于4月写信给杨钟健：“Nichols夫妇来看望我，我们一起愉快地谈到您。我仍记得多年前您来我家的情景。”

丹佛（Denver）的H. M. Wormington于1975年访华时得以与杨钟健会晤，他回国后来信说：“在北京与您重逢，至感欣慰。中国之行是我一生中最为感到兴奋的旅行。”贝克利的S. P. Welles于1976年6月19日写信感谢杨钟健对于Camellias（他称之为“古脊椎动物学家的奇异对象”）的解释。

R. Nichols虽已高龄，仍然不断给杨钟健寄来一些资料。有的书价钱太贵（如Joysey和Kemp的脊椎动物演化研究文集），她就复印一些重要的章节给杨钟健寄来，她还费了很多钱为杨钟健购寄Tenus和Bretley的《The Search for Peking Man》。杨钟健对此颇为不安，便写信去请她不要再为他找书了。她回信说：“既然您叫我别再干了，我遵命就是。”并于1978年1月24日给杨钟健写信道：“几年来，我没有给您寄古生物书刊，但这是因为我极少能得到它们。我的熟人们都老了，年轻的一代并不知道我，因而不会送著作给我。倘我得到一些有趣的书，我将给您寄去。”Nichols夫人于8月25日度过她的80寿辰，当天她给杨钟健写信：“感谢您的生日贺词，您祝愿我长寿，我今天80岁了，并不指望还能活20年。而是衷心希望别活那么长，我清醒地认识到，若干年后我将被送到敬老院。在那里，我希望上帝会接受我！”

G. G. Simpson 夫妇几经安排，定于 1978 年 9 月 19 日乘 Prinsendam 号轮船作一次环太平洋旅行。他事先给杨钟健来信和电报，说他们可在上海停留两天（10 月 6~7 日）。他写道："分别这么多年之后，倘能与您再晤，将是我最大的快事。但我知道北京至上海路途遥远，并知道您身体欠佳。"杨钟健即与周明镇先生一道赴沪，在上海博物馆见到阔别多年的老友 Simpson 夫妇。当这两位老人见面时，他们都哭了。他们参观了上海自然博物馆的古生物陈列厅，并合影留念。

1978 年 12 月 6 日，Nichols 夫人给杨钟健写信说："由来信得知您与 Simpson 夫妇会面情况，至为感动。我将给他们寄去圣诞贺卡，并附信请他们谈谈您的状况。"她还写道："您与我似乎都不错，我们有幸得享高龄，并仍热爱生活。"这封信是她 34 年以来给杨钟健的 100 多封信的最后一封，也是杨钟健与美国同行的最后一次联系。

杨钟健于 1979 年 1 月 15 日病逝于北京。

杨钟健的好友 R. Nichols 在收到中国古脊椎动物与古人类研究所发去的电报后，于 1 月 18 日回信表示哀痛。她写道："我得到他的最后一封信是 1978 年 12 月 18 日寄出的，在信中对于我们两国关系正常化表示高兴，他盼着两国科学家能够互访。"

周明镇在美国古脊椎动物学会的 News Bulletin 上发表了长达 4 页的记述杨钟健生平的文章。

从世界许多地方寄来大量唁电、唁函，其中以美国发来的最多。美国纽约自然历史博物馆寄来了该馆理事会通过的决议，它给予杨钟健很高的评价，其中写道："……我们荣幸地感到在杨钟健博士漫长而光辉的古生物研究生涯中，曾与美国博物馆及其工作人员联系在一起。由于他对于自然世界的远见卓识而使得我们的生活和科学丰富多彩，我们对于他指示出的通往知识和真理的途径将永远铭记。"

# 记美国著名科学家奥尔森先生与杨钟健教授及古脊椎动物与古人类研究所同仁们的交往

高　星

斯坦利 J. 奥尔森（Stanley J. Olsen）先生是美国著名古脊椎动物学家和考古学家，曾任美国古脊椎动物学会主席，是动物考古学的创始人之一。他是中国科学院古脊椎动物与古人类研究所的老朋友，50年代即与杨钟健先生建立了书信联络，共同推动和开展了双边的学术交流，并与杨老及周明镇、贾兰坡、吴汝康诸公结下了深厚的友谊。在杨老诞辰百年之际，笔者在美国采访了奥尔森父子。相信他们所谈的故事不仅是对已故杨老的纪念，也将作为中美科学家之间密切的学术合作和真诚的友谊的见证载入史册。

1976 年 6 月 15 日，中国北京。

一个由美国亚利桑那（Arizona）大学十几位中国问题专家组成的学术代表团，在该校校长率领下来到这块古老且被锁闭了多年的土地，实现了难得成行的一次访问。

代表团中有一位年近六旬的学者，中等身体，面色红润，显得健康和兴奋。他就是斯坦利 J · 奥尔森教授，著名古脊椎动物学家，曾任美国古脊椎动物学会主席，公认的动物考古学的创始人之一，当时在亚利桑那大学和亚利桑那州立博物馆主持一个动物考古学实验室。

千年古城，万般景致。奥尔森似乎不急于参观紫禁城和游览八达岭，却匆匆登车来到二里沟中国科学院古脊椎动物与古人类研究所简朴的小楼前。他是前来实现一个积郁心中多年的夙愿，和已与他笔墨交往了多年的杨钟健先生会晤，并计划与杨先生携手将双方的合作交流引向更深更广的天地。

十分不幸！几天前杨老的身体状况突然恶化，此时已被送进了医院。如同滚烫的心头被浇下一盆冰水，奥尔森担忧、失望而无奈。在余下的二十多天里，他随代表团参观了西安、上海和广州，访问了多所大学和科研机构。然而他的心中却无时无刻不在等待一声北京的呼唤。他多么盼望杨先生能尽快痊愈，两位朋友能够见面交谈，哪怕是在病榻上也好啊！然而这一声呼唤却始终没有发生。

光阴似箭。一个月的访问很快结束了。在归国的飞机上，其他团员们兴致勃勃地交流着访华观感，奥尔森却独坐一隅，脸上布满了忧虑与遗憾。

1976 年 8 月，奥尔森又意外地收到了杨钟健的来信，对未能在北京会见表示抱歉，并欢迎他再次到中国访问。这使他欣慰和激动。在 9 月 3 日的回信中，奥尔森告诉杨老他正在力争再一次访华。两位学者之间的书信往来又持续了两年。学术探讨在这笔墨之间不断深入，友谊也在隔洋飞鸿中不断升华。

1978 年 10 月 29 日，奥尔森给杨老发出了最后一封信。他再也没能得到回音。

1979 年 1 月 15 日，杨老终于走完了他为科学事业奋进的一生，在北京与世长辞了。

美国西南图森市（Tucson）的奥尔森先生，不久接到一封周明镇的来信，得悉了这一噩耗。

悲痛、遗憾、失望、凄然中，奥尔森找出了杨钟健的信函，看着那熟悉的字迹，陷入了深深的怀念和追忆之中。

奥尔森是靠自学成才，由一个没有文凭的门外汉登上科学的顶峰的。二战期间，他作为一名海军机械师在太平洋上与日舰周旋。1945 年他受聘于哈佛大学古脊椎动物学系，从此开始科研的生涯。12 年后他转到佛罗里达地质调查所，继续在脊椎动物学领域开拓。他的研究兴趣和范围不断扩大，从脊椎动物化石的形态比较，食肉动物的起源演化到家畜的驯养过程，直到考古遗址中破碎动物化石的成因及其与人类行为的关系。1958年和1960年，他先后发表两篇关于*Amphicyon longiramus*（半犬）的学术论文，在脊椎动物学界引起了广泛的反响，在众多同行来信中，奥尔森发现了杨钟健的名字。

对于这封1965年杨老的来信，奥尔森和家人至今记忆犹新，因为这封信来自红色中国。奥尔森早已闻知杨钟健的大名，知道他曾主持过周口店的发掘，创建了新生代研究室（古脊椎所前身），被推崇为中国第四纪地质学之父。所以他的来信不免使奥尔森有点受宠若惊，那封信成了一个美丽故事的开端。

奥尔森很快写了回信。信中夹带着几篇相关的学术论文。

这封信石沉大海。杨老的公子杨新孝曾详细罗列了杨老保留的所有外国同行的来信，奥尔森先生的第一封信却不在其中。

文化大革命的“熊熊烈火”，又使一切化为乌有。

1972年的一天，几乎全美国的民众都聚集到了电视机前，收看尼克松总统访华的实况。电视画面上热情的中国人民，古老辉煌的华夏文明和一派勃勃生机，给了美国民众以极大的震撼。就是在那一时刻，也由于七年前杨老那封信的疑团的诱惑，奥尔森先生唯一的儿子，当时已上大学的欧阳志山（John W. Olsen）下决心学习中文，并把研究中国定为终身的追求和事业。

儿子的汉语逐日流畅，对中国的兴趣与日俱增，父亲也深受鼓舞。此时奥尔森已任教于亚利桑那大学。他想起了那封来信，惦念着杨钟健能否在那场动乱中劫后余生。于是他乘尼克松将中国的大门敞开一条缝隙之际，于1973年3月6日向杨老发出了信函投石问路。很快，奥尔森竟收到了杨老的回信。杨老虽遭磨难，却仍然健在，且学术探讨与交流之兴趣依旧不减。这真使奥尔森喜出望外。

前缘再续。半犬化石为两位学者架起了沟通和往来的桥梁。这种化石动物当时只有中国和美国有标本收藏，于是双方根据自己拥有的资料情况，就该类动物的起源、演化、分布及形态特征进行了频繁的书信往还。双方探讨的领域逐渐扩大，共同的兴趣不断被开拓，从食肉动物的起源，深入到若干动物被人类驯化的过程和机制。中华大地有着如此丰富的化石材料，古脊椎研究所有令人欣羡的标本收藏，中国有数位像杨钟健那样知识渊博人品高尚的同行，这一切深深地吸引着奥尔森先生。对于奥尔森学术上的一切需求，杨老总是鼎力相助。从文字资料到化石图片，有时甚至一个测量数据，都会一一飞到奥尔森的研究室里。奥尔森也尽其所能，将许多中国同行们不易得到的珍贵资料，源源不断地发往中国。从杨新孝和奥尔森保留的档案资料中奥尔森于70年代中期给杨老的信件数目，可以窥见两位学者之间学术交流之频繁和深入：1974年，7封；1975年，14封；1976年，9封。就在这鸿雁互飞之中，一种相互之间真诚的理解、信任、赞赏和友谊，也在二位学者的心中潜移默化，根深蒂固了。

对于中国朋友的友谊与帮助，奥尔森十分珍视和感激。70年代中期，作为美国古脊椎动物学会的前任主席，他将两枚该会会徽精心包装，寄给了杨钟健和周明镇这两位中国籍会员。1975年初，杨老给奥尔森寄去了两张他本人的照片。一张上是一位40年代初的青年学者，另一张上已是70年代中期的耄耋老人。杨老在两张相片的背后分别用毛笔写上“before”和“after”，并在信中写道“你可以从两张相片的发色上看出我已今非昔比了”。这使奥尔森体味到杨老这位严肃的科学家之风趣、幽默的一面。这两张照片被翻拍放大，高挂在奥尔森家的客厅中，成了永久的纪念。

在1974年5月初的一封信中，奥尔森正式向杨老表达了访华的意向。杨老很快于5月16日写了回信，热烈欢迎奥尔森来访，并承诺帮助办理邀请和安排的有关事项。

1976年，在杨老的努力下，奥尔森终于踏上了中国的土地。虽然他与杨老失之交臂，却得以见到吴汝康、贾兰坡、周明镇、李有恒等诸位先生，受到了热情的接待。在1976年8月13日致杨老的信中，奥尔森这样描述他中国之行的感受："我是带着对中国之美丽辉煌的深刻印象和对中国同行们热情与友好的深深感激踏上归途的。"

1980 年夏，奥尔森实现了到中国的第二次访问。在贾兰坡先生的陪同下，奥尔森缓步来到周口店杨老的墓前，此刻他心情沉重，百感交集。这位学术上的良师益友和人生旅途上的朋友知己，此时已在一片松柏丛中静静安息了。经过多年的书信往来，多年学术上的合作交流和友谊的培育灌溉，两位异国朋友终于第一次见面了。不过却是一个在地上默哀，一个在地下长眠了。

对于没能于杨老在世期间与其见面叙谈，奥尔森引为终身遗憾。他对杨老有着高度的评价，其中两点使作者深受启迪。他认为杨钟健作为第一个中国学者主持了周口店的发掘，不仅使北京猿人为世人瞩目，也为中国的学术界在世界面前树立起了一面鲜明的旗帜。中国近代历经战乱和政治动荡，所幸有杨钟健为代表的诸多学术巨人。他们以学术上的丰硕建树和高尚的人格力量昭示世人，致使中国的科学殿堂依然崇高圣洁，也使像奥尔森这样的外国学者对中国科学事业保持着持久的兴趣和信心。

令人欣慰的是杨老亲手栽培的这株中美科学家友谊与合作之花并没有随着杨老的逝世而夭折。她反而愈发茁壮，愈发娇艳。从 1982 年到 1991 年，奥尔森又先后八次到中国访问，在古脊椎所、动物所、考古所观察化石标本；在内蒙古荒漠研究骆驼的生态；在丝绸之路寻找古人类的足迹；在青藏高原考察牦牛于农业耕作的作用；在新疆塔克拉玛干沙漠追踪野马、野驼……在频繁的交流接触中，他与更多的古脊椎所的同行们建立了密切的合作和深厚的友谊，周明镇、贾兰坡、吴汝康、张弥曼、李传夔、张森水、祁国琴、黄慰文、卫奇、潘悦容等古脊椎所诸多人士曾在奥尔森一家的邀请安排下到亚利桑那造访，并下榻于他家的客房。他们参观古印第安人遗址和脊椎动物化石地点，游览州立博物馆，登上亚利桑那大学的讲坛举办学术讲座，走进亚利桑那大学的教室进修和学习。祁国琴于 1979 年秋季至奥尔森的实验室进修研究，成为当时亚利桑那大学校园里第三位来自中国大陆的访问学者，并在两年的时间里和奥尔森父子合作发表了数篇学术论文。黄慰文亦于1989年在图森进行了半年的学术交流，并随后与欧阳志山共同主持了新疆的合作考察项目。目前，在亚利桑那大学这一并不很大的校园里，竟有四位来自古脊椎所的青年学子在学习和工作。奥尔森的家一时成了古脊椎所在美国西南部的工作站！

友谊，犹如一株幼苗，需要双方用诚实、信任、理解、尊重和责任心去精心培育和浇灌。奥尔森一家与古脊椎所的交往，堪称这样一种关系的楷模。还在杨老在世期间，基于形态比较的需要，奥尔森提出向古脊椎所借一套犬科动物化石标本。1979年祁国琴到访，亲手将一套骨架交给了他。奥尔森十分珍惜，爱护有加，到归还之时，他亲手制作了精美的木箱，将标本小心封存，并千里迢迢送到洛杉矶中国领事馆，对使馆人员千叮万嘱，一定要安全送到。于是那只石化了的狗便享受了外交官的礼遇，通过绿色通道回到了中国。在再次访华时，奥尔森到古脊椎所的第一件事便是要祁国琴带他验看这套标本，看看有无任何缺损。

奥尔森还向我讲述了一次访华时发生在吴汝康先生办公室的一幕。当时两位学者在谈论着各自的人生经历。奥尔森提到自己在哈佛期间受训成为一名制模专家，并且为了向中国同行推荐一种新型制模材料，他随身携带了一些这种材料。恰好吴先生的案头正摆放着一块残损了的禄丰古猿下颌骨，正为纤脆犯愁。闻听此言，吴先生便兴奋地请奥尔森为这块化石翻制模型。奥尔森诚惶诚恐，深怕不慎损坏了这块珍贵的标本。但吴汝康的信任和鼓励又使他不便退缩。于是在满屋中国同行众目睽睽之下，奥尔森紧张而又有序地操作起来，半小时后，模型成形硬化，与标本分离，一切竟是非常的完美！周围响起了热烈的掌声，奥尔森却轻轻擦拭着额头上的汗水。

友谊与合作，绝不是一时的投机取巧。它需要人们前承后继，持久地做出努力。步父亲的后尘，欧阳志山博士（在古脊椎所都称他为小奥尔森）也踏上了到中国合作考察之路。从 1981 年到 1991 年，他先后七次到中国研究工作，其中 1983 年他在古脊椎所工作半年，与吴汝康共同编写发表了《中国古人类学与旧石器时代考古学》一书，系统地向西方学术界介绍了中国在该领域取得的研究成果。1990—1991 年，他作为美国科学院的代表在北京长驻一年，为恢复 1989 年一度中断了的中美科学界诸多交流合作项目做出了很大贡献。

1991 年仲夏的一个夜晚，笔者有幸在北京西苑饭店参加了一次奥尔森一家与古脊椎所朋友们欢聚的酒会。时值奥尔森最近一次访华新老朋友相聚，追昔抚今，感慨万端，其乐融融。即将卸任的张弥曼所长以她的温文尔雅举杯致辞。她深情地追忆了奥尔森先生与杨钟健先生一道开启了古脊椎所对外交流合作的大门，赞扬了欧阳志山先生禀承父志，继续在这条路上开拓前进，最后她代表古脊椎所全体同仁对奥尔森一家的协作和帮助表示由衷的感谢，并衷心祝愿这株由杨老和奥尔森先生共同栽植的中美科学家之间合作与友谊之树根深叶茂，万年常绿，并不断结出丰硕的果实！

这，无疑是对杨钟健先生最好的安慰和纪念。

1997 年 3 月于美国图森

# 哭杨钟健先生

荆三林

我认识杨钟健先生，是在抗日战争的前夕。当时，为研究中国原始社会史，我需要一些古生物及古人类学方面的材料。承清华大学翁文灏教授的介绍，我去访问了杨先生。初次相见，他就非常热情，给我提供了很多资料，还讲了许多宝贵的意见。

1945 年至 1948 年间，我担任兰州大学及西北大学教授时，西北正盛传着发现了“武都猿人”。我写信给杨先生，问他对这个发现的意见，以及是否可以采作教材。他回信对这个发现表示怀疑，要我不必引作教学材料。同时，还给我提供了一些线索，认为包括蓝田和大荔等地，都可能发现古人类化石，希望我留意，但在当时国民党反动统治下，从事科研工作，处处遭到阻力和迫害，这项研究根本无法开展。1948 年春末，杨先生就任西北大学校长之前，给我来了一封信，谈了对西北的古生物及古人类的研究，和他到西安后进行调查研究的计划，并鼓励我们能够和他一起来完成这些工作。我当即给他回信，对他来西北大学工作，以及他提出的科研计划，都表示欢迎，并希望他早日到西安来。那年夏天，杨先生到了西安，我心里是多么高兴啊！可惜的是，就是在他接任西北大学校长的几天以后，我在国民党西安特种刑庭的迫害下，离开西安，到解放区去了。应当庆幸的是，全国解放以后，陕西省的蓝田猿人及大荔人先后被发现，这证明杨先生在二十多年前，所提供的线索，是完全正确的。更证明他的卓识远见，只有在共产党的领导之下，才能实现。

解放初，我在东北商业部门干部学校任教，主讲从猿到人这一课程。1950年秋末，接到杨先生的来信，希望我在东北能够多留意古生物及古人类化石的发掘。不久，他又来信，非常具体地提供了在东北找化石的线索。他在信中指出：

（一）在南满八道壕煤田中，早有日本人发现过侏罗纪哺乳动物化石，大约在煤层附近之原岩中。

（二）南满铁路沿线之红砂岩中（白垩纪?）曾发现龟蛋化石甚多。一部分可能在长春前大陆博物馆中，恐现已遗失。

（三）在热河凌源曾发现古蜥蜴化石，地点及详情已见记载。

（四）在辽宁义县山中曾发现大批恐龙足印，前大陆博物馆已有记载。

（五）哈尔滨附近之顾乡屯，应有大量第四纪初期化石，其年代比周口店稍新，以前俄人、日本人均有采集，标本流落民间者亦不少。长春、沈阳等地博物馆闻亦有材料，不过至今无详细之研究报告问世。此地点可能有人类化石之发现，亦值得复作采掘地。

其他如札赉诺尔亦有化石及石器发现。

今天，当我重读这封信的时候，不禁抚今思昔，百感交集。回顾近百年来的东北，先后在俄人和日本人的侵略下，成为他们的殖民地。一些古生物及古人类学的研究工作，也都是由俄人或日本人把持，我们中国人根本无权插手。在国民党反动统治时期，对东北的科学研究工作，更是完全放弃。而外人的研究也只是发现些线索，不深不透。因此，近百年来，在东北的古生物学及古人类学上，还留有很多不清楚的问题需要认真发掘。中国解放了，东北的科研工作，也归还了中国人民。杨先生在这封信中充分表现了他关心东北古生物及古人类研究的热情。解放以来，东北地区古生物及古人类学研究确实取得了很多成就。在札赉诺尔又发现了人类化石，并确定它的时代同于周口店山顶洞人。我虽然于1951年春被调往厦门大学，没有能直接在杨先生的指导下参与东北古生物的发掘工作，但我确实为东北地区在古生物及古人类学上取得的成就而高兴。

1956年9月，我被调到郑州大学。第二年的10月被错划为“右派”。1959年7月我到北京时，又和杨先生见过一面。他对我表示同情，认为这种情况不会长久，终究会得到合理处理的。他还鼓励我要努力工作，等待这个时机的到来。这个时机终于在20年后等来了！党中央为我彻底平反，给了我重新为人民的科学教育事业服务的机会。1978年10月初，我为《中国地震史》的编辑工作到北京的时候，又去访晤杨先生。当时由杨夫人和新孝（杨先生的次子）接待我，而杨先生耳聋了，神志也不清。此时此刻我的心情是多么难过啊。杨夫人和新孝告诉我说，杨先生在“文化大革命”中，也受到林彪和“四人帮”的种种残酷迫害。

今天，当我们在新长征路上起步，正需要杨先生这样学识渊博、品德高尚的科学家的时候，杨先生却与世长辞了。这是我国科学界的一个重大损失，使我们失去了良师益友，我们怎么能不悲痛呢？

我一定要化悲痛为力量，为祖国四个现代化的早日实现，尽自己的力量，在科学研究上求得新的成就。

（陕西人民出版社1981年第5月版《大丈夫只能向前——回忆古生物学家杨钟健》）

# 我所知道的杨老

刘 咸

先师秉志（农山）先生一生提倡科学研究，奖掖后进，不遗余力，居常谈及杨钟健少年勤学，发奋有为，是极好的青年学习模范。1928年春，先师来北京静生生物调查所工作，我那时在国立清华大学生物系任教，曾约我到兵马司地质调查所参观，并介绍与杨钟健相见，说他是地质学、古生物学专家，年轻有为，前途不可限量，嘱我多多向他请教，以收切磋之益。这是我认识杨老的开始。

1935年我因公到北京出差，承老同学鱼类学家张春霖邀宴，在席上再次见到杨老，畅谈甚欢；席散，同游北海公园。时值5月，序属仲夏，芳草如茵，明月在天，此景此情，如在眼前。

30年代，我在上海中国科学社主编《科学》，因编辑事务，与美国自然历史博物馆馆长奥斯朋通信。不久，他寄给我他自己著作目录二册，文哲科学，涉及范围很广。后来杨老也寄给我《记骨室文目》二册，有通论，有专论，有评论，有记游，有散文，而主要是地质学与古生物学论文，与奥氏论文目录先后媲美。我回杨老谢信说："吾兄与奥斯朋很相类似，治学方向相同，功业成就伯仲之间，都是地质学、古生物学、古人类学、先史学名家，蜚誉国际。吾兄是中国的奥斯朋，奥氏是美国的杨钟健。"两人相似之处，实在太多：早年都留学外国，奥斯朋是英国赫胥黎的学生，见过达尔文；杨老在北大是李四光的学生，毕业后留学德国慕尼黑大学，就学于施洛塞教授，专研古生物学；都在地质机关任职，在大学执教，培养后学，桃李满园；都到中亚探险，有所收获；都著作等身，饮誉文坛；奥氏以研究俾路芝巨兽见称，杨老以发现恐龙独步世界，许多恐龙学名都与杨老名字分不开，禄丰龙、莱阳恐龙等都是杨老鉴定的。

我每次来北京都要拜访杨老。有一次到古脊椎动物和古人类研究所，由杨老领导参观。看了恐龙蛋，他问我为什么蒙古恐龙蛋是椭圆的，而山东恐龙蛋是长圆的，我回答大概是种属不同，杨老说可能是这样。

1938 年国际科学与社会关系委员会秘书长、荷兰德尔福特大学河海工程学教授柏格斯，约我为中国代表兼通讯员，照章可组织各国分会。我在秘书长赞助下，以召集人名义组织中国分会，聘请各学科专家为委员，地质地学（包括古生物学）就请杨老担任。杨老见义勇为，承担任务。在秘书长的鼓舞之下，我们为了宣传中国科学成就，计划编辑《中国科学发展史》一书，用英文写作，由各委员担任写稿，定期交卷，由总会出版。杨老地质学英文稿最先交来，长十余页，内容丰富，包括周口店“北京人”发现在内。由此可见杨老不轻然许诺，遇事认真负责的精神。可惜当时因为抗日战事日急，我在写好三十余页引论后，尚未完全齐稿，即遭传讯搜查，勒令停止活动。因此该书未能与世人相见，辜负了杨老诸人的一番热忱盛意。

解放后，中国科学院成立，设编译局，由杨老领导，他邀我参加工作。我因久居上海，安土重迁，未能应命北上，有负好友美意，至今深以为憾。

以前杨老给我的信，我都保存着，可惜在“文化大革命”初期都遗失了。现在只有 1937 年 11 月 14 日他替我解答问题的一封信，也是他给我的最后一封信，很是珍贵。信中所述七个问题都是关于古气候、古猿猴的问题：（1）历史时期的气候变化恐不适用于地史时期；（2）第三发现的猴类和黄河猴不一定证明气候温暖，但也不能太冷，如何之处，要根据全部动物群化石作判断；（3）安氏猴见于河南渑池县；魏氏褐猿发现于四川盐井沟，盐井沟在四川万县；（4）中国长臂猿（指化石长臂猿）也是在万县；（5）四川猿学名是 *Szechanopithecus entsingensis*。(6) *Procynoce phalus* 可译狭头猴；翁文灏译狒狒，可采；(7) 其他（指化石猿猴）好像没有了，但请查科研文章，可能有遗漏。杨老治学谨严精神，于此可见一斑。

杨老学问渊博，造诣深邃，技术精湛，兼通多种外语，熟练拉丁文、希腊文，是长期刻苦钻研、锲而不舍精神所致。至于思想进步，品德高尚，待人诚恳，奖掖后进，平易近人，不以知识为私有，高风亮节，都是我们学习的榜样。

总之，杨老谢世，不仅个人失去了一位良师益友，实在是中国，也是世界损失了一位硕学大师。

（陕西人民出版社 1981 年 5 月版《大丈夫只能向前——回忆古生物学家杨钟健》）

# 怀念地质古生物学家杨钟健教授

徐煜坚

杨老一生关怀祖国的地质古生物事业，30年代杨老已是北京大学最年轻的古生物学教授，又是中国地质学会最年轻的理事长，并多次给我开导和指点。

1936年初夏，我是二年级大学生，刚念地质学，当时我们感到最伤脑筋的是古生物学，难懂难记，又是必修课。系里准备带我们到西山作一次地质实习，特意请来了杨老师给我们作报告。他语调低沉，陕西口音很重，但说得十分生动有趣，最后一句是："欢迎你们来周口店，我们有活鱼招待你们。"大家禁不住笑出声来。不久，我们来到周口店龙骨山，秃秃的山冈，干干的河床。周口店陈列馆里化石真多，人人都感到惊奇的是那面"鱼化石墙"，一尺来长的鱼池，活龙活现地鱼翔浅底，怎能不赞叹天公造物之妙。逼真的实物开阔了我的眼界和心胸。祖国真可爱，真理要追求！古生物标本柜不是枯燥的"药屉"，拉丁文标签也不是杂乱无章的流水账，随着自己认识和理解的不断加深，总不免想起启蒙老师的一番心意。偶尔自己心厌意懒，想到了像杨老一辈科学家的声容，自疚自惭，久久不能平静，打起精神，从头做起。

30年代大学教科书和参考书多数是外文写的，标本和幻灯片也是进口的。《地质论评》就成为地质系学生们喜爱的课外读物。就在那艰难困苦的岁月里，杨老不知费了多少心血，在《地质论评》和报刊上写了不少论文和新近发表的德文或法文写的地质古生物论文的述评。文章论点鲜明，材料确实而丰富，论证有力而逻辑性强，中肯恳切，深入浅出，打开思路，令人深思，字里行间处处鼓励我们："要有信心。责任心尤为重要。要有大公无私的精神。""对前人的工作，必须充分注意，充分了解。""要有人传道统，更要承继有人。""我们的工作当求精进。"所以杨老一向重视"普通与专门"，"科研与普及"相辅相成的辩证发展。杨老认为纯粹研究与实用问题是不可分的，把第四纪研究和人民的衣食住行有机地联系起来。金、锡砂矿、石膏、矽藻土、陶土、褐煤和砾沙泥土等石料，也都是杨老思考的问题。他很早就指出，"黄河长江的地文研究，为改进水利必要之工作"。他重视实物，重视观察，重视比较，把龙骨看做是国宝和一心扑在自然博物馆的工作上，这些都反映了杨老在学术上的战略思想。杨老在艰苦劳累的野外地质调查的时候，还关心劳苦大众的疾苦和悲惨的生活，记载在《西北的剖面》一书中，流露出一片爱国爱民的赤子之心。在20年代，还在求学的时代，写了《地震与人类的安全》《地震与灾异》和《地震浅说》。在那个年代，西北发生了两次大地震。地震教育了这位学地质的大学生。解放后，杨老一直十分关心地震的研究工作，是有由来的。

杨老是一位地地道道的地质古生物学家，以地质作为根基来研究古生物学。为了寻找真理，发掘和发现地表和生物变迁的历史，踏遍了祖国的"山原川"（这民间常用的三个字，杨老拿来概括锦绣山河的形态），从南口关沟、周口店龙骨山、山旺的"万卷书"、莱阳恐龙蛋、安阳殷墟，到"飞起玉龙三百万"的祁连山和白雪皑皑的天山；从黄沙漫天飞舞的白灵庙和白云鄂博到千沟万壑的陕甘黄土高原；从桔子洲头的白沙井、湖南红层，到山水甲天下的漓江和鬼斧神工的云南石林；从八百里秦川到五百里滇池；从万里桥边的巴山蜀水到天造地设的禄丰红色宝盆地（云南叫做禄丰坝子），都留下了杨老的足迹，都锤炼过杨老那一颗火热的心。从十几亿年的震旦系的叠层石（旧名圆夕藻）、几亿年的鱼龙龟和几百万年的人马牛，成吨的和上千件龙骨奔来杨老的眼底，注进杨老的心头。真是行万里路，读万卷书，写百万字，成一家言。杨老继承和发扬司马迁、沈括、徐霞客和李时珍等身体力行和寻根问底的优良传统，以千锤百炼的才华，自强不息的精神，博览强记的习惯，一丝不苟的作风，真知灼见的胆识，挥动生花之笔，谱写了我国古生物和环境变迁的史诗，为欧非两大洲古动物的对比研究提供了宝贵的原始标本，同时也给地球史和生物史填补了“缺陷”的章节。

杨老常说“大丈夫光明磊落，有始有终”，平生很欣赏德文GRÜNDLICH（意为根本的或彻底的），所以做事认真彻底，“绝对不取巧，而有一种笨干的精神”。1964年深秋，我们在西安召开第四纪第二届学术会议。他不顾秦岭北坡的山陡路滑，带领三位年老的地质学家，再度登临蓝田人的发现地点。特别给我教育最深刻的，莫过于他对待中国东部第四纪冰川的问题。本来，这是一个长期争论不休的老大难问题，各家都有不同的看法。从古土壤和古生物，甚至地貌分布来看，中外的专家学者多数倾向于怀疑和否定的态度。他十分敬重他的老师李四光教授。可是，根据古动物化石群的干热或湿热的环境生活，不同意李老师的看法。看法不同丝毫没有影响他们师生之间的情谊。30多年过去，杨老不顾年老、体弱、多病，几次来到北京郊区现场观察第四纪冰川的证据。经过对亲自观察得来的大量材料的分析和研究，他提出：“不注意冰川，必然要走歧路……”

1978年9月，杨老抱病出席了中国地质学会第四纪冰川及第四纪地质学术会议，又一再到现场踏勘。在《大力开展第四纪冰川调查和深入研究》的报告中指出：“冰川的研究是第四纪研究工作的基础……总的说来，第四纪冰川的研究与古生物、古人类和古文化的关系至为密切，不研究它，便使整个生物的进化失去了背景。”早在1974年杨老就指出：“关于冰川的研究只是万里长征的第一步，质的工作和量的工作还要充实……”

杨老给我的另一深刻印象是，勇于自我批评和从善如流，表现出胸怀坦白，事业心重和责任心强。正如杨老一向所说的：“是否为真理，自己夸口不行，还得用实践来证明。”“批评应从善意出发，目的是弄清问题，也使对方有所收获……既然是百家争鸣，就是以平等待人，用自由的方式进行讨论。决不能把讽刺、挖苦看做是百家争鸣，那是在嫩苗的地上驰马。谩骂不是战斗，冷嘲热讽也不是争鸣。”他引用罗曼·罗兰的话说：“我们每一缕的思想，只代表我们生命中的一个时期。倘若活着不是为了纠正我们的错误，克服我们的偏见，扩大我们的思想和心胸，那么活着有什么用?”“我们知道我们会错的。一朝发觉了我们的谬妄，我们要比你们批评得更严厉。我们每过一天都想和真理更接近一些。且待我们到了终点，再请你们判断我们努力的价值。”他这种严于责己的精神和他的严谨治学的作风是息息相关的。早在42年前，即1936年，他就指出：“因为科学的进步，一大半靠不满足现状，寻找问题，发现错误而加以更正”，“极重要的，就是自己要有认错的勇气”。这种几十年如一日的肝胆照人的气魄和风度给我一个榜样的力量。

人们不免要问，杨老的最大特点是什么？依我看，忠心耿耿，自强不息，顽强战斗，是他最突出的特点。杨老和病魔斗争，和错误偏见、无知斗争，兢兢业业，一丝不苟，心怀祖国和人民的安危，都是和党的教育分不开的，杨老对党更有深厚的感情。1978年秋天，他在庐山第四纪冰川会议上，意气风发，雄心勃勃地说：“在党中央的领导下，我们拼老命大干一场。”他老人家说出了老知识分子心坎里的话，可惜他在这以后不久就永别于世了。然而，杨老精神不死。我们要以他为榜样，继续“拼老命大干”，为祖国的四个现代化贡献力量。

（陕西人民出版社1981年5月版《大丈夫只能向前——回忆古生物学家杨钟健》）

# 回忆父亲二三事

杨新孝

## “娃，我走了！”

童年时，家住石老娘胡同十五号，那是一所四合院房。对于它，印象已经模糊，至今鲜明记得的景物只有两样，即院内两棵很高的海棠树和父亲的书桌。

那是北房中靠东的一间，沿墙放满书架；书桌对着南窗，桌上堆着许多奇形怪状的骨头和石头。他在家时多是伏在桌上写字看书，我们小孩子是不准走近，更不许动这桌上的东西的。因而我更觉得那是家中神圣的一角。

父亲很忙，并常出外，很少有与我们小孩子说笑的机会。

一个凌晨，我在睡眠中突醒。只见父亲俯在我和弟弟身旁，面色大异平日，他站着沉默了一会，说道：“娃，我走了！”话毕，即转身出了房门。我们为这个异常情形所震惊，哭了起来。

多年以后，我才知道当时日寇占领北京，父亲不愿为敌伪服务，毅然离开美满的家庭，秘密南下。可以说，从那时起，我的童年就结束了。

## “学地质要全力以赴”

我在报考高等学校前，请父亲指示应报考什么专业。他说：“这是你早该自己决定了的。少年立志，应当有自己的志愿。不过，我的意见是学点实用的东西。”

那时我常去北京图书馆，偶然结识了一位北大地质系的学生邓金贵。有次交谈时，他对我说：“你应该学地质，你不学地质就不会真正了解你父亲。”

我考入东北地质学院了。离京前，父亲与我谈话，他说：“学地质要全力以赴。不但用脑子，还要用手、用脚。有一般人吃不到的苦，也有一般人享受不到的乐趣。你眼睛近视，常去野外远眺会有好处的。”

二年级开水文地质一课，我做了课代表，暑假回家便问父亲水文地质是什么。他只答了一句“水文地质就是地质”，便不再往下说了。我在很久以后才对此若有所悟，父亲那话言简意赅，也许他有感于综合博括之重要吧。

## 香山之游

“文化大革命”后，父亲因年高有病，上半天班。实际上他每天下午在家仍是看书写文章。1975 年秋我来京，一天，父亲问我：“明天一起去香山好不好?”我从未去过香山，况且是同父亲去，很为高兴。次日是星期天，我们乘车一到香山，便开始向山上攀登。一路上，父亲不时指点着路边的沉积物，对我说：“这样的沉积不是冰碛是什么?”我们走到玉华山庄时，一些游人都用钦慕的目光，望着满头银发但却步履刚健的父亲，有人竟趋前问他多大年纪，他笑着回答后，听者无不惊奇地赞道：“这位老先生真棒!”父亲在那里坐了一会，望望山头说道：“去不成上头了。”饭后步出园门时，他又回过身来指着山上对我说：“你看，这是很标准的冰斗地形啊!”

我此游甚乐，诌成歪诗数首，写足一纸呈给父亲，其中一首是：“惭愧平生方一游，霜林斑斓香山秋，秋光真比春光好，父子登临俱白头。”直到他逝世以后，我在整理他的书架时，在一个他题为“古今字画”的纸盒中，忽然看到我写的那张纸，我仿佛遭到一震……

## “大丈夫只能向前”

父亲为人相当严肃，在家中亦不苟言笑，多半时间捧卷执笔。但是自从建国以后，他的精神明显开朗。他入党后不久收到一位老朋友的信，适值我们在旁，他看完后笑道：“说我思想先进，愧不敢当；只是大丈夫只能向前，哪有退后之理!”

有一次我乘火车，买到预售票后，他问我：“开车是什么时间?”我漫不经心地答道：“八点多。”他严肃地说：“早八点，还是晚八点?八点多，多多少?”当我说出精确的时间后，他又说道“办任何事都不能马马虎虎。有副对联是‘大概也许可能是……’”，他没有说完就大笑起来。

父亲有个小本子，专门记了许多对联和歇后语等，他在谈话中常常引用，诙谐幽默。他从小酷爱诗词，老来弥笃。在这方面，他也经常对我加以指点，有时并与我辩论起来。有次他叫我查两句诗系何人所作，当时我翻了十几本《四部丛刊》，没有查到，也就搁起。事隔一年，他问我：“叫你查两句诗，查了一年还没查到?”并叫我去图书馆查《佩文韵府》，但我未能去成——父亲！我终于没有全力以赴。即使我现在找到了那两句诗的出处，又怎能再博您一笑!

家中现在还挂着一幅油画，那是1973年父亲生日，慈孝弟精心绘制的。画面是父亲在野外工作，手执地质锤，栩栩如生。我看了后，遂在画上写诗一首，诗云：“曾投戈壁纵边马，行过天山射黄羊。几处红层定组统，若多灰骨扩科纲。域中独步推初祖，海外名家接远芳。甘为人民涂肝胆，满头白发不辞忙。”曾几何时，慈弟与他老人家在半年间永远离开了我。但愿父亲的高尚品质能够有所影响，但愿我的行动能够达到悼念父亲的高度，这也是我写这篇平淡无奇的小文的祈望。

（陕西人民出版社1981年5月版《大丈夫只能向前——回忆古生物学家杨钟健》）

# 怀念杨先生

王存义

杨钟健先生是我国古脊椎动物学、古人类学的首创者。他为我国古生物学事业做出的许多卓越贡献，将永世长存。我在杨先生领导下工作多年，他那不怕险阻艰难、勇敢创业的精神，他那兢兢业业、勤勤恳恳的工作态度，以及那光明磊落、关心同志的思想作风，都深深地铭刻在我的心里，我永远怀念着他。

## 颠沛流离　工作未辍

抗日战争爆发后，日本帝国主义者在北京城里横行肆虐。许多不愿做亡国奴的志士仁人，纷纷奔向后方，或参加抗日队伍，或投入其他抗日工作。就在这样的时刻，杨先生由朋友协助，于 1938 年也离开北京，尝尽了颠沛流离的苦头，最后辗转到达了昆明。

在那烽火连天，生活无着，连生命也难保全的环境里，杨先生寻找化石，坚持科学研究的事业心，却从来丝毫没有动摇过。他一到昆明，便立即忙碌起来，整天四处奔走，物色人员，组织班子，找地方铺摊子，安身工作。在他的积极努力和苦心筹划之下，昆明工作站很快成立，古脊椎考察和发掘工作逐步展开了。

杨先生离开北京后，我一直在探听他的下落。得知他安全到了昆明，并且在那里成立了工作站的消息，我心里真有说不出的高兴，下决心到大后方去找他。于是，通过新生代研究室，历经许多周折，终于走出了沦陷区，到达了昆明办事处，见到了杨先生。从此，我们又一起工作了。

## 踏破铁鞋 唤醒了禄丰龙

在昆明，杨先生主持着工作站、临时办事处和新生代研究室的工作。当时，聚集在那里搞地质测绘的有十来个人，新生代研究室有六七个人。在那国难当头、兵荒马乱的年代里，这六七个人凑到一起已经很不容易了。可以说，新生代研究室已经初具规模。

可是，就这样几个人在城里仍然不能安稳地工作。因为日本法西斯的飞机常常侵入昆明上空进行狂轰滥炸。为了躲空袭，杨先生决定把研究室搬到乡下去。我们来到离城十多里的瓦窑村，找了一个旧关帝庙，当做临时工作点。这个关帝庙由于长期以来不进香火，也无人管理，所以，破烂不堪。不仅墙壁透风，屋顶漏雨，而且垃圾堆积满地。杨老领着我们先把庙里的垃圾清除掉，用泥巴糊住透风的墙壁，又找了几个案子支起来了，当做办公桌和工作台，就开始工作了。杨先生当时很有感触，挥笔写了一首《关帝庙即景》：

三间倭屋藏神龙， 闷对枯骨究异同。
且忍半月地上垢， 姑敲一日份内钟。
起接屋顶漏雨水， 坐当脚底空穴风。
人生到此何足论， 频对残篇注路穷。

这是一首写景抒情的诗，是写给我们大家的。他还鼓励我们大家说："在这里开发西南红层的研究是很有希望的，禄丰盆地就是一个理想的试点。过去洋人因为人生地不熟，转了几次都没有找到什么化石。我们耐心仔细地找，一定会有所发现。"读了他的诗，听了他的话，大家眼界开阔，增强了采集发掘化石的信心。实际上，杨先生的这次谈话，是野外考察前的思想动员。当时我们就按照他的安排整装出发，前往禄丰去了。

昆明的天气，一年到头，四季如春。既没有南方那样酷热的夏天，又没有北方那样严寒的冬天。我们走了大半天路，来到一个小坝子地下边，这就是禄丰县城。一眼看去，城外到处是山坡地，不是沟坎，便是峭壁。我们从过去的经验知道，这样的环境，正是最容易发现化石的地方。落脚以后，大家便兴头很高地开始了紧张的工作。我和卞美年先生顺着坡面仔细地察看好的露头。绕了一沟又一沟，观察一坡又一坡，聚精会神地盯着那有希望的坡面。跑了好一阵子，总算找到了一小块化石。这一发现使人大为振奋，因为它预示着在这里很可能有重大的发现。

功夫不负有心人。经过我们踏破铁鞋，反复深入地寻找，一个化石宝穴终于被发现了。那是多么令人兴奋啊！我们伏下身子，小心地抠开宝穴，化石逐渐裸露出来，已经看得清楚，禄丰龙头向外，肢体骨斜卧在里边。禄丰龙被唤醒了！顿时，参加现场发掘的人们，高兴得跳了起来，欢笑的声音，响彻山谷，禄丰盆地沸腾了。从此，禄丰这个偏僻的地方便名扬天下，成了举世闻名的化石产地。禄丰龙的发现，又一次证明了杨先生的预言，是那么准确！

禄丰龙化石产地，位于禄丰县城东北十多华里的沙湾。离这不远的坡面上，化石很多。不言而喻，当时的发掘仅仅是一个开端，大量的工作还在后头。按一般的野外发掘需要，我们应当在化石产地安营就宿，以便采掘和搬运化石。可是，这里山坡下人烟稀少，只有两户人家，住着两间茅屋，生活很艰苦，无力给我们提供方便。所以我们决定回到县城去住，每天早出晚回，自带午饭干粮。由于条件所限，只好小规模发掘，挖一点化石，在现场包糊好，编上号，重要的部分标本当天随身带回，一般的化石寄存在老乡家里，每隔几天往城里运回一批。我们就这样一天天地挖掘、搬运，一连干了三十多天，除挖出一个完整的禄丰龙外，还在附近的山坡上，采集了好多不完整的化石。

禄丰的工作，自始至终都是由杨先生主持进行发掘和研究的。他在室内整天忙于写作，晚上还到办公室去，点起小油灯，整理标本，端详着每块化石，伏案提笔写出一页一页的研究报告。1939 年发表了《禄丰蜥脚类恐龙的初步研究报告》这一著名论文。

回忆杨先生那年过古稀、壮志未泯的精神，我确实是由衷地钦佩，深受启示。让我们团结在党中央的周围，同心同德，努力攀登科学高峰，为我国四个现代化多做贡献来怀念杨先生、学习杨先生。

(陕西人民出版社 1981 年 5 月版《大丈夫只能向前——回忆古生物学家杨钟健》)

# 严肃的老师　热情的教诲

王永焱

杨钟健教授是我国卓越的科学家，是我国古脊椎动物与古人类研究的奠基人，也是我国古脊椎动物与古人类研究人员的热情培育者。他高尚的政治品德，严肃认真的治学态度和诲人不倦的精神，永远是我们学习的榜样。

杨钟健先生虽然没有直接给我教过书，但在和他的接触中，我受到了不少的教益。他对我有严厉的批评，有热情的帮助，他是我严肃的老师，亲切的鼓舞者。

1947 年，由于我年轻无经验，工作缺乏严肃认真的态度，把一块有缝合线的圆形骨化石，在未修理清楚前，误认为是人头化石。事情传了出去，杨老知道后，对我进行了严厉的批评，使我震动很大。以后陕西大荔人头骨及其他一些古人类化石发现后，我们能严肃对待，这和杨老早年对我的批评教育很有关系。杨老对我不仅有过严厉的批评，也有热情的帮助。1950 年在北京召开全国自然科学者代表大会期间，他看到我时，还很关心我的工作。他要我把 1946 年至 1947 年在甘肃武都龙家沟发现的骨化石赶快研究出来，他说："那样多的化石是难得的，要赶快研究出来，有困难时，我们帮助你。"杨老这种热情支持科研工作的精神，使我深受感动。

1962 年夏，杨老来西安，我们请他到西北大学地质系，参观我们在黄土研究时采到的哺乳动物化石，并请他提出指导意见。他很高兴。不仅对化石的鉴定作了仔细的审查，还说这样丰富的化石，应该搞个陈列室，把化石陈列出来，供教学和科研的使用。在杨老的鼓舞下，我们的陈列室很快建立了起来。1964 年在西安召开全国第四纪第二届学术会议及蓝田新生代现场会议期间，杨老又来到西北大学地质系，参观了我们的古脊椎动物化石陈列室。一进门他就笑了起来，说这个房子变了样（1962 年他参观化石时就在这个房子里），最后他竖起大拇指说："全国高等院校的第一个古脊椎动物化石陈列室。"说明杨老看见别人工作有成效时，他就高兴。杨老这种态度，使我们大家深受鼓舞。

1977 年春，我有事去北京，到古脊椎动物与古人类研究所看望他老人家。他的健康较前差得多了，听力也很差，但他那诲人不倦的精神并未减退。谈话中他问我，你们研究黄土时研究不研究古气候？这个问题很重要，我们研究古脊椎的人，过去疏忽了这一点，今后第四纪研究方面要重视这个问题，要从各方面研究第四纪古气候的冷暖变化。这些谈话既有卓越的远见，也有自我批评，听了后使人倍感亲切，深受教益。现在我们的黄土研究中，古气候作为重点内容之一，是和杨老的指示分不开的。

我虽然和杨老的接触有限，但在每次接触中都受到教益。他是我严肃的老师，也是热情的帮助者。

（陕西人民出版社 1981 年 5 月版《大丈夫只能向前——回忆古生物学家杨钟健》）

# 怀念杨钟健老师

刘宪亭

"光阴似箭，日月如梭。"年纪稍长的人都能体会到时间的宝贵，古人对时间的认识更是深刻，上面这八个字概括得多么实际，多么形象啊！杨老在这方面更为认真，他对那些不知爱惜时间的人，深为不满；对爱时惜阴的人倍加赞扬。杨老的一生也贯穿着爱惜时光这一根线，在古脊椎动物学上立下丰多的功绩。

## 脚踏实地，一丝不苟

1963年正当柿子熟了的时候，杨老来到了河南济源县王屋山一带视察。当时我所一个工作队正在那一带进行脊椎动物化石的调查发掘。这个工作队是由王择义先生（已故）带领的，参加的人有山西工作站的尤玉柱、王向前、武英，及我所的周家健、邱子峰。等我按计划由新疆回来，再赶到河南济源时，队上的工作已进行了一个阶段了。由于那时候工作队没有自己的交通工具，全靠两条腿走，从住所到山上，每天爬上爬下算起来都不下数十里，还不计在山坡山沟里寻找化石过程中所走的里程。尽管我们已经工作一个多月了，但只调查了西承留到王屋一带的几个化石点，如西承留的马凹，大峪的槐疙疸梁，王屋的高楼、小鬼河等处。出露的地层有晚古生代的上石盒子统①，中生代的石千峰统、二马营统、延长统等，也有老第三系②出露。在二马营统也发现了一些化石。从出露的地层与所含的化石来说，与晋东南的

①②统、系是地层划分单位的名称，全有其特定的时代。

武乡、榆社，晋西北的宁武一带的地层基本可以对比，只是在化石上没有那么丰富。

11 月初接到所里的电报，说杨老到新乡地区视察，也准备到我们的工作地点看一下。这消息使队上全体人员非常兴奋。请他老人家看哪里？路线怎么个走法？当时杨老已接近七十高龄，耳略有点背，但不妨碍交谈，腿脚还可以。不过太难走的地方还是不去为妙，何况时间并不充裕，要有足够的休息时间。我们总认为安排得比较恰当，县里负责同志也认为很好，并说尽量把车子开得靠近一点。

11 月 6 日杨老到了济源，随同前来的是青年技术工人张宏。张宏陪同前来，杨老是有打算的，以便在哪里有所发现，就可立刻动手挖出来，因为小张是有十多年发掘工作经验的工人了。这且不必细谈，当我们将初步拟定的方案向杨老汇报后，他老人家便问道："所有的重要化石点与有关地层全看得到?""为什么不去槐疙疸梁看看呢?"我们如实地讲了情况，他老人家最后决定，即或不能到达地点，隔沟望一下也好么！杨老的想法就是耳听为虚，眼见为实，尽可能做到实地踏勘。凑巧的是，就在由王屋去槐疙疸梁的路途中，当车子在山路行进时，杨老突然叫司机停车，用手指着说："那块石头上有足印。"那是一块不到半平方米的长方形石片，斜倚在路旁不远处。大家走近一看，果然为足迹印痕。这说明杨老虽然有车代步，没有沿山"乞讨"，但却全神贯注地观察着一切，在场的人，无不感到敬佩。

8 日上午去王屋山阳台宫看小鬼河地层剖面，出露的地层是石千峰统。因为前几天我们是沿小鬼河谷由西向东看过来的，这次车子走在谷右的山阳坡，而且是由东向西行进。行至山凹处，我估计转过山角就可看到所要看的地层关系了。停车地点距山凹转角约有 200 米远。我想请他老人家稍等片刻，我先去核实一下，是否看得见，免得走冤枉路。可他老人家满不在乎，径直前往，并告诫大家，干这一行最重要的是"勤"字，要腿勤、口勤、眼勤、手勤，任何机会都不能放过。并说：我当年在某地调查时，一上午毫无所获（指没找到化石），在吃午饭时一边啃馍，一边锤锤打打，找到了化石线索，接着有了不小收获。杨老的一言一行给我们很大启发，在工作中勤恳努力，一丝不苟的精神，太值得我们学习了。

杨老也不是终日在紧张中度过，有时也轻松一下，以解疲劳。他常常兴致勃勃地作诗填词，也喜欢对对联儿。有一天从野外回来，坐在桌旁等待吃晚饭。杨老笑了一下，这是他老人家觉得这一天过得很有意义时的表情。跟着开言道："我说上联，你们对下联吧！'在河南看河南，河南河北一片平'。"静等别人对下联。我思索了一下，说："登山峰望山峰，峰左峰右遍地红。[①]"杨老听了，很风趣地哑然一笑！

## 老骥心红，战斗到底

我初次见到杨老是在1946年初秋。裴文中老师给我们介绍说："这就是杨先生，这是刘宪亭，我代你收的徒弟。"简短18个字，明确了关系，不久也确定了我的业务方向。杨老在脊椎动物化石研究上涉及的面是相当广的，"从鱼到人"都接触过，尤其对爬行类化石研究得更为深入，写了很多文章，有他自己的独创见解，为我国爬行类化石的研究奠定了雄厚基础。另外对新生代地层也颇有研究。大家知道，过去搞这方面学术研究并不容易，尤以创业更为艰难，一个人若没有坚强的毅力，勤奋的精神，往往是难有成就的。所以杨老的坚强事业心，与孜孜不倦的治学精神是很突出的。他老人家的组织能力与气魄是众人皆知的，心中有学科发展的远景，有比较实际的安排，有明确的奋斗目标，能分别轻重缓急，按照需要与可能布置工作，能有条不紊地分阶段地来实现规划。由于他老人家的热心和努力，才使这个学科得到了发展。

尤其自1956年后，杨老在党的教育下，在群众的支持下，更是壮志满怀，决心在事业上做出更多的贡献。在这以后的十年中，他老人家在研究上更取得了很好的成绩，又写出了有关古脊椎动物、古人类，及新生代地层这三方面的研究展望，这种远见卓识的指导性文章，不但有着长远的意义，而且在今天也有现实作用。我们大家在杨老的带动下，真是信心倍增，干劲十足，在工作上加班加点的人为数很多。

①石千峰统的岩层呈现红色。

当时的古脊椎所学术空气浓厚，个个斗志昂扬，皆愿为发展中国的脊椎动物化石研究做出贡献。

杨老提倡学术上的自由争论。杨老早就明确指出，学术研究不能搞少数服从多数，在学术问题上允许各自保留个人的见解。有人在一个问题上持不同的观点与认识，他让你发表，包括反对他老人家观点的文章。杨老常说“白纸黑字，文责自负”，鼓励大家在学术问题上勇于发表不同见解。杨老确实贯彻了百家争鸣的方针，这种学术作风不是更值得后来人学习吗？再者，杨老勇于坚持科学的态度，始终没有放弃自己的正确观点。1966 年秋开始，他的一些观点与设想，连同他本人，都遭到了攻击。但他并没有放弃自己的看法。他认为合乎客观规律的认识，要勇于维护和坚持，才算忠于党，忠于人民。他看不起那种“墙头草”，敬佩苍松翠柏与冬梅。故而在那窘迫的岁月，他老人家也没放弃学习，依然坚持工作，伏案观察化石，撰写文章；明知道文章尽管写出来，也不能付印，但他还是一字一句地认真地描述化石，阐明观点；并把写好的稿子装订起来，收存好。苦雨终风也解晴。他老人家相信妖风刮过，会再现出青天的。有一次，杨老听到朱德同志的扁担，被一些人从井冈山博物馆中撤掉了，有的人还得意地到处喧嚷。他愤愤地说：“真是岂有此理!”杨老是尊重历史事实的人，认为过去的历史不能随便更改，这样会闹出大笑话的，会失人心的。杨老是抱着我行我素，凭良心办事的人。他为人光明磊落，待人以诚，遇事能从大局出发。平生最厌恶的，是那些搞阴谋诡计的人。

杨老也非常重视礼节。在他临终前几天的一个下午，我陪同院干部梁思萃去探望他老人家。他虽在病痛折磨、坐卧不安的情况下，仍屡屡道谢。我们不忍使他老人家耗费精神，以便让他安静养病，就悄悄地退出病房。万没想到这是最后的一面。杨老虽然离开了我们，但他为革命事业献身的精神，他的品德是永存的。

（陕西人民出版社 1981 年 5 月版《大丈夫只能向前——回忆古生物学家杨钟健》）

# 杨老对编译出版工作的贡献

吴凤鸣

中国科学院编译局1950年1月正式成立，杨钟健教授担任第一任局长。他按院务会议的要求，积极热情地投入了组建工作。经过两三个月的辛勤努力，工作进展迅速，编译局从无到初具规模，表现了杨老的组织才干。在1954年筹建科学出版社时，他也亲自奔走，主持筹建。

三十年来，杨老一直担任中国科学院编译出版委员会副主任，在领导和组织这一工作的活动中，一贯严肃认真，付出了辛勤的劳动，取得了显著成绩，不愧为中国科学院编译出版工作的创始人。

杨老在任编译局局长时期的工作，主要有以下几个方面：

（一）积极规划出版全院性的综合期刊。在编译局成立后不久，在郭院长及其他领导倡导下，杨老积极筹划出版了三种刊物：

1.《科学通报》，是综合性月刊。内容偏重于报导院科学工作进展情况，国内外科学动态，以及介绍外国先进科学知识和先进技术成就。二月份筹备，5月15日出版了创刊号。

2.《中国科学》，是综合性学术季刊。当时的内容包括社会科学和自然科学，其性质是发表我国科学家的研究学术论文。三月份筹备，七月份与读者见面。

3.《科学记录》，是综合性外文学术季刊。原为前中央研究院所编，出到第二卷中止。中国科学院成立后，为了便于国外交换，促进学术交流，决定继续出版。四月份起着手征稿编稿，八月份就出版了。

杨老对这三个全院综合性学术刊物十分重视。从设想、规划、筹备、组织编委会以及每个刊物的具体内容、编审工作等，他都亲自参与、主持。

记得当时龚育之对《科学通报》的内容提出批评意见，杨老还亲自登门拜访，征求改进建议，表现了杨老对工作严肃认真和谦虚的美德。

这三个刊物出版后，对国内外学术界有重大影响，对推动科学成果的学术交流起了良好的作用。这三个刊物直到今天，仍然是我国学术界的重要园地。

（二）积极组织科学名词的审订工作。科学名词是科学工作者进行学术交流的语言和工具，杨老作为一位自然科学家深知其重要意义，故十分重视和珍惜原国立编译馆所编订的各学科名词资料，多次亲自交涉，书写专题报告，请求在国家文委统一领导下，联合各有关机构建立学术名词统一工作委员会，拟订学术名词初步方案。在杨老的积极组织下，编译局担起了自然科学各学科学术名词的审订工作，推选了118位各学科的专家做学术名词审查委员，动员了一批老一辈科学家议定各学科的名词术语。为了适应这项工作的开展，在院领导下，由编译局设置了专门名词编辑室，作为委员会的办事和编订工作机构，物理学家杨肇燫、鸟类学家郑作新、地理学家林超教授等，都曾在该室工作过。

杨老和这些科学家的共同努力，为自然科学学术名词的统一和制订工作，奠定了良好的基础。

（三）调整和整顿院属各研究机构的出版物。当时院属的各研究机构有23个单位，这些机构在解放前都有自己的出版物，有的研究所有两三个刊物，但刊期间隔很长，也比较分散。根据院务会议的精神，杨老尽了很大的努力，多次主持会议，专门讨论调整和加强这些出版物的管理。

随着1950年5月间科学院研究机构的调整，对各所原有刊物做了合理的调整和安排，为各研究所以后科研成果的推广与交流，创造了有利的条件。

（四）重视各专门学会期刊的出版。1950 年 2 月间，在杨老的倡议下，编译局邀请 17 个学会负责人和有关科学家，举行了一次学会期刊问题座谈会。出席这次座谈会的有天文学、数学、物理学、化学、药物学、生理学、心理学、昆虫学、海洋湖沼学、地质学、地理学、地球物理学、古生物学等方面的科学家 22 人。

根据这次座谈会的意见和要求，在杨老主持下，草拟了《中国科学院扶助国内各重要专门学会、研究会等刊行科学期刊办法》，并呈政务院文委第七次委员会议通过，同时还草拟了《中国科学院刊行专门图书试行办法》。两个《办法》有力地鼓舞和调动了科学家们撰写学术论文的积极性，为各学会出版学报创造了条件。此外，杨老还很重视出版专门论著和翻译国外先进科学成就的著作。

杨老对编译出版工作是抓得很紧的。当时全局人数也只不过十五六人。到了 1950 年 9 月底，除了三种综合性院刊外，还有《中国地球物理学报》《中国化学学会会志》《中国动物学报》《中国昆虫学报》《中国植物学杂志》《地理学报》《地质论评》《中国土壤学会会志》以及《中国地质学会会志》《中国古生物学会会刊》等十余种学术刊物相继出版。到 1952 年初，还编译专题论著三四十种，学术名词十六个学科之多。

（五）杨老重视培养青年人。杨老无论在组建和主持编译局，还是筹建科学出版社的工作当中，始终十分重视编译人员的选拔。在短短三个月里，能集中懂得自然科学的编译力量近 20 人，已是当时三个业务局中最具规模的单位了。这批编译力量为以后中国科学院系统专业编译队伍的成长和发展，奠定了有力的基础。

杨老对编辑工作要求十分严格，因为他自己曾在中国地质学会、中国古生物学会多次担任编辑工作，有着丰富的经验。他一贯主张选拔自然科学编辑必须德才兼备，还须具有下列三个条件：（1）有相当水平的自然科学专门知识，对本学科专业有一定的造诣；（2）有一定的文学素养；(3) 还要有一定的组织工作才干。杨老的这种培养自然科学编辑的要求和标准，一直是指导我们编辑人员奋发努力的方向。

在编译局时期，杨老竭力培养编辑人才，有计划地推荐一些青年进高等院校深造，或在职进修，提高编辑人员的业务水平和工作能力。他们当中许多人现在已是科研战线和编辑出版战线的骨干力量了。

说到杨老培养青年人的功绩，我个人体会倍感亲切。1950 年我参加编译局工作时，还不是学地质专业的，搞自然科学编译工作困难重重。杨老在工作中亲自教导我学习地质学知识，指点我树立专业思想，刻苦学习。记得在我去参加抗美援朝的年代里，杨老还多次写信鼓励我不断前进。复员后不久，杨老又推荐保送我进北京地质学院进修地质专业。当我三年八个月的学习结束来局里的时候，杨老为了集中精力从事科研工作离开了编译局。但他热心为科学院系统培育编辑力量的革命精神，却铭记在我们的心中，永远激励着我们奋发努力。

杨老离开领导编译出版工作后，还经常关心出版工作的进展，几乎每年春节都邀我去他寓所畅谈出版情况，特别是地质古生物的出版情况，他有时也专程来科学出版社了解情况。记得 1978 年的一天，这位八十高龄的老科学家又专程来社，对出版物稀少、周期长、质量问题等提出了批评意见，多么值得珍惜的鞭策啊！这已是最后一次表达他对科技出版工作的关心。

(陕西人民出版社 1981 年 5 月版《大丈夫只能向前——回忆古生物学家杨钟健》)

# 点点滴滴的回忆

刘后一

杨钟健教授是世界著名的古生物学家。他一生的事业、成就，都记载在他的600多篇著作中，且早已为本门学者所熟知，就省得我费笔墨了。这里，我只就记忆所及，写下一些琐事，从中反映出他老人家思想、为人之一斑。

我是1953年夏天从东北分院调到中国科学院编译局工作的。他那时候是编译局的局长。作为初出茅庐的小伙子，我对这位科学家领导人是怀着敬畏之心的。何况有位先来者告诉我，局长“有点个性”。这就更使我不敢去接近这位“首长”了。

可是他却先找我来了。

那时我们正在筹备成立工会。我是在东北入会的“老会员”，所以帮着办一些筹备工作。这一天，他把我叫到他的办公室，向我了解了一番工会工作的情况，同时也提出了参加工会的要求。出来后，我把这消息告诉大家，大家都很兴奋。申请入会的人更踊跃了。

办完了一切审批手续，工会发展了一批会员。杨钟健局长第一批入会了。晚上，我们工会小组开了一个会，欢迎新会员。杨钟健在会上表示：过去对大家关心不够，以后要多多接近群众，希望大家对他多多监督，多多批评。

从这以后，我开始改变了先入为主的成见，觉得杨局长其实是一个平易近人的人。

那时候我和周家兴正在翻译苏联纳乌莫夫的《脊椎动物学》。为了保证质量，我们请了一些脊椎动物专家审稿：寿振黄、郑作新、李汝祺、顾昌栋、周宇垣等等教授，也请杨钟健教授审阅某些篇章。

杨老仔细地看了译稿上册，对我们进行了鼓励。所谓“后进文章拙亦夸”[①] 吧。杨老还对学名的翻译作了讲授，他说：那些拉丁学名都是有意义的，最好意译个名字，实在弄不清，也应音译一个。

对我印象最深的是他支持了我的一个译名——爬行动物。

原来，在解放前和解放初期，大家都把 Reptile. Пресмыкающиеся 译作爬虫。根据这些名词原来的含意，我认为译作爬行动物好一些。把龟、蛇、鳄、蜥叫做“虫”也不大合适。(虽然我国古代人泛指动物为“虫”，但现代大多数人都是把无脊椎动物叫“虫”的)

当时，周家兴还跟我辩论过，他说：“蛇不是叫长虫吗？哺乳动物中的老虎不是叫大虫吗？如果把爬虫译为爬行动物，那大爬虫岂不要叫‘大爬行’了吗？”

我说：“为什么要叫大爬行呢？叫大的爬行动物好了。正像大的哺乳动物我们并不叫‘大哺乳’一样。”

我们请杨老裁决，杨老支持了我的意见。还说，拉丁文 *Repto* 也是爬行的意思。从此，我们书上所有爬虫都改译为爬行动物了。

《脊椎动物学》下册送给杨老审阅后，杨老告诉我：“译文中讲到原始马只有猫那么大，不确切，实际上比猫大些。”我说：“原文就是这么说的呀！”杨老笑着说：“不要迷信原文，外国书也有错哩！”

后来，我在译稿上加了个译注，用了杨老那句话：“实际上比猫大些。”书出版后，曾看到动物学杂志上有篇文章中还顺便不指书名地批评了一句：“为何不直说‘有狗那么大’。”但我想：我们的译注是针对原文而发的。

1957 年，这时杨老是古脊椎动物研究所所长，我考进这个所当了杨老和周明镇先生的研究生。虽然主要由周先生指导，但是杨老还是经常召集我们六个研究生谈话，了解我们的学习情况，鼓励我们坚持到底。

①老舍：《诗谢郭老秋雨中来访》诗句。

杨老讲话很风趣，常说，“你们六个人是‘同年’，要团结互助。”

1957 年，我们所办起了《古脊椎动物学报》，开始，由各研究室的研究人员轮流负责编辑。有一天，杨老把我叫去，说学报里错误很多，这是因为没有专人搞，搞的人编辑业务不熟的缘故。“你搞了好几年编辑工作了，是不是兼管一下？会者不难嘛！”

我当时是工会委员，成天忙着出黑板报、办夜大学、工会图书馆等等，简直没有时间学习。周明镇先生都为我担心，怕我完成不了研究生学习任务。因此，我一听说要我兼管学报，就感到很为难。

杨老一见我面有难色，知道我是怕影响学习，就开导我：“其实这也是学习过程，边学边干。并且，这事总得有人干，你多干一点，别人就有时间多搞点研究工作了。”

我答应了下来。

我知道，联系实际工作学习，这也是杨老教学方法的一种。来所以后，他让我们整理标本，办展览会，当讲解员，出差发掘，回所修理标本等等，都是让你边干边学。别人不知道怎样，我个人的体会是：通过这些工作，你就得去了解一些事情，你就学习了一些知识。当然，学习，也包括读书；而读书，也不是光读本门业务书。他主张和其他学科人员交朋友、谈话，还要博览群书，包括读游记、读名人传记，甚至读侦探小说——他认为侦探和研究有共通性。

曾经有人反对过杨老这套说法，但我认为这些说法还是很有道理的。

“文化大革命”中，有人贴大字报，说杨老和所里职工谈话喜欢问人年龄，然后拿成名成家思想鼓励人家。问年龄的情况，我也碰到过多次，“成名”问题嘛，看你怎么理解。

记得是 1970 年的一天，在杨老家里，谈笑间，他问我：“四十几了？”

我说：“快五十了。”

他当即摇头叹息说：“四十、五十而无闻焉！”

这是孔夫子的话。“闻”，一般人的理解就是出名。贾宝玉的理解是发达做官。可是贾代儒说：“‘闻’是自己能够明理见道，就不做官也是有闻了。”至于杨老引用这句话的意思，根据他平常的言行，我体会是“一个人到了四五十岁，应当在工作上有点成就了”。也就是说，应当“有所发现、有所发明、有所创造、有所前进”了。这样说，有什么不对头呢?

1976年的一天，我送《化石》该年第一期到他家去。他接过刊物，就翻到了那首《喜马拉雅行》的诗，读了起来。读完了，点点头，就问这作者“湘江”是谁。我说这是张锋给我取的笔名。张曾问我：“来个气魄大的怎样?‘长江’还是‘黄河’?”我说：“我是小人物，气魄别太大了吧!”于是就给我写了个“湘江”。

杨老笑着说：“我也用过笔名，可是现在我是行不更名，坐不改姓的。因为，不管你用什么笔名，说了错话，还是要你负责的。”

我说：“可是，现在有这么一股风气，谁爱写写文章，搞搞翻译，就要扣上个名利思想的帽子。所以我发表科普文章，都是用的不同笔名。”

“这不是什么名利思想。”杨老看透了我的顾虑，严肃地说：“这是荣誉，也是负责任的表现。学报上的‘古叶红’、‘高红湘’，将来找谁呀?”

我听到的杨老最后一次公开讲话，大概是开完五届人大以后，在所里作的传达报告吧。他当时很兴奋，说了很多话，鼓励全所同志们为四个现代化贡献力量。最后引了一段话，有的人没有听懂，会后还来问过我。这段话是：

“古之君子，其责己也重以周，其待人也轻以约。重以周，故不怠；轻以约，故人乐为善。”

这是唐代韩愈《原毁》开头的几句。杨老引用这几句话的意思是希望我们要求自己严格，要求别人则不必那么求全责备。

杨老引用这几句话，对于当时以至现在都有很大的教育意义。

（陕西人民出版社1981年5月版《大丈夫只能向前——回忆古生物学家杨钟健》）

# 学习杨老热爱科学事业的精神

胡长康

50 年代初，正当祖国欣欣向荣、蒸蒸日上的时刻，我来到了杨老领导下的古脊椎动物与古人类研究所的前身新生代研究室工作。我是解放后第一个分配去该单位的大学生。为此，杨老特别表示欢迎。

由于我对古生物这门学科所知甚少，因此对于分配我从事这项工作信心不足。我这种不安的心情给杨老增添了麻烦。每次我向杨老表示不安时，杨老总是耐心地启发我、鼓励我，帮助我建立信心。

过了一段时间，当杨老知道我决定从事这一行的时候，他非常高兴而且立即着手帮助我制定学习和工作计划。记得杨老当时就要我读几本有关古脊椎动物学必读的书籍，同时结合当时刚从野外发掘回来的山东莱阳恐龙的修理，也指定了几本有关的参考书，让我在工作中学习。

1952 年，杨老还在科学院编译局担任领导工作。他每星期到研究室来两天。每次来时除了谈一些全室的工作以外，总要抽一点时间给我讲授一点业务和谈谈治学的方法和态度。我那种不安的心情也就被杨老所感化了。

1953 年以后，年轻的大学生陆续分配到杨老领导下的研究室来了。新生代研究室也从地质部门迁出，改建为科学院直接领导的古脊椎动物研究室。杨老为了使新来的大学生能尽快地适应当时的工作，亲自主持了业务讲座学习班。内容从古脊椎动物与古人类研究的历史、现状、方向、任务到标本的管理、收藏以及有关的地质、生物等方面的一系列的课题。杨老为古脊椎动物学的发展，呕心沥血，亲自培养年轻科研人员的精神使我们终身难忘。

杨老在科学院编译局工作时，他的办公室与一般局长的办公室不同；除了公文和书籍以外，还放有他正在着手研究的化石标本。杨老虽然肩负一定的行政业务领导工作，但他利用一切空隙时间从事研究和写作论文，这种坚持不懈地搞科研的精神使我深受教育。

杨老工作的时候是我们的严师，要求我们非常严格。但在休息的时候，他也和大家谈笑风生，使我们丝毫不感觉拘束。1954 年夏天，我曾和杨老等共同去江苏泗洪下草湾地区考察。途中，我们在船上一起打“桥牌”。平时杨老工作繁忙，也无暇休息，这时候我们也有意想让杨老换换脑筋，因此大家提议打“桥牌”。杨老打得很专心，如果对方出错一张牌他可着急呢！这种认真劲儿至今回想起来还甚感亲切。50 年代中期，我们野外出差还没有配备汽车，许多考察地点还需要徒步前进。当时杨老也已五十开外，但他不管江南暑天酷热的骄阳，和大家共同徒步十余里，观察野外地点和寻找化石。晚上也不知疲倦，仍旧兴致勃勃地和我们一起整理标本。杨老对待工作的热情和不辞辛苦的精神，始终鼓励着我们前进。

后来，国家给所里分配来的青年人愈来愈多了，杨老的工作也更繁忙了。此后，我直接受杨老教导的机会比以前少了，但杨老隔一段时间总要把我叫去问问工作情况，并给予一定的指导。因此，我在杨老身边工作多年，对杨老为人的优良品质，坚忍不拔的事业心的印象是深刻的。

1979 年元旦，杨老突然患病住进了医院。后来病情恶化，全所同志都非常担忧。临终前两天我去医院看望，杨老坐在病床上，还没有等我向他打招呼，就非常遗憾地和我说：“我的文章写不成了。”他在患病前不久曾答应为即将召开的第三届全国第四纪学术会议写一篇文章。杨老病得如此严重，但只要他一旦从昏迷中清醒过来，想的还是工作。这样的老人多么令人尊敬啊！我克制住感情，安慰他安心治病，病好后再写。杨老多么想和我们共同继续为四个现代化贡献力量啊！但无情的病魔终于夺走了杨老宝贵的生命。

杨老已离开我们了。我们要学习杨老热爱科学事业的精神，继承和发扬他的事业奋勇前进！

（陕西人民出版社1981年5月版《大丈夫只能向前——回忆古生物学家杨钟健》）

# 关心青年成长的杨老师

邱中郎

我是1953年到古脊椎所的。当时我也像有些人一样，对古生物学、地质学一窍不通。记得有一次杨老为了解新人员的学习情况，把我叫去，问我在学校里学过什么，多大年纪了。我回答说，学过人类学、26岁。杨老听了，风趣地说："人家二十六七都成名了，你还刚入门。"我脸红了，不知如何回答。杨老接着说："不要紧，你是从部队转业下来的，你要像解放军那样，拿出克服困难的勇气，去补课。"就这样，我们新来的几个，在杨老的关怀下，都去北京大学和地质学院听课，为研究古脊椎动物和古人类填补基础知识。

杨老不但鼓励我们到学校听课，还亲自为我们举办业务学习讲座，不但他自己讲，组织所里其他老一辈科学家讲，还请来所外有名望的专家、权威讲课。内容非常广泛，有业务学习的目的和要求，科学研究的条件和方法，也有鱼类、两栖类、爬行类、鸟类、哺乳类、灵长类、人类化石等专题介绍和旧石器时代考古、地质学的基本概念、地壳运动与生物演化、中国的洞穴堆积、河流阶地、两种堆积等基础知识。杨老就是这样爱护和关心我们青年研究人员的。

杨老准备出版《脊椎动物的演化》一书，叫我们帮他抄写稿子。这是我到古脊椎所第一次碰到的事情。谁都知道杨老的字难认，抄起来费劲。我抄写的时候，先把不认得的字勾出来，然后加以集中，再去问杨老。有一次有一个字难倒了杨老自己，他左看右看，很为难的样子，哈哈大笑说："我也不认得了。"杨老的字，龙飞凤舞，别具风格，如果一字一字去认，确实难认，所以我们抄写的时候，总是联系上下文来辨认。杨老对我们说，抄稿子是一种学习，也是难得的学习机会。我亲身的体会确是这样，在给杨老等老一辈科学家抄稿过程中，学到了不少科学知识。

有一次杨老叫我整理周口店的资料，说是把它汇编成册，放在周口店，供去那里参观的人参考。我根据杨老的意图，把有关周口店遗址的资料从期刊中抽出，交耿继纯装订。杨老看了点头说好，问我从整理中对周口店的工作了解了什么？我听了有些懊悔，因为我没有按杨老的意图去了解周口店的工作。杨老还问我整理出几套资料，我说只有一套。杨老听了带着责备的口气说：怎么不多整理一套？这样，放在图书馆也可以供北京的研究人员参考。

大家知道，我们做野外工作，都是要记工作日志的，并且复写一份寄给所领导，以便及时得到指示。怎样写好工作日志，我们都没有经验，往往各人写各人的，五花八门。杨老看到这种情形，告诉我们，工作日志不要记乱七八糟的事情，要记调查和发掘工作中的重要发现，古生物名称要写拉丁文，还要有剖面图。杨老对各野外队的工作日志都亲自过目，一一指导，提出宝贵意见。工作日志本来是很好的工作制度，可是这个制度被林彪、“四人帮”打乱了，好久没有恢复过来。

我在50年代受到杨老的教育是很深的，现在回忆起来历历在目。今写以上文字聊表对杨老的悼念！

（陕西人民出版社1981年5月版《大丈夫只能向前——回忆古生物学家杨钟健》）

# 丰富的宝库——记骨室文集

孙艾玲

杨钟健是我的导师，在跟随他学习、工作二十多年的岁月里，处处给我留下了深刻的印象和教益。但是我感到杨老师给我留下的最珍贵的遗产，就是《记骨室文集》。

要通读这一整套《记骨室文集》，实在是不容易的。这里收集了600多篇文章，包括科学论文、科普文章、游记、传记、自然科学杂文、杂文以及其他方面，字数相当庞大。

《文集》是杨老光辉一生的丰碑，是他科学事业的开始、发展和丰硕收获的记录；是他在不同历史时期的立场、观点和态度，以及自己走过的曲折道路的总结；记载下了他对科学事业的热爱和对科学队伍的培养；记载下了他光荣加入党的队伍和他对党的耿耿忠心。

自20年代投身科学事业以来，杨老在古生物界奋斗了半个多世纪。《记骨室文集》记录了他在这块古脊椎战场上，是如何东骋西驰，一个又一个地“消灭敌人”，一个又一个地攻克“堡垒”的。从鱼类、两栖类、爬行类、鸟类到哺乳类，从古生代、中生代到新生代，从东南到西北，从西南到东北，杨老的足迹遍及全中国的平原山谷和整个“古脊椎”！

杨老研究工作的早期，主要从事新生代地质和哺乳动物的研究，其中包括一系列周口店的工作。30年代开始，主要的工作是有关爬行动物化石的研究，当时中瑞考察团从新疆等地采集到了一批标本。从兽形类、假鳄类到恐龙，杨老陆续发表了若干篇著作，为西北地区中生代脊椎动物的研究开创了通路。闻名于世的禄丰动物群，是杨老在那战火纷飞、硝烟弥漫、颠沛流离的40年代的重要成果，为西南地区瑞替克动物群和地层的研究打下了基础。解放后，50年代他的研究着重于山东白垩纪恐龙动物群，包括巨大的棘鼻青岛龙、纤小的鹦鹉嘴龙、罕见的成窝恐龙蛋、白垩系的分层，继续搞了好多年，最后以《山东莱阳恐龙化石》一书的出版顺利结束。50年代后期和60年代初期，杨老致力于山西三叠纪爬行类的工作，在各类动物记述的基础上，建立了中国肯氏兽动物群。《中国的假鳄类》发表于1964年出版的《中国古生物志》。与此同时，他又开辟了一个新的领域——三叠纪海相爬行类的研究。60年代后期到70年代初期，国家遭到林彪、"四人帮"一伙的严重破坏，科学界也不例外。但是，杨老仍尽量排除一切干扰，坚持进行科研工作，完成了多篇论文。例如有关新疆三叠纪四足类和白垩纪飞龙，以及华南水生爬行类的一系列工作，就是在那样困难的情况下完成的。

杨钟健是我国古脊椎动物学的奠基人，他一生所研究描述的脊椎动物化石，包括一部分和他人合作的，单是新种类就近100属，种数则超过200个。这数百篇研究文章是他在古脊椎这块园地上播下并培育的一批种子。今天在他辛勤汗水的浇灌下，它们已经生根发芽，有的已经开花结果，一支古脊椎动物的研究队伍已经成长壮大。

从杨老身上我感到有两点特别值得我们学习，我相信这也是他一生能做出重大贡献的主要原因。

杨老具有火一样炽热的事业心，为古脊椎，他可以献出自己的一切。不管是繁重的领导职务，或是家庭遭到不幸，哪怕是"四人帮"时期的摧残迫害，都无法离间他对化石的感情。他的脑子好像从来不开小差，只要一见到化石马上就能开动，而且忘记了其他一切！他不仅自己这样做，还经常告诫我们，任何情况下都不该停止科研工作的进行。这是一。

其次，杨老的工作虽然十分繁忙，但他忙而不乱，工作十分有秩序，依次都安排得井井有条。他写文章和他讲话一样，十分简练，该长就长，该短就短，很少废话。我经常看见他为在会上发言而事先认真准备发言提纲。他几十年如一日，已经养成了争分夺秒的优良习惯，因此他的工作效率特别高。

平时，杨老也从不放过自己心灵上任何一点“火花”，随时用诗歌或其他形式把它们表达出来。《记骨室文集》里有相当大一部分是游记和杂文。乍看起来，这些作品好像不如科学论文那样有价值。但是，如果深入杨老的心灵，就会被这位科学家的精神世界所感动。在整套文集里，这方面的作品无疑为他的科学著作增添了光彩，起到了锦上添花的作用。这些文章里，杨老把科学与政治紧密地联系在一起。解放前，在他的游记里，不仅记录了古生物考察的种种有价值资料，而且也记录了当时的政治背景，在国民党统治下他和老百姓息息相关的感受。杂文记载了杨老一生中各个时期的政治观点、立场和态度。由此可以看出，在杨老看来，政治和科学两者是不可分割的。例如他在抗战时期写的《寄友人》诗句：“天生我辈必有用，忍看神州事沉沦。指锥虽愧雕虫技，救亡亦存报效心。”不正表达了他关心时事，忧国忧民的心情吗？解放后，杨老怀着对党无限热爱的心情写下了不少歌颂党、拥护党的文章，并且结合当前形势在古生物界发出了各种号召，动员同行们和年轻同志为祖国建设服务，为科学事业奋斗。在《五十书往百句》和《六十述往并感怀百句》中，他把自己在对新旧两种社会中的心情描绘得淋漓尽致。《六十述往并感怀百句》的最后两句“应知十年后，另登一高峰”，到他在八十高龄时书下的“八十不老”的豪言壮语，充分体现了这位令人尊敬的古生物老前辈为科学贡献毕生的崇高思想品质，这对我们后辈该是何等巨大的鞭策啊！

（陕西人民出版社1981年5月版《大丈夫只能向前——回忆古生物学家杨钟健》）

# 杨钟健的“三使命”与“三种工作”

## ——博物馆史事与人物

宋伯胤

早在40年代，我知道杨先生是一位举世皆知的自然科学家、古脊椎动物学家、我国古人类学及第四纪地质学研究的开创人，并不知道他和我国近代博物馆的发展还有什么关系。建国以后，杨先生赠给我一本他亲自编印的《记骨室文目》，我才知道杨先生还是我国近代博物馆的先行者之一。而且尤为宝贵的是杨先生把开创博物馆事业与他为之孜孜不倦辛勤从事的古脊椎动物的研究相提并论，作为两大宏愿而奉献一生。

不仅如此，当我把杨先生有关博物馆学的论述通读之后，我发现他对博物馆学在理论上的建树是来自早年的实地考察和在北京自然博物馆的具体实践。他研究过外国博物馆，也研究过我国博物馆，他曾从“各个角度”“记述和介绍过”博物馆的重要性，还从宏观和微观上为发展我国博物馆事业设想过很好的远景规划。特别应该强调的是杨钟健先生对于博物馆理论的阐述是严格通过自己的思维活动和社会实践而推导出来的，是建立在多样性的观察和实验的事实上面的。因此，杨钟健先生为我们留下的这份财产不仅充实了我国博物馆理论宝库，而且更可以用来探索和制定各种性质、各种层次的博物馆体系发展的重点、特征、风格和社会效益。

## （一）

杨钟健在他自己写的自传式随笔《杨钟健回忆录》中有一段是专门写博物馆的。原文是：

“我自留德以后，对西方文化认识，常以为陈列馆①事业为我们所应急起直追者之一重要工作。在德未回时，我便为之鼓吹。回国以后，除著文介绍外，凡有建设性建议机会，无不尽力宣扬，以期我国之陈列馆事业能日益发达。虽然人微言轻，未收预期之效果，然我对此仍孜孜不倦，尽力为之。陈列馆益处甚大，一方面可提高学术，一方面又可广为普及科学，同时亦为保存国家宝藏之唯一合理机构。我发展陈列馆之志，老而弥笃。”

杨钟健第一次出国六年（1923—1928），主要是在德国明兴（今慕尼黑）大学学习地质历史及古生物。“明兴为德国南部一富有艺术性的城市，故有艺术城之称。那里有各种陈列馆、博物馆。”“明兴大学的地质系，位于最繁华的闹市新房街，最负盛名的国立博物馆”亦在这条街上。因此，杨钟健在“补习德文之余”，开始走进就近的几座博物馆，“并产生了特殊的兴趣”。后来他自己说：“当我十二年至十七年在欧洲时，几乎无一日不感觉到外国陈列馆的众多和其意义与效力的伟大，也几乎没有一天不感到我国关于此项事业的幼稚与有努力的必要。我每到一个城市所首要看的不是庄严的宫殿，秀丽的公园或整肃的教堂，而是伟大的陈列馆。”②

那么，在这六年时间里，杨先生在欧洲都参观访问了哪些博物馆呢？我实在是无法回答，只能列举他在记述中经常提到的几座：

---

①根据杨钟健在《关于陈列馆的意见》一文中说“不过有的叫陈列馆，有的叫博物院，其实都是 museum，以下凡是写陈列馆的即指博物馆而言”。

②杨钟健：《泛论地质陈列馆》，《北京大学生》第 1 卷第 4 期，1931 年 3 月 1 日。

一、德国慕尼黑国立博物馆

二、德国柏林大学地质系博物馆

三、比利时布鲁塞尔的自然科学博物馆

四、瑞典斯德哥尔摩的东方博物馆

五、英国伦敦的大不列颠博物馆

六、法国巴黎的自然历史博物馆

七、奥地利的维也纳博物馆

1944年4月杨钟健去美国考察，1946年3月经欧洲回国。先生到纽约后，纽约的自然历史博物馆为他专门准备了一间屋子，“作研究之用”。他“天天在此做些研究工作”，至少半年以上。随后，又在华盛顿、匹兹堡、旧金山、堪萨斯等地看了不少博物馆。“尤以匹兹堡之卡耐基研究所主持之博物馆，规模最大，可与纽约相伯仲。华盛顿的国立博物馆，亦大有可观。至于各地大学所附设之陈列馆尚在其次。”① 总之，在杨钟健的心目中，“美国有一个布满全国的博物馆网，和我们不仅有隔世之感”。

中华人民共和国成立后，杨钟健在1956年又有访苏之行。在两个多月的学术访问中，杨钟健除了参观莫斯科、列宁格勒、基辅、第比利斯、塔林等地的地质和古生物博物馆外，还看了其他有名的博物馆。例如，列宁格勒的爱米塔什博物馆、莫斯科的达尔文博物馆、敖德塞的考古博物馆以及那些引人入胜的对普及科学知识具有重大传播作用的动物园和植物园。这些，都给杨钟健留下极为深刻的印象。他在《访苏两月记》中写道：

“总的说来，陈列馆这事业在社会主义国家，占有相当重要的分量，在苏联已十分发达。”“它在数量上并不比其他国家少，相反地显得很多。它自然不是美国式的引人入胜的陈列方式和富有诱惑性的广告派作风，而和西欧古色古香的博物馆，既吸引游人，又发挥了保藏

①杨钟健：《记纽约自然历史博物馆》，《文讯》第8卷第3期，1948年3月。

作用，倒有些相像。博物馆最重要的自然是陈列标本，在这一点上，我可以说，苏联地质古生物博物馆内容之丰富，比之其他国家毫无逊色，或者有些部分还要超过。”

经过以上三次与世界博物馆的接触，杨钟健深切感到博物馆和他从事的研究工作是不可须臾离开的。他曾以博物馆为研究室，利用博物馆的丰富收藏和图书，并在专家学者的指导或帮助下进行学习和实验，还“很有机会同许多人一起探讨”彼此关心的学术问题，从而认识到博物馆的收藏“是所有从事科学研究的人必须借助的”。而博物馆亦即是“所有做工作的人”不可不去的，比学校更为有用的社会学校。尤应强调指出的是杨钟健在这三次实践中，每当他看到外国博物馆事业蓬勃发展的景象，看到许多馆在收藏、研究与教育诸方面所呈现的极不寻常的成就时，他对于祖国的博物馆无不寄予殷切的希望，一种爱国家、爱民族、爱科学、爱博物馆事业的浓郁的赤子忠诚油然而生。这是杨钟健给我们留下的另一份珍贵的遗产。



在旧中国，杨钟健从德国回国后，在接触许多博物馆的实际活动中，产生最为强烈的愿望是要“急起直追”。他曾热切地鼓吹，热烈地希望祖国的博物馆事业赶快发展起来。虽然，南京的中央博物院筹备处曾经两度邀他去工作，但一因“国家现状亦难发展”，二因有“附带条件”，他只好在“无可奈何”的心境下谢绝了“本是我最感兴趣”的博物馆事业对自己的呼唤，最后不得不“十分痛苦”地承认：“我之发展陈列馆事业及终身从事古脊椎动物研究之志愿永远无法达到。”[1]

1956 年杨钟健去苏联进行学术访问时，他不仅想到我国的博物馆一定要努力“提高质量”，消灭“空白点”，就是在藏品的收集和研究方面，“还需要更加大大努力，才能与之相比”；而且尤为重要的是通过他的亲眼所见，他悟出两个对建设和发展我国博物馆事业极为重要

①杨钟健：《杨钟健回忆录》第 122 页，科学出版社 1983 年版。

的问题：一个是博物馆收藏的世界性问题，另一个是拓宽知识面的问题。关于前者，是他在参观列宁格勒爱米塔什（即冬宫）博物馆的中国馆时触景而生的。他说：“除了中国部分外，其他均应有尽有，如英、意、埃及等大多数的图画雕刻。但在这一点上，我们中国特别应当注意补救。我们现在连国内材料还不能尽力追求，自然对于外国文物一时来不及搜求了。”至于拓宽知识面，杨钟健说：“可惜我们到此，实在是门外汉，真是不能妄赞一辞，觉得实为遗憾。因此，不免触及我这次出国的一个感慨，那就是原来我国的专家，大多数都是触及的范围非常之狭，往往除了所学专业之一部分外，则其他几乎一无所知，甚至连常识以内的东西，也往往不知道。所以我们今后对下一代的培养必须要注意这一点，把他们的面尽量加广，也只有如此，才能更好地做好提高他们的专门研究工作。”①

杨钟健30年前的凝聚着无限期望的倡议，是有感于博物馆而发的。它包含有两方面的内容：一是从博物馆本身着眼，一定要把博物馆办成一座座使人能够扩大兴趣，拓宽知识面的社会教育大课堂。而且，还要尽量为着当代社会和子孙万代的种种需要而收藏、整理研究各个领域、各个方面的一次性材料。它既有今天的“渊博”，也有明天的“渊博”。二是向正在从事或将要投身于两个文明建设的科学工作者寄言，希望他们尽量把知识面拓广，把兴趣扩大，希望他们经常到各种类型的博物馆去浏览，就像杨钟健自己早年曾经做过的那样：以博物馆为研究室，以博物馆的丰富收藏为学习研究对象，触类旁通，由此及彼，以便获得更多的知识。

1959年，北京市人民政府任命杨钟健为北京自然博物馆馆长。他终于获得了实现理想与抱负的机会。



①杨钟健：《访苏两月记》第24页，科学出版社1957年版。

## （二）

杨钟健早在慕尼黑留学期间，曾在《论陈列馆》这篇文章中，把博物馆分为三类，即科学的、政治历史的和艺术的。在论述博物馆的重要性时，他指出：“陈列馆在一国文化上的重要，因其包含搜集、研究和公开三层性质，不但为一国的宝藏所在，且为一国专家荟萃的地方。”

杨钟健于 1928 年春由德回国后，即受聘于北平地质调查所，参加周口店发掘工作。这时，地质调查所附设有一所地质陈列馆，馆内设普通地质部、地史部、金属矿产部、古生物部及经济地质部。每一部门“都有不少珍品可以自傲”。杨钟健既然据有这样一个“最有根基”的实验基地，于是在 1931 年，“经过数度揣摩”，他对博物馆的效用提出比前几年更加完善和明确的三方面的内容。即：

一、为搜集，使之不至散失；

二、是研究，使其科学上、学术上意义增高；

三、是保存、陈列，达到陈列教育的目的。

特别应该大书一笔的是杨钟健在这里对“保存、陈列”做出新的解释。他说，“此之谓陈列馆文化”，亦即是博物馆文化。文化是一种多样性的多层次的模式。博物馆保存与陈列的主要是物，它是属于文化的物质类型的。无论是从它的静止的表面现象观察，或是从它的内涵的物质生产、社会制度、意识形态等等活动去探索，它都是离不开物的。杨钟健提出的博物馆文化，散见于他的所有论述。我看是可以这样理解的。

博物馆的“三使命”与“三种工作”的论点，是杨钟健在 1936 年初提出的。他的两段原文是：

“我尝以为陈列馆之所以重要，乃因其包括有三种重要的使命。就是搜集各种科学或文化的材料，其次为研究，其次为保存。三者缺一，即不能成为陈列馆。”

“我尝说一个陈列馆，应包括三种工作：搜集、研究与陈列。三者缺一，即感觉不健全，而难称之曰陈列馆。”

综上所述，杨钟健所说的三使命与三种工作，实际上是就博物馆的职能和工作内容而言。按照杨先生的观点，二者的关系可用下图表明：

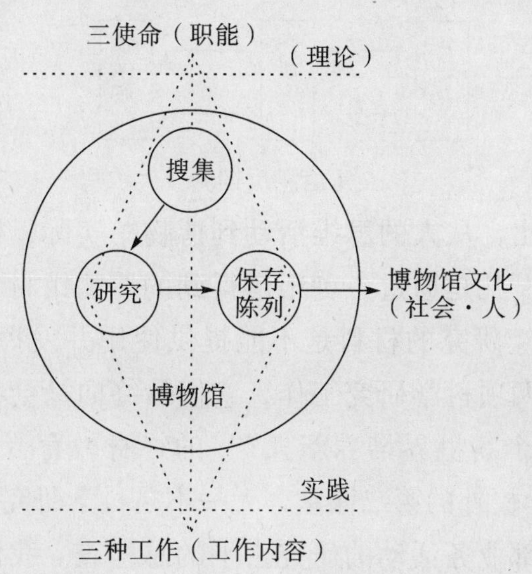


请注意：博物馆的搜集、研究、保存——陈列三职能，今天我们看来，或许觉得并不新鲜，因为它和我们通常议论的“三性”是基本相同的。但早在50年前，这种理论的提出和阐释，确实是具有启蒙指点的作用，值得重视。虽然1933年开始筹建中央博物院筹备处时，曾明确规定其任务是“系统地调查、采集、保管、陈列并说明一切自然科学、人文科学及现代工艺之材料与标本”。但这只是阐述任务，并不涉及博物馆学理论的论述。而杨钟健的“三使命”与“三种工作”的理论，则是从历史考察中，以整体为出发点，概括了一个模式，即理论——实践——理论的系统。因此，同是一个采集、研究或保存——陈列，在“三种工作”中所包含的意义是不同于“三使命”的。前者是理论上的组合与类分，而后者却是指通过实践活动再送回来供人们思考、比较从实践到感觉的新的东西。因此，二者是一个完整的科学系统，它们都没有离开人和物以及在实践中所发现的反映实物属性的各种信息。所以杨钟健建立的这个科学结构，不仅概括了博物馆职能的组成部分以及它们之间的有秩序的运动和相互关系；而且更为重要的是他还揭示出一个博物馆科学研究和科学管理的流通过程。这个过程，可图示如下：

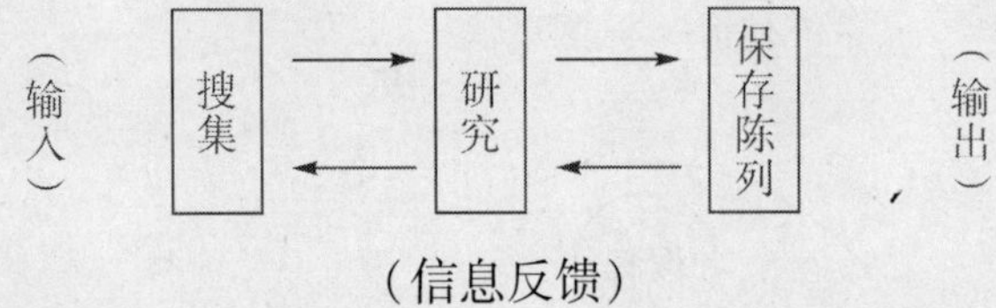


（信息反馈）

可以明显看出，从人的思维活动到博物馆实际，杨钟健是把科学研究视为终极的。凡是通过各种渠道得到的博物馆材料，都必须经过整理和研究。未经研究的材料是不能提供使用并发挥其固有的价值。保存和陈列同是两项科学研究工作，它们最终向社会各阶层提供的目的是在于“为一个新世界培养新人”① 的终身教育（Liheloneg education）的基地或学校外的第二课堂，无一不是科学研究的成果，亦即是对一个博物馆全部业务活动的研究水平的总检查。我们衡量一个博物馆的科研成果，放在第一位的并不是看他们写了多少篇论文，编辑出版了多少本著作，而是首先要看它的一年365天，天天对成千上万的人民群众直接发生影响、感染、熏陶与教育作用的展览工作。从展览的内容、形式到对待每一个观众的态度以及进一步对观众的不同需求和不同的心理状态的分析认识和处理等等，都是应该囊括在科学研究成果之内而予以评价的。因此，杨钟健把这两项工作，称之曰“博物馆文化”，是着眼于博物馆对社会、对人发生关系的重大作用方面。这是应该特别肯定的。

杨钟健对于“三使命”和“三种工作”的论述，还有深一层的探索。他从国外博物馆的理论和实践中汲取许多思想，并概括了欧美博

①杨东平：《学习化的社会和人生终身教育》，《百科知识》，1985年第1期。

物馆发展的成就，特别是对“三使命”与“三种工作”的搜集职能提出了新的见解，即“以搜集实物为职志”的观点。

杨钟健从接触博物馆的第一天开始，就为博物馆收藏的多样性和丰富性而叹服。例如他在慕尼黑国立博物馆看到的古脊椎动物化石，在瑞典东方博物馆看到的安特生在我国采集的古代陶器，以及引为“壮观”的布鲁塞尔自然科学博物馆的禽龙化石和“最令人钦佩的”列宁格勒全苏地质研究所博物馆所保存的大量前代古生物学家研究过的标本等等皆是。1972 年 7 月初，杨钟健来南京博物院参观。当谈到在建国初期“南博”将收藏中的自然标本拨交给北京自然博物馆这件事时，他跟我说：“博物馆的博，第一条就要收藏博，古今中外都收。只有有丰富的收藏，才能开展其他活动。不然，就不叫博物馆。”因此，可以这样说，一个博物馆收藏的丰富与否，是直接影响着这个馆的社会地位和教育作用的。所以杨钟健明确指出，每一个博物馆工作者都要“以搜集实物为职志”，都要以对人类历史文化高度负责的精神，通过各种渠道，运用各种科学方法，千方百计，坚毅勤奋地为博物馆搜集种种实物材料，使各种类型的博物馆首先在收藏的实物方面居于某一性质、地区或学科的权威地位。这句话的意思是说，如果是一个省的历史艺术性质的博物馆，它必然是集研究这个地方历史艺术的实物材料的大成。凡是从事研究有关课题的专家、学者、科学工作者以及成年以后必须补充这方面的知识和必须接受新知识的人，也只有到这个博物馆来才能“阅读”自己需要看的实物。就像杨钟健在纽约自然历史博物馆一样，博物馆可以替他腾出一大间屋子，供他“作研究之用”。因此“职志”之说，是就每一个博物馆业务人员在职务上应有的本分工作而言。它是受了我们祖先和子孙万代的委托，并且也是现代社会所需求的。

杨钟健在提出“职志”说的同时，还进一步阐明搜集的目的。

博物馆为什么要搜集实物材料，是仅仅为了保存和提供陈列吗？杨钟健说这并不是全部答案，搜集的主要目的是“使之不至散失”。所谓

“不至散失”，从历史艺术性的博物馆言，它是着眼于实物材料的整体性与系统性，把每一件文物标本都看成是构成社会历史的有机物，是全人类文明发展诸阶段的物质遗存，是历史上每一个文化区的精神的和物质的全部财富。每一个从事搜集工作的博物馆人员，无论是从事考古发掘，民族学调查，或是对民间流散文物的征集，都必须站在这样的高度，高瞻远瞩，以受命于祖先和子孙万代的重大责任感，把所能接触到的实物材料全部收集保存在博物馆里，不要使它散失。因此，博物馆的搜集是为人类、国家和各民族而进行工作的，它不受国别、地区、民族和时间的限制，不受馆的性质任务的约束，不怕重复，不考虑宜否展出。总之，作为一个收藏精神文明和物质文明的实物材料的博物馆，它的第一任务就是要做好收藏。收藏的目的不只是为了今天的作用，而且更为重要的是为了明天，为了人类的未来的欣赏、借鉴和继承。一个博物馆的收藏，还应该是不受馆的限制的。具体讲，在收藏工作上，它固然应该收藏与它性质相符的文物标本，但它没有权利将那些与它性质不相符的东西拒之门外。即使目前，这些收藏品暂时不是这个馆所需要的，但就全国或其他地区看，它正是别的馆应该收藏的。因此为了防止散失，博物馆之间应该建立互为收藏或传递信息的制度，在全国范围内形成一个畅通无阻的开放性的收藏网，竭尽全国博物馆专家的勤奋和智慧，把有用的实物材料“尽量采集”，“毫无遗漏”地全部收藏在博物馆里，“蔚为大观”。还应看到，一个博物馆的性质也不是一成不变的，经常是随着藏品的变化、社会需要的变化而发生变化。我看这就是杨钟健所提出的“不至散失”的真谛。

对搜集的范围，杨钟健还提出“不当以国内材料为限”的“意见”。他立论的根据有二：一是“无论哪一种科学或文物讲，本来没有地域派别”；二是“为了解一类东西全貌计，当然有搜集本国以外的东西的必要”。由此，他具体提出一个“最易的方法”，即“与外国各大陈列馆发生关系，以我们的好的标本或模型，去交换他们的好标本或模型”。“若有力量，当然也可到外国采集”。这样的工作，杨钟健叫它是“世界性的采集”。这虽然已是五十年前的事，或许早已被人遗忘，但我感到杨钟健的这种卓见对发展我们中国社会主义现代化的博物馆仍有参考意义。这是因为我们的国家是世界上历史悠久的文明古国之一，中华民族也是对人类有过重大贡献的。而且中国人在一些科学技术发明方面是“走在那些创造出著名的‘希腊奇迹’的传奇式人物的前面，和拥有古代西方世界全部文化财富的阿拉伯人并驾齐驱，并在公元3世纪到13世纪之间保持一个西方所望尘莫及的科学知识水平”①。所以，作为一个中国人，除了认识、研究、敬重本国各民族的历史文化和科学技术外，还应该认识、研究和敬重世界各国的文化和文明，以及由于中外交往而发生的相互传播与影响。由此，对博物馆提出的新课题便是既要收藏、陈列我们自己的文物标本，也要收藏、陈列本国以外的种种实物材料。特别是对于某些属于人类共同财富的问题。例如，栽培植物的发现、国家的形成、宗教的起源以及十进位制的发明与使用等等，都应该放在世界范围内去认识和思考。杨钟健举例说，“比如我们一个民俗陈列馆，如只有我国的东西，其功用至多只能使看的人了解国内各省的关于民俗的种种，而于其他各地仍是茫然”，了解不到这一类东西的全貌和整体。

博物馆对于流散文物标本的搜集，往往较为留心的是“稀世之宝”或“罕见之物”。凡是“未曾著录”或“尚未公开发表”的东西，更是为人重视。但杨钟健却告诉我们另外一个被人忽略而又十分重要的问题。他说，当他在苏联参观全苏地质研究所博物馆时，最令他“钦佩”的是“他们保存了大量的以前古生物学家研究过的标本，而且保管得非常之好”。“这些标本当然比图书更为重要，是所有做工作的人不可少的参考材料。”它们之所以“重要”，正是因为前人对它进行过研究，产生过与当时的历史条件和科学思潮同步的结论，从中

①李约瑟：《中国科学技术史》第一卷总论第一分册《序言》，科学出版社1975年版。

可以窥测前人的思维、判断、推理等智力活动，从而获得一座攀登高峰的阶梯。因此，出现在我们面前的不仅是一大批或者几件搅拌着聪明才智与专心致力的文物标本，而是比论文或报告更为重要的前人研究成果的注脚，或一篇篇具有各种信息并且是尚未写完的科学论文。杨钟健强调收藏“前人研究过”的文物标本的意见，过去很少人议论过。我看现在是应该认真思考和实践的时候了。



## （三）

杨钟健还强调陈列与研究的关系。首先他明确指出“陈列是一个技术”，其目的是要考虑到“参观的人易于了解。倘陈列得法”，“可以启发人的思想”；也可以使人得到“正确的知识”。他举了两个例子，一个是我们中国的，譬如碗，我们应当自上古初有的原始碗起，把所有各重要变化时期的碗与现代大小不同的碗，依次陈列。于是我们可以了解一个碗如何由简单的样子变成现在的样子，才不至于令人看了如到碗铺一样。另一个例子是英国大不列颠博物馆的交通展览厅，“其陈列自原始的车起，有各种不同的车，经过马车时期，再由瓦特蒸汽机的试验，以至新式各交通，周览一遍，使人对交通事业进化之念，油然而生”。于是杨钟健对于陈列方法便得出两点结论：一是“最要紧的是要把各物品排列得有一种系统，特别注意于演化的程序”。二是“陈列的方法，绝对不能忽视，并应随时注意改进”。这样的观点和方法现在看来自然是很简单的，况且又是半世纪以前提出来的，不可苛求。但在当时他所例举的还是通过实地观察而推论得出的，代表着一定历史时期的科学思想，是可资参考的。

在举例说明陈列方法及其重要性之后，杨钟健还进一步指出，陈列虽然是一个“技术”问题，但“也是与研究不可分离的”。在博物馆工作中，“最危险的是只注意搜集陈列，而无研究”。他在欧洲看到的是“研究与陈列照例是不分的”。他还告诉我们说：“每陈列馆之各部，都至少有一专家担任保管。他的任务除保管外，时时采集新的材料，时时研究，时时对全世界关于该部分的新研究，新动向，无不了然于胸，于是他所保管的一部分陈列，自然与时俱进，时有发展。”这是很重要的一段话，值得我们深思。

陈列（Display，exhibit）这个词，我国最早译作“摆陈”，就含有人的意志与技术在内。但在此后较长时间内发表的论述陈列的文章中并未涉及做好陈列工作的关键所在。杨钟健发前人之所未发，不仅反复解释了陈列与研究的关系，而且还进一步明确指出，任何一个博物馆的研究工作，其中心任务就是要使陈列在“科学上、学术上，意义增高”，藉“以达到教育的目的”。正因为如此，杨钟健着意介绍了国外博物馆的兼采集、保管、研究与陈列于一身或一个部门的工作系统。亦即我国近年习惯说法“一条龙”的业务编组与人员分工。这样一个多层次的工作系统，杨钟健已经谈清楚了，我不敢多说。但我从近四十年的实践中深切感到，杨钟健介绍的这个系统比我们现在进行的按职能而分工的组织形式要好得多。当前，我们正在进行博物馆改革，关于业务的编组与分工问题，历史上已经有了像杨钟健如此明确的回答，我们将作如何抉择呢？

杨钟健还语重心长地告诉我们，一个馆对外开放的陈列，“并不是死的，一成不变”的。这是因为“学术上的研究日新月异，时有新的见解，也时有发现以往的错误，也可以由新的发现补充或更正以前的材料”。如果“视为一成不变，久而久之，此陈列馆当然落伍了”。这是一个颠扑不破的道理。我们当前面临的不只是学术界的日新月异，更为重要的是我们的祖国正处在改革的高潮中，我们博物馆的广大观众，特别是一代青年人也正从拓宽视野的角度对接触的展览题材和内容发出更有深度的探询。因此，那种不随时补充新发现，不随时更正以往的错误，不纳入新的见解，不听取人们的批评或意见，甚至一个展览可以十年也不变换，那么，还是请认真读一下杨钟健的这一段话吧！想想看，看看想，或许对我们会有帮助的。

另外，杨钟健还十分重视市、县一级的地方性的博物馆的建设。他在1936年2月写了一篇题为《地方志及地方陈列馆与地理教育》的文章中说：“假使我们了解地方志的重要，那么地方陈列馆的重要，更不待多言。地方志用文字及图画代表一地实在情形，而地方陈列馆则以实物表示一地方的一切情形。实物的功用，当然比文字为大，并且两者可以互补不足。”

接着，杨钟健在《关于陈列馆的重要性》一文里，对地方性的博物馆的职能有进一步的阐释。他说每一座地方性的博物馆，“无异是一省志或县志的实物存储与公开展览的机关”。这样的博物馆应以“地方为单位”，内容上至少要有自然、工艺和人文三个部分，它的功用和“西洋曾有的乡土学（Hema－thunde）相同”，是在培养人们对于自己乡土的“敬重与爱惜之念”。“爱吾乡以及人之乡。一省如此，全国如此”，“由是一种浓郁的爱国家、爱民族、爱乡土的真挚感情便有了根基”，“唯有尊重自己，研究自己，方可能壮大自己，发展自己”①。地方性博物馆的重大功用便是这样的。

梁木坏、哲人萎，杨钟健先生于1979年1月15日永远离开了我们。他的回忆录，并未写完，搁笔前的最后一章即是“我们北京自然博物馆”。这篇极为珍贵的文章，虽然是讲自然博物馆的，但我读来简直就像是给国内博物馆界的一封公开告别书，他所提出的保管工作要“大大改善”，收藏“应当特别多”，“我们的研究人员数量尚少”，“对出版工作不够重视，建筑不合理，应该有招考研究生的计划”等等，正是我们今天需要改革的，也是当代博物馆围绕着转动的问题。杨老的一生，是执著追求的一生。他对我国博物馆事业的热爱和焦灼地期待，他的善于吸取、实验外国博物馆学理论的科学态度和严谨学风，给我们树立了榜样。他留给我们的最后一句话是：“只盼大家齐心协力向同一目标迈进，务期于成。”这句话是他对自己“十分感兴趣”的，锲而不舍、为之献身的中国博物馆事业的心之所向，志之所向。愿我们“齐心协力”地尽快把杨老的叮嘱真正变为事实吧。

（1986年《博物馆研究》第3期）

①引自刘再复：《研究他人，也研究自己》，《人民日报》1985年1月29日。

# 春风化雨诲后人

甄朔南

我第一次见到杨钟健教授是抗日胜利后在贾兰坡教授的家里。当时我还是一个中学生，对古生物学以及古生物学界的一些老前辈一无所知，只从感性认识上知道他是一位待人和蔼的长者。50 年代初期，我在北大读书时听过杨老讲课，初步认识到他是一位著名的古脊椎动物学家。1959 年北京自然博物馆正式建馆、杨老担任馆长职务后，二十年来一直与杨老接触，对杨老的做学问、待人处世了解得逐步加深了。自从这位科学巨星殒落后，我总感到在生活上失掉了一些东西，失掉了一位令人崇敬的良师益友。每当提笔想写点回忆杨老的文章时，立刻百感交集，不知从何说起。我这里只能从几件小事上折射杨老的崇高形象。

## 诲人不倦

杨老不仅是一位在科学上做出杰出贡献的科学家，也是一位诲人不倦的慈祥的导师。他虽然长期担任我们的馆长，但从来没有搞过“长官意志”，没有以馆长的地位和权势压人，而是一贯地循循善诱。我在他面前，始终像一个小学生在聆听敬爱的导师在指引生活的道路，以及做学问、处理问题的方法。1959 年，《古脊椎动物与古人类》创刊，我和王存义先生写了一篇 1958 年在山东莱阳采集鸭嘴龙的发掘报告。我们也自知质量不高，但送去请杨老审阅时，杨老却非常高兴，积极地给予支持和鼓励。杨老语重心长地对我说：“北京自然博物馆也要有自己的专家，不能老当采集队，不能总依靠别人，要学会自己搞科研。”有一天，我请教杨老我怎样才能做好研究工作，杨老说：“这件事，既简单，又不简单，除了要有正确的世界观（懂哲学）以外，最主要的是打好基础。一方面你要经常出野外，一方面要学好古脊椎动物学的基础理论。”杨老又加重语气说：“中国人搞科学研究，要在外文上花费很大的力气，这是没有办法的事。”当时杨老叫我把美国古脊椎动物学家罗默（A. S. Romer）的《古脊椎动物学》英文版的第一版认真地读一遍。我按照他的教导，把那本书从头到尾看了一遍，也看了他的其他著作，果然收获很大。

杨老教育后学，从不以导师自居，也不以严厉的态度训斥人，而是在以朋友的身份促膝谈心时，提醒你应该注意什么。有一次，我去拜访他，他正在看一部古典小说。杨老说：“你能看懂文言文吗?”我回答说：“从小在家里念过唐诗，背诵过《古文观止》，基本上能读懂古代汉语。”杨老说：“那很好，没有古文基础，白话文也写不好。目前我们从事的古脊椎动物的分类工作，描述还是主要的，所以中文很重要。中文不好，从事外文的笔译也不容易提高。”我从实践中也体会到杨老教导的正确。杨老经常嘱咐我：“写东西要写自己最熟悉的，搞学问要有自己的‘绝门’。”我体会杨老是提倡严肃认真的治学态度，在研究的方向和方法上都要自己闯出一条路子来。

粉碎“四人帮”以后，杨老的干劲倍增，对鼓励后学更是格外热心。1977 年初夏的一个晚上，我去看望他。当我提到国内还没有一本地质学辞典时，杨老高兴地拿出他自己买的一本美国出版的《Glossaryofgeology》送给了我。并且在书上写上了“转赠甄朔南同志，杨钟健，1977 年 7 月 25 日”字样。每当我查阅这本书的词汇时，总感到杨老的鞭策就在耳边，他那对年轻一代寄予的无限关怀永远激励着我前进。

## 刚正不阿

杨老既有科学家的严谨态度，又像诗人一样充满了激情，他的心始终和绝大多数的人民大众在一起跳动。根据我多年来与他的交往，杨老虽然长期担任领导职务，但他没有一点官气，爱憎分明，刚正不阿。从不在同志之间要手腕，使权术，对那种两面三刀的人更是深恶痛绝。他对任何人都从工作、事业出发，绝不考虑个人的得失而故意疏远谁或拉拢谁，在他身上找不到一点市侩作风，只有一片赤子之心。我在1957年反右派斗争时，由于左倾错误的影响，曾被错划为右派。从此我饱尝了人情的冷暖，有的过去的“好友”见了面都如同路人（这当然与左倾错误有关，也不能去怪罪这些朋友）。1958年的春天，我陪同我们的一位副馆长去拜访杨老，请他到馆主持工作。当我在二道桥古脊椎动物研究所的旧址见到杨老时，我是不敢伸出手来和他握手的，因为我已经吃过不少闭门羹了。一见到杨老，我十分紧张而不安，也不知如何寒暄几句。没想到杨老看见我以后，仍和反右前一样，热情地伸出了手，叫我坐下，并当着我们副馆长的面，询问我的学习和工作情况。这件事虽然过去多年了，但我却永远不能忘怀，而且每当回忆起当时的情景，就感到有一股暖流在温暖着我的心房。

杨老待人从来不存成见，有时候他也会发脾气，但又总是从善意出发，从工作出发。1965年暑假，我陪杨老去大连休养，回来顺便参观沈阳、长春、哈尔滨三市的科研单位和博物馆。在长春时，有一次我没有把汽车联系好，耽误了杨老预先订好的访问约会。杨老对我工作中的粗心大意也不客气地提出了批评。杨老并没有申斥我，只是严肃地对我说：“Time is gold!”虽然只有这一句话，我却感到十分内疚。我深深地知道，杨老虽然在外地休养和参观，但他一分钟也没有白白放过，除了治疗、会客外，就是自己看书、写诗，我还曾经为他抄录他在旅途中写的文稿和诗稿。

在“四人帮”横行的岁月，中华民族遭受了空前的浩劫。有时我去看他，经常见到他一个人孤独地坐在他家过道的陈旧沙发上看书，或对着窗外在想些什么，我很早知道，他对于林彪、“四人帮”搞的那一套是十分不满的。杨老对胡耀邦主持科学院工作所取得的成就深为敬佩，对他遭受“四人帮”的批判深表同情。杨老对党和人民爱之甚深，但对那些背离党的原则搞阴谋诡计以及那些投机取巧的风派人物则恨之甚切，他不仅是学者、诗人，也是一位正直的、坚持马列主义原则的共产党人。

## 博物馆的拓荒人

早在1936年5月，在《科学》第25卷第5期中，杨老就写了一篇《关于陈列馆的意见》。虽然四十多年过去了，这篇文章的内容仍然很有现实意义。杨老提出博物馆（特别是自然历史博物馆）的主要任务就是采集、研究、陈列，后来他又多次强调这三点既是任务，又是工作的程序，缺一不可。现在看起来，这与国家文物管理局过去指出的博物馆的三性（科学研究、物质文化的保藏、文化教育）是完全一致的。根据我多年来在博物馆工作的经验，这三性是不以人们意志为转移的客观规律。“文化大革命”期间，林彪、“四人帮”硬说这三性是修正主义的，事实已经证明：他们在实践的法庭上已处于被告地位。杨老从担任北京自然博物馆的馆长职务起，一直想贯彻他的在中国搞好自然历史博物馆的理想，但由于左倾错误的干扰，使杨老对办好自然历史博物馆的设想只完成了很小的一部分。1965年，我随他去大连，杨老曾经在大连自然博物馆发表了一次如何办好中国自然历史博物馆的演讲，会后由我作了整理。我认为那次的演讲是杨老对在社会主义的中国办好自然历史博物馆的全面设想。比如说：他鉴于全国几个自然历史博物馆科研和技术人才的缺乏，提出组织几个自然历史博物馆在标本采集、鉴定、科研上的大协作，把采到的标本交与专门从事某一门类研究的人员进行研究，然后把标本分给各博物馆。与此同时，各博物馆交流学术情报，互相代培各类研究和技术人员。杨老对每一个博物馆的科研和技术人员都十分尊重和爱护，总是勉励他们安心博物馆工作，克服困难，做出成绩。

杨老亲自抓博物馆的“前台”工作，他对我馆以及外馆的陈列提纲都要亲自审阅，提出意见。文化大革命以后，他特别嘱咐我们在搞陈列时要反映出国外科研上的新成果，目前还在展出的我馆的几个基本陈列，每一个都有他无数的心血。杨老也很重视“后台”工作，他总要亲自去看保管标本的库房，强调要对标本进行保管、保护方面的科学研究，他经常以国外博物馆保管员的水平来要求我们，希望尽快培养一批做保管工作的专家。杨老对青年讲解员工作的培养更是格外重视。1971 年，我馆来了一批年轻的讲解员，杨老见到他们十分高兴，鼓励他们要成为博物馆或各个专业的专家。杨老一贯主张博物馆要通过工作实践培养青年同志，他经常拿美国自然历史博物馆的格兰杰（Walter Granger，1872—1941）教授做例子，说明格兰杰原来是该馆的一位工友，后来成为世界著名的古生物学家。我记得在他逝世前不久，有一次和我谈到讲解员的培养时，他说要叫他们多到野外工作，要给他们定向，要有研究人员和技术人员培养他们。杨老又说，应该尽快地用电视讲解代替讲解员的工作。我认为，杨老这些主张仍然是我们今后努力的方向。杨老对我国自然博物馆的建立和发展付出了巨大的劳动，我相信，科学史专家和博物馆学专家会把杨老比作我国自然博物馆拓荒人的。

（陕西人民出版社 1981 年 5 月版《大丈夫只能向前——回忆古生物学家杨钟健》）

# 怀念我的导师——杨钟健教授

叶祥奎

二十多年来，在杨钟健教授的培育和教导下，我从一个普通的大学生，成长为一名古脊椎动物工作者。记得当我结束大学生活跨进古脊椎所的大门时，不知天高地厚，自以为从此便可参与科学研究工作了。可能杨老当时业已看穿我们这些年轻人的心理，认为有必要敲敲警钟。有一天，他对我说："早年我北大毕业后，到德国慕尼黑大学留学时，我的老师每周来指导我一次。来时他说：今天到'幼儿园'来看看。在学问的领域中，当时我仅相当于幼儿园里的孩子。你们现在也应该只相当于幼稚园的孩子。"杨老这一席话，是用生动的比喻来提醒我们这些年轻人：在攀登科学高峰的征途上，要像幼稚园里的小孩一样，从头开始，一步一步地学习站立、前进。的确，现在回头看看，当时我们实在只是一个个可爱的"毛孩"，什么都不懂。

我是杨老的研究生。杨老对自己的学生是爱护的，但决不是溺爱，更不徇私情，而是严父式的爱。他培养学生的方法，不采取填鸭式的、或手把手照描的方法，而是指明方向，让你自己去闯，在实践中锻炼，使你经过亲自的摸索后得到真知。大家知道，生物的分类经常各家不同，并各持有理，特别是古生物学更是这样，几乎没有两本教科书中的分类法是完全相同的。这对初学者来说的确是是非难分，莫衷一是。我也曾因此苦恼过。于是去问杨老，希望他能替我判别一下，谁是谁非，应该采用哪种分类法合适。谁知杨老非但没有"帮我忙"，反而"将了我一军"："这就要看你姓叶的了，你认为哪种分类合理就采用哪种。如果都不合理，也可以都不采用，提出你的合理的来。为什么只能照人家的而不能提你自己的?"

杨老总是以满腔热情关怀干部的成长。对待干部，他首先看优点，而不是“吹毛求疵”，更不会故意揪住弱点不放，横加贬低。只要你做出一点成绩，哪怕还不成熟，他是看主流，加以肯定，鼓励你继续前进。他常说：金无足赤，人无全人，不能要求十全十美，更不能压制别人前进。有人说，杨老奠基的我国古脊椎动物学之所以能够不断发展的原因之一，就是他能够正确对待干部的成长，能容纳更多的人共事。

每当我所一批干部成长起来后，杨老打心眼里高兴。但他并不满足现状，就此止步，而是马上又给他们“施加压力”，提出更高的要求，迫使他们继续前进。1961—1963 年我所提升了一批新的助理研究员后，他主持召开了研究人员大会，会上提出了“助研十大要求”。在他的督促下，十多年来，这些同志果然做出成绩，不断成长。1978 年，我所提升了一批新的副研究员，这是我们事业兴旺发达，人才辈出的象征，他更高兴！可惜不久他就因病住院了。病中，他还惦记着要开一次大会，对新的提升的副研究员提出更高的要求。为此，我们曾在病榻旁安慰他说：“请你安心休养，等你病愈出院后，由你主持开会、讲话。”殊不知道他竟开不成这次会议而与我们永别了！

杨老虽然身为所长、知名科学家，但他从不高高在上，而总是把自己纳入群众之列，诸凡探病吊丧，他都躬身而行。我因病住过几次医院，每次他总要来探望。特别是 1976 年那次，当时他已八十高龄，两耳失聪，竟还利用星期日的公休日子，一人步行到医院里来看我。这叫晚辈怎不感动！有一位同志因动了一次小手术，住院时间不长，他知道后，赶紧前去探望，怕错过了时间。所里有同志去世了，哪怕是他的后辈，他也要亲自参加追悼会。有一次追悼会的时间做了临时改动，他没赶上，事后一再表示遗憾！1956 年，我所一位绘图员因难产去世了，当时他在国外访问。回国后，除在论文中表示对这位绘图员的感谢、悼念之意外，还长途跋涉，亲自到良乡她的墓前凭吊。这些事，看来似乎很小，但可由小见大，反映出一位领导干部的崇高品德。

为人正派，这是所内外熟悉杨老的许多同志的共同赞声。对此，可能有人会说，杨老是共产党员，理应正派。这话是对的。但难能可贵的是他一生正派，即便在解放前他还不是党员时也是如此。记得有同志给我讲过这样一个故事：解放前，一位普通技工与杨老顶了嘴，当时曾使杨老很生气。事后这位技工自思：这下我这个饭碗怕是保不住了。因为在旧社会，领导要开除一名工人是一件易如反掌的事。可是，出人意料之外，杨老并没有这样做。相反地，他仍然与这位工人继续合作共事，并还按格逐步提升。直至杨老去世前，这位同志成了我所资格最老、级别最高的技术人员。

服从组织决定，这也是杨老的美德之一。1959 年科学院决定由我所和地质所共同主持山西地层现场会议。由于当时所内的一些具体情况，并考虑到我所人力薄弱，部分领导和群众不主张接受此项任务。可是，对于组织上的决定，杨老总是身体力行的。他一方面做说服工作，一方面亲自拟订工作计划，并请他爱人誊抄，最后还是胜利地完成了任务。

事业心强，这也是大家对杨老的共同赞语。古脊椎所从只有几个人的一个附属机构，能发展到现在这样几百人的科学研究单位，显然是与杨老的坚强的事业心分不开的。他五十年如一日，呕心沥血，把毕生的精力，全部贡献给古脊椎动物学了。即便是抗战时期，在后方，颠沛流离，缺钱缺人，生活那么艰苦，工作条件那么不好，他也从未离开“化石”一步，兢兢业业，继续从事科研工作。卢沟龙等的科研成果，便是很好的见证。他是借用恐龙的命名，来纪念从卢沟桥事变开始的当时伟大的抗日战争。不了解事实真相的人，可能还会误认为卢沟龙是产自卢沟桥附近的。其实不然，它产自云南。只因为杨老出于爱国热情，借用了这个名字罢了。“文化大革命”中，杨老受到了冲击，汽车也给卡掉了，办公室也给占据了。他当时已七十高龄，但仍坐公共汽车来上班，并还继续写论文，从未间断。虽然有时胳臂被车门夹破了，有时坐过了站，都没一丝动摇他的事业心。杨老是 1979 年元旦假日里发病住院后逝世的。1978 年 12 月 31 日，他还按时来上班。完全可以说，他是在他所从事的事业上站完最后一班岗后离开人间的。真可谓“鞠躬尽瘁，死而后已”。

杨老虽然是一位自然科学家，但他的文学修养也很高，时常吟诗作对。一生之中，写成了厚厚几本诗集。他兴致来时，有时也与我们论古谈今。记得1978年春天某日，他写了这样一副对联："危楼一角，背山面水峡在望；飘泊三年，东奔西走了何时"，问我："这是哪个朝代，什么人的作品？"当时我被他"懵住"了，从对子的内容琢磨了半天，推测说："是否南宋末期某爱国诗人所作？"他笑了，原来这是他抗战时期在四川北碚艰苦从事科研工作时的写真。

我国人民在过春节时常有贴春联的习惯，杨老也是这样。但他的春联总是自己编拟，自己书写的，对联的内容也随年而异，因此更加生动有趣。如1963年春节，农历属兔年（1962年为虎年），他写道："纸虎张狂送瘟去，玉兔增产迎春来。"颇有见地。

近几年来，杨老的办公室楼下、楼上搬动数次。前年一次搬定后，我去看他，戏赋一联赠之，曰："楼上楼下皆吉利，搬来搬去总平安"，横联"乔迁之喜"。第二天，他就我的对联补成一首七绝，诗前还加了一段小引，并用毛笔在春联纸上写成示我。但见：

读叶祥奎同志所作我搬家对联，戏补成一绝，请斧正。

楼上楼下皆吉利，　搬来搬去总平安。
倘能再活若干年，　谁晓还能搬哪边？

——杨钟健书

现在重读此诗，当时和唱的情景依稀在目。但使人感到伤心的是，从此果真不能再见杨老搬家了！

人总是要死的。前人开创的事业，总是要后辈去继承、发扬光大的。让我们认真学习杨老的精神，踏着他的足迹，团结起来，为祖国的四个现代化，为古脊椎动物学的进一步发展，为纪念杨老的在天之灵而努力工作吧！

（陕西人民出版社1981年5月版《大丈夫只能向前——回忆古生物学家杨钟健》）

# 杨钟健教授活在我们当中

黄为龙

我国古脊椎动物学的开拓者和奠基者——杨钟健教授对我们天津自然博物馆的关怀和教导，特别是对我国自然博物馆事业的筹建和发展，呕尽了心血，真是鞠躬尽瘁。直到他老人家临终的前几天，在跟北京自然博物馆同仁谈工作时，还提出对自然博物馆今后发展的设想。杨老的言谈笑貌，至今记忆犹新，深深印刻在我们的心中。

1963 年，我调离科学院来天津的前夕，曾去杨老家看望他。杨老见我来，就从椅子上站了起来，对我作了一揖，风趣地说："恭喜！恭喜!! 你就要去开辟一个新的处女地了。你去的地方华北上新世的材料很多，是以前法国人桑志华在那里搞的，脊椎古生物的标本极其丰富；有庆阳三趾马红层，榆社系三个带的标本；还有泥河湾和萨拉乌苏动物群的材料。这些重要标本都在你们那里。"杨老一说起来，就滔滔不绝。这时我笑着说："我们总不能站着讲呀？"他才恍然大悟，给我让座，他也回到自己的座位坐下。那天，他对我到天津后的工作作了具体的指示，他说："你到那里以后，先搞一个标本整理规划，要把它一件件弄清楚。这些宝贵的原始资料很重要。有的，他们（指法国人桑志华、德日进等）曾研究过，大部分还没有动过。这需要你们花费很大的精力。困难很多，不过我们京津两地很近，所内的同志都会去帮助你们工作的。"

后来，我才知道，杨老对天津自然博物馆的工作一直很关注。早在 1952 年，天津市文化局根据国务院的指示接管了原法国人创办的北疆博物馆，成立了天津市人民科学馆。不久，他便同陈世骧、寿振黄等老一辈科学家们一起来到天津，查阅接管的化石材料。杨老一本一本地认真仔细查对了所有古生物标本登记底账，并在每本账的封皮前面，都留有一张亲笔批注，注明每本账的内容和存在的疑问。今天，每当我们翻弄着这一张张非同寻常的宝贵文献时，一种思念杨老的心情不禁油然而生，杨老没有离开我们，他同我们在一起，杨老永远活在我们当中。

1963 年，在大连召开了博物馆工作座谈会，有北京、天津、上海等五省市博物馆人员出席座谈。与会者对社会主义自然博物馆的认识是不一致的，会上众论纷纷，尤其是对自然博物馆性质的认识更是非常模糊。有的认为自然博物馆是科研单位，有的说只是搞展览的。1964 年，胡乔木参观了上海自然博物馆后曾明确指出："自然博物馆是一个科学机关。"他说："自然博物馆是新建的单位，过去中国没有人提倡，所以现在要花很大的精力，杨老（杨钟健）在国外考察过自然博物馆，你们可以向他请教，也可请他来参观，提提意见。"后来杨老接受了胡乔木的建议，不顾年老多病，顶着东北的严寒，冒着南方酷热难耐的天气，跑遍了各地博物馆，深入实际，一个又一个地实地考察，提出了许许多多宝贵的建设性建议。

我还清楚地记得，在一次座谈会上，大家请杨老谈谈如何看待自然博物馆的过去、现在和将来。杨老激情满怀，风趣地说："外国人吃面包，我们照吃。"杨老这一句话是教导我们，外国人能办得到的，我们也一定能办得到。他还告诉我们说："美国纽约自然博物馆有用的东西和成功的经验，是值得我们学习的，但我们并不是照搬，要吸收别人的长处。"

在那"四人帮"横行的时代，各地自然博物馆事业都遭到破坏，损失惨重，不可言状。天津自然博物馆也未得幸免，专业人员被送去支工、支农，业务工作停顿，几个毫无共同性质的博物馆和展览馆合并在一起，自然博物馆的性质和业务方向已被改变，新中国第一个成立的天津自然博物馆，将要被扼杀在摇篮之中！就在这博物馆前途攸关的时刻，杨老又来到了天津市博物馆。他面对那灾难情景，感到万分痛心。他亲自去找市领导人当面大声呼吁，明确指出：“自然博物馆必须分出来，并要请肖采瑜教授（南开大学生物系主任）当馆长。”市领导终于采纳了杨老的建议，才使得几乎濒于灭亡的事业得到了挽救，恢复了业务。

杨老生前曾谆谆教导我们要重视自然科学的基础理论，要搞“四史”①，不要赶时髦。我记得1973年冬天，我们把古生物展览的提纲报送杨老，请他审阅。看完，他在提纲上直截了当地写了“人云亦云”四个大字。他心情沉重地对我们说：“这种费心不讨好的做法要改变。要踏踏实实地干，一定要刹住赶时髦歪风……”

杨老对我国古脊椎动物的见解是非常深刻的，有些问题，他提出来了，但我们往往一时还不能理解。比如当时，我们对他为什么十分关心我馆收藏的甘肃庆阳、山西榆社、河北泥河湾、内蒙古萨拉乌苏河等四个地区的古脊椎动物标本感到奇怪。直到1978年，我们进行上新世肉食类研究的时候，从中发现了现生鬣狗的祖先——祖鬣狗。我们在山西东南部的材料中发现了贺风三趾马的头骨，这才大吃一惊，恍然大悟其中奥妙。就是这一新的发现，对杨老建立贺风三趾马提供了确切的证据，从而解决了自1931年以来未能证实的问题。而这些标本都在库房里沉睡了近五十年，直到今天，它们才能为我们祖国的四个现代化服务！这些研究成果，都是在杨老的关怀、教导下取得的。

杨老和我们永别了！但他为我国科学发展，兢兢业业，勤勤恳恳做出的卓越功勋和革命精神，却将永远长存，并且一定为我们永远铭记和学习。

（陕西人民出版社1981年5月版《大丈夫只能向前——回忆古生物学家杨钟健》）

---

①四史：指天体、地球、生物、人类史。

# 怀念杨老　学习杨老

吴　侬　毕初珍　刘进波　郭守道

杨钟健是中国和国际古生物界的一颗灿烂的明星，他一生致力于古脊椎动物学的研究，以其辉煌的成绩，载入了科学史册。他还是一位知名的爱国人士，早在五四时期，为了挽救垂危的祖国，就积极地投入新文化运动。在旧中国，他总是一贯地支持进步的革命事业。新中国建立后，1956 年他光荣地加入了中国共产党，成为一个优秀的中国共产党党员。

## 顽强的事业心

古脊椎动物学是一门冷门学科，但是它又是一门重要的基础学科，人类对大自然的认识和国家的建设，都离不开它。杨钟健早年在北京大学学习地质专业，毕业后出国留学，攻读古脊椎动物学，于 1927 年在德国慕尼黑大学获得哲学博士①学位后回国。旧中国反动的统治阶级是从来不重视科学的，杨钟健所从事的这门学科，更不被放在眼里。但经过他的努力，就在我们这块地大物博、历史悠久的土地上，创立和发展了古脊椎动物学。他成为这门学科在我们国家的创始人、开拓者。新中国的建立，为祖国科学技术的发展开辟了广阔的天地。杨钟健胸怀壮志，以发展我国古脊椎动物学，赶超世界先进水平为己任，以更高的热情投入科学研究工作。他先后担任古脊椎动物研究室主任和古脊椎动物与古人类研究所所长，在他的领导下，这个研究所成为

①西欧自然科学获得博士学位，一般授哲学博士。

世界上最大的一个古脊椎动物研究机构和重要的研究中心。

为了办好这个研究所，他制定了一个长远的战略目标，用他自己的话，概括为："搞清四个来源，两种堆积，填三白，还三愿，把死物变活，和群众见面。"四个来源，就是要研究探索脊椎动物的来源，陆生脊椎动物的来源，哺乳动物的来源和人类的来源。两种堆积是：土状堆积和红层堆积。三白是：地区的空白、动物门类的空白和地史阶段的空白。三愿是：为地质地层科学服务的愿望，为生物科学服务的愿望，为工农兵广大群众服务的愿望。这样的概括，言简意明，重点突出，是我国古脊椎动物与古人类学研究的百年创论。

他对这门学科，不仅有长远的规划，而且还有近期的安排。每年制订研究计划时，他都有自己的设想。在"文化大革命"前，我所在陕西蓝田、广东南雄和新疆等地所做的工作，得到了全国地质古生物界的好评。这些工作以及其他一些工作，都是按照他的意图办的，在完成这些任务的时候，从组队到野外考察，他都要亲临指导，采取连续作战和打歼灭战的方法完成。

在"四人帮"十年浩劫时期，尽管他遭受着残酷的迫害，失去了研究工作的自由，但是他还是念念不忘他所从事的研究工作。他自我解嘲地称之为"要龙骨"。"文化大革命"初期，上午他被当做"反动的资产阶级学术权威"去挨批斗，下午他仍然继续他的研究工作，因而被诬指为"老顽固"。在极端困难的情况下，他完成了二十多篇科学论文，向党和人民汇报了他的成绩。

敬爱的周总理曾向中国科学院提出"在广泛深入实际的基础上，把科学研究往高里提"的号召，要求老科学家总结他们的经验。杨老积极响应总理号召，写出了《古脊椎的研究成就和问题》《镵古记》等论著，总结了他的工作经验，作为后学者的借鉴，为进一步提高这门学科的研究水平做出了贡献。

杨老在世界古生物界享有盛名，在"文化大革命"期间，很多国际友人、科学家写信给杨老，要求来华访问，或者邀请杨老出席国际学术会议，但当时都遭到阻挠而无法实现。为此杨老非常气愤，他以愤怒的感情质问："你们还要不要科学？这简直是自我封锁！"

作恶多端的"四人帮"终于被粉碎了，人们迎来了科学的春天，杨老也得到了第二次解放。当时，他满怀激情地填了这样一首词：

**浪淘沙　志喜**

1976 年 10 月

全国喜连天，欣气无边，齐喝痛斥四
妖顽。魑魅魍魉都扫尽，去鬼门关。
万众同心弦，领导英贤，除了四害非
偶然。建设祖国再努力，红色江山。

杨老对"四人帮"的仇恨，对粉碎"四人帮"这件大快人心事的欣喜，真是洋溢纸上。此后，杨老心情更加舒畅，工作更加积极。他虽然已是八十高龄的老人，还多次到野外考察，多次接待来访的国外同行，进行学术交流，多次出席各种专业学术会议。1978 年 9 月，杨老出席了在庐山召开的全国第四纪冰川与第四纪地质学术会议。在会议期间，大家体谅到他年老多病，怕累坏了他，劝他多休息，杨老却说："我来庐山的任务是开会，不是来休息。"要举行地质旅行时，杨老正在生病，发烧到 38℃，劝他不要参加，他仍坚持要去。后来有的同事借故找杨老谈话，这样才把他留在家里，但事后他又坚持补上了这一课。

## 坚定的政治信念

早在北京大学就学期间，杨钟健就参加了许多进步学生团体的活动。1919 年他积极地参加了著名的五四运动。1920 年，他参加马克思学说研究会。他也是少年中国学会的组织者之一。在这个时期，他同李大钊、恽代英、邓中夏等革命先辈有交往，受到他们的革命思想的影响。在北大上学时期，他还和毛泽东有过通讯来往，四十多年来，一直保存着毛泽东写给他的亲笔复信。“文化大革命”中，他的家被抄，这封信也被抄出来了，他们训斥他：“你没有资格保存这封信。”并且予以没收。按照他们的逻辑，冒着生命危险保存了毛泽东手迹的人，在新中国也成了罪人，得到这封信的人，反而失去了保存这封信的权利，真是“秀才见了兵，有理说不清”。

杨老不仅保存了毛泽东的信件，而且还冒风险收藏了五四时期的《新青年》《语丝》等革命进步书刊。解放后，他将这些国民党时代遭到查禁的刊物，捐献给国家文物出版单位。这些事例说明了杨钟健的政治倾向性，他处在黑暗的旧中国，多么向往着一个光明的新中国，而且抱有坚定的信念：革命人民，一定会创造出一个新的中国来！

林彪、“四人帮”横行肆虐时期，有人给他扣上了“反动的资产阶级学术权威”的帽子，理由是他解放前担任过西北大学校长。杨老对此横眉冷对，置之不理。积几十年的经验，他坚信在中国上空翻腾的乌云是暂时的，是不能遮住太阳的，乌云终将消失，阳光总要普照大地，革命的事业一定会胜利的。

## 优秀的中国共产党党员

杨钟健是世界知名的科学家，也是中国共产党的优秀党员，他在党内从不搞特殊，以普通党员身份参加党的各种活动。在“文化大革命”前，凡是通知他参加的支部大会、党小组会，他一定参加，从不缺席。由于他耳朵重听，同志们发言时，就请别的同志给他做笔记，并积极争取发言。他每月的党费都是亲自交给党小组长的。1964年，他完成了一本大部头的著作《中国的假鳄类》，将所得稿费4000多元的支票，亲手交给了党小组长，作为他热爱党的一种表示。

近年来，他年老体弱，但仍然坚守工作岗位，对于标本室、实验室的建设，引进新技术，今后如何搞好研究工作，干部培养等，都提出自己的设想。他绝不当一位徒有虚名的所长，而是活到老、学到老、干到老的老将。他有时因事或因病不能到所里来，必交假条来请假，从来没有无故不上班，几十年如一日。院里、所内有什么政治集会、文娱晚会，只要得到通知，他必来参加，而且绝不迟到早退。就连看戏也一样，有时节目演得不精彩，大多数观众都退场离去，杨老却坚持到最后，他认为这样做，是起码的礼貌。他不愧是一位遵守纪律的模范。

杨老处处听党的话。1972 年 12 月他病得很厉害，流鼻血不止。他的家属劝他去看病，他说要坚持工作，不肯去。当时吴有训副院长还在世，劝他去看病，他也不去。后来由党委书记出面劝他说："你去看病是党组织的决定。"他一听说是党组织的决定，才顺从地到医院去了。1979 年当他病危的时候，也是坚持不住院，后来还是由党委书记出面说"这是党组织的决定"，他才同意住院了。谁料到他这一次住院，却成了永别！

杨老逝世了，但他给我们留下了一份极其丰富的科学财富，同时也给我们留下了受用不尽的精神力量。在我们纪念杨老的时候，一定要向杨老学习，继承他的事业，吸取他的精神力量，为四个现代化做出贡献！

（陕西人民出版社 1981 年 5 月版《大丈夫只能向前——回忆古生物学家杨钟健》）

# 怀念杨钟健

耿　业

## 关心同志　无微不至

我在杨老领导下工作了近25年。在和他长期的相处中，我感到他不仅在工作、学习上严格要求大家，而且在生活上无微不至地关心大家。就拿我来说吧，无论是自己患病还是生小孩，只要他知道了，不管刮风下雨，总是亲自到我家看望，用亲切的目光和话语来劝慰。特别使我难忘的是1961年秋的一天，我突然患急性胃炎，剧烈的胃痉挛疼得我直不起腰来，躺在办公室椅子上连动也不能动。杨老闻讯后急忙赶来，马上叫车子亲自送我去医治。由于及时得到治疗，不久便好了。杨老对周围的同事都是如此。只要听说谁病了，他一定问清住址，亲自去看望。有一次，他的秘书王剡病了，杨老赶忙去看望。但由于忘记了房间号，不得其门而入，急得他在宿舍楼前来回转。恰巧这时我走过来了，他便急切地叫我带他到王剡家，并嘱咐我说："不要先叫她，免得影响她休息。"杨老跟着我气喘吁吁地爬上了三楼，进了屋里，坐在王剡病床旁边，亲切地对她说："要安心养病，别着急。"使王剡和我都深受感动。

## 要创新　要运用新技术

在我国古脊椎动物与古人类学的发展过程中，杨老总是不断地探索新途径，从不满足于现状。拿新技术、新方法的应用来说，早在60

年代初，他就提出把同位素地质年代测定技术应用到古脊椎动物与古人类学研究上。他曾多次向研究人员提出：“我们以后写文章不能再像以前那样，只描述描述。要创新，要运用新技术、新方法，如 $C^{14}$、K－Ar 法等方面的成果。”要求大家探索和采用新技术，促进研究工作现代化。

“四人帮”横行时期，我所同位素地质年代实验室遭到摧残和破坏。他知道这种灾难以后非常气愤，要我把事情的详细经过写成材料送给他，以备亲自去找郭老（郭沫若院长）反映情况，求得制止破坏，恢复正常工作，后来因郭老患病住院，未得晤谈。不久，杨老给实验室组长黎兴国写来一个便条说：“前嘱之事，许久未有机会办到，无以报命为歉。看来目前还不能解决问题，不如等待为好。”他这种谦虚、认真的精神使我很受教育，将永远激励着我前进。

后来，实验室恢复了工作，杨老亲自到实验室来看望大家，询问工作情况，并多次询问实验室的房子问题是否得到解决。

我有一次向他汇报工作时，他明确指出：“我们最需要 K－Ar 法；$C^{14}$ 如今院内京区就剩了我们一家，应该留所办好。”“用新技术武装我们这门古老学科非常重要，对我们有用的方法全都要。”杨老这种出自肺腑的话语，充分表达着他对我国古生物学未来的希望。杨老的这些话，多么感人啊！它给我们增添了多么大的力量，也为我们指明了努力方向，虽然杨老离开了我们，但每当我们讨论实验室方向、任务时，杨老的声音就在耳边回响。杨老，您的遗愿我们一定努力去实现。

（陕西人民出版社 1981 年 5 月版《大丈夫只能向前——回忆古生物学家杨钟健》）

# 踏着杨钟健教授的足迹前进

孙艾玲

我国著名古生物学家、敬爱的杨钟健教授离开我们已经五年了。记得五年以前，在杨老逝世时，古脊椎所低等四足类研究室的同志们曾噙着热泪立志要继承杨老开创的事业，把这方面的研究搞上去。经过同志们齐心协力，在各个课题上都取得了一定成绩。在纪念杨老去世五周年之际，将我们这些年来的工作稍事总结，想来是对杨钟健教授最好的怀念，也是对他老人家苦心栽培最好的报答。

迄今，我国最早的四足类化石来自晚二叠世。杨老曾记述过山西的钜齿龙类和河南的一些化石。有关钜齿龙类的化石，目前已有了不少新的发现，种类也有所增加。还有一些同时代的其他门类的材料，为晚二叠世动物群的建立提供了基础。令人感兴趣的是，在新疆芦草沟地层内出现了与古鳕鱼类共生的两栖动物化石，这就把我国两栖动物的最早记录从中生代的早三叠世向前推到了晚古生代的二叠纪。

自30年代起，杨老曾大量记述过三叠纪的骨化石：有新疆的早三叠世水龙兽及其共生的动物，如阔口龙、乌鲁木齐兽、似原蜥等；有山西和新疆的中三叠世中国肯氏兽动物群中的各种槽齿类（山西鳄、吐鲁番鳄、武氏鳄等）、新前稜蜥、中国颌兽、耳曲龙；还有少量新疆晚三叠世的四足类。

我国陆相三叠系相当发育，其中的骨化石也比较丰富。在过去的若干年里，我们着重在华北内蒙古等地进行了调查发掘工作。除了对原有的动物群有所增补外，发现了两个新的含化石层位：和尚沟组和二马营组底部。前者产有大批前稜蜥类，还有掘兽类、槽齿类共生。

值得注意的是至今还没有一块确凿的二齿兽类化石被找见，而二齿兽类在其上面的二马营组地层里却是占主导地位的动物。这一现象很能说明和尚沟组里动物群的特点，因而明显区别于二马营组。二马营组地层原产中国肯氏兽动物群，但化石层位在这一组的上部。过去在底部虽有个别的发现，如保德蜥和河套兽的牙床碎块，不仅材料零星，层位也不很确切。现在，从这里发掘到了不少肯氏兽类化石，还有一些其他门类的代表，从性质上分析，可以代表一独立的动物群。在这两个新层位里，都找到了过去在我国未露过面的掘兽类化石，并有一些新型槽齿类代表。

有关三叠纪爬行动物的研究工作，除了一般分类描述及古生物地层工作以外，逐渐开展了形态机能等方面的研究。对于水龙兽肢体骨骼肌肉的复原和功能的讨论，以及前稜蜥类齿系的替换等工作都属这类课题。为了深入进行爬行动物形态的研究，并为古生物工作打下基础，我们和兰州大学生物系有关老师合作，开展了现生扬子鳄的系统解剖工作，这一课题已接近尾声，将以40万字的专册与读者见面。

研究哺乳动物的起源，我国有着独特的条件。一些三叠纪的兽形类爬行动物材料虽然不多，但后期的三列齿类则相当富有，尤其是产自禄丰的最早哺乳动物更是引人注目。

杨老在40年代专攻的卞氏兽就属于三列齿类。这是一类十分进步的兽形类动物，它的分类位置曾经摇摆于爬行类和哺乳类之间。现在，随着三列齿类材料的不断增加，从产地说已从云南扩展到四川，从时代说已从三叠纪晚期延伸到侏罗纪中晚期。研究工作正在不断深入，例如，从这类动物中最晚期代表的头骨脑颅等构造，可以追溯出从犬齿兽类过渡到三列齿类过程中一系列的形态变化。

最早哺乳动物的研究，是杨老一生中最后从事的一个课题。在他1978年发表的文章和1982年文集中发表的遗著里，曾记述了一些这方面的化石。当时因修理技术等限制，未能深入细部。现在经过精心加工，这些小头骨已开始向人们显示内部的奥秘。尤其是我国云南的特产——中国尖齿兽，通过脑颅、耳区和颌关节等部位的研究，表明是在哺乳动物形成过程中十分奇特的一个门类。它的脑颅十分原始，几乎停留在兽形类爬行动物阶段，然而颌关节却出奇地进步，已是典型的哺乳动物型，中耳结构又代表了一种过渡形态。现在我们已拥有一定数量的这类化石，相信在今后工作中会对哺乳动物起源这个课题做出应有的贡献。

恐龙化石更是杨老所从事的主要研究对象。半个世纪以来，自三叠纪晚期的禄丰恐龙动物群、侏罗纪的四川恐龙，一直到白垩纪的山东莱阳恐龙化石，都出自杨老笔下。近几年来，恐龙的发现和研究均有很大进展。例如，杨老在世时就已获得的一批从西藏昌都和拉萨地区采集来的化石，现已整理出来，这是在西藏地区继海相三叠纪鱼龙化石之后的一次陆相中生代恐龙化石的记录。材料虽不很完整，但化石来之不易，采自海拔4200米的高原，因而是相当可贵的，也为该地区的地层工作提供了古脊椎动物方面的资料。四川盆地的侏罗纪恐龙化石已经以古生物志形式出版。这是一批相当完整的蜥脚类、剑龙类和肉食龙类材料，代表了一个世界上比较稀少的早中侏罗世动物群，因有与欧洲海相层中相近的鱼类、鳄类、蛇颈龙类以及龟鳖类等化石共生，故其时代鉴定较为可靠。这批化石亦为探讨恐龙中若干门类的早期演化提供了良好基础。就在1983年，新疆考察队在准噶尔盆地克拉麦里地区，同志们克服了酷暑的高温和蚊虫的螫咬，发掘到了一批难得的恐龙化石，其中包括一个侏罗纪甲龙的头骨。

恐龙蛋是研究恐龙的另一个方面。过去，杨老曾撰写过不少文章，记述了山东莱阳、广东南雄等地的恐龙蛋化石。近年来，我们在兄弟单位的协作下，对蛋片开展了超显微结构的研究和古生物化学的分析，已取得一定成果，并已开始对大熊猫的牙齿进行同样性质的研究。这是一个新的领域，将有许多工作在等待着我们。

杨老生前十分重视空白学科的填补，一再嘱咐要注意开展鸟类化石的研究。可以使杨老宽慰的是，在短短几年内，鸟化石的发现遍布全国十多个省，包括青海、新疆这样的边远地区在内。从地质时代说，不仅涉及除古新世以外新生代的各个时代，而且从甘肃省内找到了仅晚于晚侏罗世始祖鸟的早白垩世鸟化石，命名为甘肃鸟。据研究者称，这类鸟可能与滨岸鸟类和水鸟类的祖先有关。长期没有人整理的一批周口店鸟化石现已研究完毕。

除了科研工作以外，我们曾在国外举办了两次“中国恐龙展览会”。一次是在日本，另一次在澳大利亚，这两次展览均在当地引起了轰动。而这两次展览中的“主角”——马门溪龙和青岛龙，都是杨老生前的研究成果。每每思念及此，我们和国外的朋友们无不沉浸于对杨老深深的怀念之中，生发出对他无限敬慕之情。

今天，我们又一次阅读《大丈夫只能向前》这本回忆追述杨老生平的文集，他老人家光辉的一生，再一次生动地呈现在我们眼前。丰硕的功绩来自他崇高的思想品德、刻苦的治学精神以及对党对人民事业的无比忠诚。杨钟健老师的榜样，将永远激励我们在科学事业上奋斗终身。

（1984 年《化石》第 1 期）

# 怀念杨老　继续前进

薛祥煦

我50年代在杨老主持的古脊椎动物与古人类研究所进修过。那时研究机构还不太大，人员也不太多，和老师们朝夕相处，经常接触见面，他的为人处事，治学态度……给我留下了难以忘怀的印象。杨老即使在小事上对自己也是要求很严格的，他上班从不晚来早走，工作起来极其严肃认真……当时我们年轻人的宿舍距研究所还有相当一段路程，我们始终是一大早起床，跑步上办公室，争分夺秒地学习和工作。研究所设在北京一个不太大的两进四合院内，其中有各研究室、图书室、技术室、行政办公室以及食堂等各种机构，但上班时间非常安静，秩序井然；我们年轻人无论是学习，整理标本，还是帮导师抄写稿件，从不敢有半点马虎，草率从事……这些都是与杨老的作风、言传身带分不开的。那几年中苏科学家来往较多，我们亲眼看到他按照党的方针政策在学术上发展与邻邦的友好关系。他学识渊博，在许多方面都有独到的见解，他总是坚持自己的正确观点，和外国专家展开争辩与讨论，虚心学习国外的先进经验，正确评价国外和我们自己的工作和成果，从不盲目地推崇外国科学家。他的高度爱国主义思想，不卑不亢的作风，大大长了我们的志气，完全表现了站起来了的新中国人民的气魄。

杨老关心爱护年轻人，重视对年轻一代的培养，他总是鼓励和勉励年轻人努力学习，不断前进。记得我刚到研究所，同事带我去见杨老，当他知道我是从大学派去学习进修的，就语重心长地说：“你是当老师的，好好学习，回去多培养些学生。”不久，学校要开古脊椎动物课，当时我还不具备全面讲授这门课程的能力，杨老和所领导得知后表示要大力支持学校，毅然决定派刘宪亭到校讲课，我随刘先生回校，边听课边辅导。这是我系有史以来第一次讲古脊椎动物学，由于研究所的支援，解决了一个年级学生的学习问题，对我来说也是一次系统学习，在实践中提高的极好机会。

我从研究所学习完毕返校不久，一次见到杨老，我告诉他我系老师在临潼附近的“红层”中找到了好几个牙化石，经鉴定是三趾马的，这样，渭河盆地中的“红层”就不再像过去因缺化石证据笼而统之地称为“中新生界”，或白垩系，或白垩第三系，起码含化石的部分地层的时代就可具体确定为新第三纪上新世了。他听了很高兴，因为这是该区第一次发现哺乳类化石，很有意义，但似乎还有些迟疑，没有立即发表意见，而提出要看看标本。看来，他一方面为他的学生能独立开展些工作感到满意，另一方面又从爱护学生的角度出发，怕初出茅庐的我出错，要对这个工作进行严格的审查。杨老看了标本后才点头表示赞同我的汇报，并作了一番鼓励。这是我离开导师后独立进行的第一项鉴定研究工作，得到了杨老的肯定。回忆往事，当时我的心情，就像初学走路的孩子，离开了母亲的搀扶独自迈出了第一步那样，该有多么高兴，多么激动！杨老的鼓励增强了我克服困难，坚持下去，创造条件，做好工作的信心，鼓舞我勇敢大胆地向前迈进。

1962 年，我参加了我系黄土科研组的工作，研究组在王永焱教授的领导下采集了不少古脊椎动物标本。有一次杨老来西安视察（杨老是全国人大代表），来到我们学校，当他看到那么多标本堆在地上，没有很好地整理研究，很惋惜地说：应该搞间房子，把标本整理陈列出来进行研究，还可以给学生们参观实习。在杨老的启发教导下，在我系王永焱主任的重视和关心下，系里拨给了一间大房子，学校批准做了标本柜，我们才把采集的标本按地区和分类整理陈列了出来，并逐步进行了鉴定和研究。事隔两年，1964 年杨老又一次来到西安，来到我系，看到了我们明亮干净的陈列室和整齐陈放并附有标签的化石标本。这一次和前一次大不一样，杨老始终面带笑容，兴致勃勃，显得格外高兴，他一会儿看看这块标本，一会儿讲讲那块化石，最后他翘着大拇指朝着系主任王永焱教授夸奖说：“好得很，了不起，全国高等学校中的第一。”接着又向我说：“再采些标本，努力好好工作，有困难就到北京来……”杨老兴奋愉快的心情感染了每个在场的同志，大家都受到鼓舞，很是激动，空气顿时活跃起来，每个人仿佛都从这样一个小小陈列室的建成看到了祖国科学事业正在朝气蓬勃，大踏步向前迈进的美好景象。

我最后一次见到杨老是1978年夏天。他老人家像以往一样，总是要从学校情况问到我的工作，直到我的家庭。当我向他汇报我的工作，尤其是都采到什么标本，有什么新发现时，他总是迫不及待地要看看标本，再作些指点……杨老的心里装的是党的事业，装的是本门学科的发展，装的是年轻一代的成长，这支专业队伍的壮大……杨老不愧是我们敬爱的老前辈，是我们敬爱的好老师。我们以有这样的带头人感到骄傲和自豪。

杨老离开我们了，他给我的教导和鼓励却经常回响在耳边，要继承他的事业和遗志，把我国的地质古生物工作做得更好；杨老离开我们了，他的高大形象却经常屹立在我的眼前，要像杨老那样坚定勇敢，任凭前进道路上荆棘重重，也要克服困难继续向前。

（陕西人民出版社1981年5月版《大丈夫只能向前——回忆古生物学家杨钟健》）

# 追念恩师杨钟健教授

刘嘉龙

1945年，我在北大地质系读书时，在图书馆内首次见到杨老的相片。他和我国著名地质古生物学家李四光、孙云铸等教授坐在一起，从相片上看，他真是一个朴实敦厚而能够实干的人，并没有某些人心目中那种“学者风度”。这是我对老师的第一印象。紧接着借到一本杨老的著作——《演化的实证与过程》，这本书使我对古脊椎动物发生了颇大的兴趣，我一口气读完了它。从此便产生一个渴想见到作者的念头。

我这个愿望终于在不久之后实现了！那是25年前，我由北京地质学院派到古脊椎动物研究室（古脊椎动物与古人类研究所的前身）进修，在地安门二道桥的一个小四合院里，我见到了这位幽默而深湛的大师。杨老和那时还在中年的周明镇先生共同带我进修，但一些重要的学习计划都是在杨老指引下制订的。周明镇和我一道研究了“茂名龟”，杨老和研究室同事们也提出了宝贵意见，当时我还年轻缺乏经验，杨老在论文宣读会上却给予很高的评价，一方面鼓励了其他年轻的同事，一方面也为我树立了钻研古脊椎的信心，使我终生难忘，誓不改行！杨老本身既是千里马又是伯乐，但做伯乐比做千里马更难啊！当我结束半年多的进修时，杨老要我考他的研究生，继续在龟化石研究方面深造。我是多么求之不得啊！可是，由于学校不肯同意，辜负了杨老的一片好心！临行，杨老约我在他工作的东厢房里单独和我谈心。他要我在科学攀登上不怕艰苦，有问题常到他这里来，他会尽其所能地帮助我解决。他勉励我要勤写勤改，不中断创作。他说中断创作就会成为食古不化的书呆子，就是中断了自己的科学生命。这句话给我的印象很深。同时他肯定我在进修期间对外文的钻研，要我除英文外多掌握一些语种，有目的地学外国语。现在看来，杨老的眼光看得何等远啊！在谈话中，他的博大襟怀和真挚坦爽简直令人忘掉了年龄的差别，使得学生的眼眶中噙满感激的泪水。最后，老师把自己已往著作的单行本赠给我，我握着他年老、厚实的手掌依依不舍地告别了。

不久，我被莫名其妙地调到安徽，专业更加不对口，几乎连起码的参考文献都没有！因此除了培养一些学生外，十几个年头浑浑噩噩地过去了。贾兰坡、周明镇等教授都对此表示惋惜和同情。我在那种条件下做了一些事倍功半的研究工作。一次，给杨老寄去一本在所谓“开门办学”的无聊时刻挤时间翻译的《古生物学发展前景》。事隔很久，到杨老家中做客时，他还不忘记向我道谢，实在叫我难堪和惭愧，觉得自己很应该认真校对一下，然后送给他老人家一本质量较高的译本，才能对得起他的期望并尽到做学生的本分。

杨老平时无比热爱自己的专业，要求自己极其严格，他的文章既保质又高产，一生写了600多篇论文，琳琅满目，“著作等身”，给年轻一代树立了典范。尤其难能可贵的是，即使在“四人帮”横行的日子里，他身遭批斗，仍手不释卷地写出大量论文。一般人或许认为他有点固执，但就是这种固执的事业心才能对四个现代化做出贡献。我以做这样一位固执的老头的学生为荣，还下定决心要学习他这股劲头！

杨老不仅是一位科学家，也是一位教育家。他对我们后学的一丝一毫成果决不轻易放过，总是在严格要求的同时，像春蚕吐丝一般把生平所学传授给我们，对我们的工作提出意见并给予支持。有一次由于偷懒，我在信中把安徽的“徽”字写作“灰”字，杨老就不留情面地进行了批评，他认为一个字的事小，不认真的事大。1973年安徽发现并鉴定了淮河诺氏古象，他逢人就讲，认为是我国发现的第一具完整象化石，以后古脊椎所又在甘肃发现了黄河古象，保存更为理想，他老人家更加高兴了。可以看出杨老对人公而忘私，无分畛域，只要你认真工作，不论是否本单位的，他都乐于相助。这和那些只想自己或自己单位出成绩，唯恐年轻人超过去的同志相较，很值得他们学习。

听说杨老在逝世前弥留之际还向有关同志问起我和甄朔南关于淮北动物群的科研进展。杨老啊，您对自己的学生是何等的关怀！幸喜我们文章的中、英文全文稿都已在您逝世不到一年的时间内完成了，也算是我们以实际行动对老师的一点纪念和报答吧！

（陕西人民出版社 1981 年 5 月版《大丈夫只能向前——回忆古生物学家杨钟健》）

# 杨钟健与自然博物馆

张问松

杨钟健的逝世是古生物界、地学界的重大损失，也是自然历史博物馆事业的一个重大损失。他兼任北京自然博物馆馆长已二十多年，对这个博物馆的成长付出了巨大的劳动。这个馆在他的领导下，从无到有，从小到大，逐步地发展起来。这个馆同国外的老馆相比，还很年轻，是初具规模的，但它在我国自然历史博物馆事业中确是一朵旺盛的新花。杨钟健就是这朵新花的精心培育者之一。

杨馆长与我们永别了，但他那严谨的治学态度、孜孜不倦的工作作风和他那富有远见的建馆思想，将永远铭记在我们心中。杨馆长遗留下的物质和精神的财富，我们要很好地学习、继承和发扬。

杨馆长到馆的头一天，就对同志们讲："我不务虚名，要做实事，不做挂名的馆长，要做具体工作。"二十多年的实践证明，他是这么说的，也是这样做的。他对博物馆的领导，从方向任务到发展规划以至各项具体工作，都亲自了解，提出意见，有些则事必躬亲，身体力行。博物馆每展出一个新的陈列，他总是不辞劳苦地从头看到尾，从科学内容到艺术形式，无不详审细究，力求达到可能达到的完美程度。他对工作要求一丝不苟，凡是好的，他就表扬，不好的，他就批评，从不模棱两可。1972 年，他审查古生物馆的人类陈列时，力主把"中国猿人"放在人科人属，叫"北京人"，不能再叫"中国猿人"或"北京猿人"。他说："五十万年以前，人类早已成长起来了，为什么还叫'猿'？"恐龙陈列，他坚持陈列"禄丰龙"。他说："要给人以较完整的概念。"又说："你们不可'数典忘祖'、误人子弟。"

杨馆长的负责精神是很感人的。他不仅对干部要求严，有时还深入到工作室、标本库具体检查工作。每当他看到标本存放井井有条，排架正规，便喜形于色，处处加以表扬，鼓励大家努力工作。特别是对青年同志有了成绩，倍加支持和鼓励。相反，他看到工作不好，标本乱堆乱放，便连声叹气，表示不满。杨馆长的这种高度责任感以及对后学者的关怀，赢得了大家对他的尊敬。

杨馆长对博物馆的创建与发展贡献出的心血以及他对博物馆事业的宏图远谋，对博物馆事业的发展有着深远的影响。我们都感到杨老对博物馆事业非常重视，有一种特殊的感情。不知者可能认为有什么不可言明的原因，实则非也。多年来，我们从他的言谈话语中清楚地了解到，杨老胸怀着一种中华民族特有的感情。一方面，他以中华民族的光辉历史和灿烂文化而自豪；另一方面，他也为我们现代科学文化落后而忧愤。还在他青年时代，也就是祖国动乱的时代，他就忧国忧民，怀着一颗科学救国的好心。他说："我留学归来后就想，我们中国人要自己办个自然历史博物馆，借以推动和发展自然科学，促进国人的科学文化的提高。"后来，他明白了，在旧中国，这种愿望是难以实现的。然而，在新中国，在人民当政的制度下，这种宿望实现了。所以杨老对中国有了自己的自然历史博物馆万分高兴，把它当做刚刚破土而出的幼苗，爱护它，扶持它，希望它成长起来，为在中国实现四个现代化中做出应有的贡献。

在"文化大革命"中，博物馆也同其他事业一样，遭到了林彪、"四人帮"的摧残，多年关门停办，一切都搞乱了。1972 年，博物馆重整旗鼓，恢复陈列。这时，杨老已是年近八旬的老人了，而且又遭受了精神上、身体上的摧残，但他一如既往，仍然十分关心博物馆工作。为了进一步探索博物馆的方向、任务，总结经验，就在这一年的夏季，杨老不顾年老体弱，冒着酷暑炎热，带领博物馆的五个工作人员，走访了南方几个省市的博物馆和有关科研单位。回来以后，杨老又不辞劳苦，进一步帮助我们明确方向任务，制定了陈列方案。从此，博物馆的业务又蓬勃地开展起来，排除了林彪、“四人帮”反对基础科学的干扰，走上了健康发展的道路。

杨钟健办自然博物馆的指导思想是十分鲜明的，充分体现了他爱国为民的光辉思想。他说：“搞博物馆要有明确的目的，就是给人以知识。我们的辛勤劳动，就是要为人们认识自然、利用自然、改造自然服务，就是要为人类自己造福。”他还把自己职业上的专长同博物馆教育工作紧密地联系在一起。他说：“我要了一辈子龙骨头。每当我有一点新发现，对自然界的认识又进了一步时，总是高兴得睡不着觉。化石标本——看起来是一些乱石头，但我懂得它们的价值，我也希望大家都懂得它们的价值。”他还说：“宇宙间万物有别，看起来杂乱无章、深奥莫测，但实际上一切形形色色的生物和无机物的存在和演化都是有规律的。我们搞科研、办博物馆，就是把自然界的规律告诉人们，让人们不做自然的奴隶。”他还特别强调“博物馆”在教育中的特殊意义，说：“我一生想办个博物馆，就是想把自然界有代表性的物种集中起来，形象地反映自然的历史，这要比空讲道理好得多。”多年来，杨钟健对博物馆的许多言论和实际指导，给我们留下了极其深刻的印象，使我们加深了办好博物馆重要意义的理解。

“文化大革命”后期，由于许多是非被颠倒了，博物馆也是处于犹疑不定的状态，特别是批判了所谓“三脱离”，许多同志遭受打击，惊魂未定，不知应如何开展业务。就在这种困难的情况下，杨馆长根据北京已有天文馆和地质博物馆的具体情况，明确地提出了基本陈列要搞“两个半史”，即半个地球史和生物史，人类起源史，对观众进行生物基本知识教育。同时提出，在搞好基本陈列的条件下，再搞一些专题陈列，使博物馆不断有新内容、新项目。杨馆长还明确要求，一切陈列设计都要以辩证唯物主义和历史唯物主义为指导思想，努力达到科学性、思想性和艺术形式的统一。在杨馆长的正确领导下，全体同志用了将近四年的时间，重新搞了五个基本陈列，还搞了数次专题展览。开馆以后，获得了国内外许多观众的好评。广大观众说：“博物馆是学习生物知识的大课堂，也是学习哲学的好课堂。”许多外国朋友也给了应有的肯定，说我们博物馆历史虽短，进展很快，有成果，有特色。这些都是杨馆长办馆思想所产生的成果。到1978年底，也就是在杨馆长逝世前两个多月，他又发展了自己的思想，要求把自然历史的基本陈列连贯起来。他说：今后要搞“四史”，即天体史、地球史、生物史和人类起源史，办成一个完善的自然历史博物馆。杨馆长还多次提出，博物馆的名称要符合实际，应改为“自然历史博物馆”，“自然博物馆”含义太广，名实不符。杨馆长还十分强调，自然历史博物馆万万不可办成展览馆，一定要十分重视后台工作，壮大科研力量。他说：“没有强大的后台，前台就搞不好。后台与前台之比要大十倍。”他还说：“北京自然博物馆现在是青壮时期，要广开门路，广招志士，广积标本，培养干部，发展业务。”他还说：“博物馆必须精于分类学和生态学。现在国内搞分类的太分散，博物馆要自己培养一支队伍，未来的分类中心应是博物馆。”

杨馆长对自然博物馆的前景，寄予很大的希望。从1972年开始，他不止一次地讲了他的设想。他说：现在这个博物馆太小，比瑞典的还小好多，跟英美法的更无法比。他认为这样的博物馆跟我国的地位很不相称，也不可能反映我国地大物博和科学文化的全貌。因此，他多次提出要扩建，要发展。杨馆长提出了一个目标，要在20世纪末赶上先进的国家。他说世界上有五大家——英、美、法、日本和共同市场，这些国家的自然历史博物馆历史久，规模大，研究力量强，在生物学领域中起着决定性的作用。我们要迎头赶上他们。杨馆长具体要求：在20世纪前，建成一个具有相当规模的现代化的国家自然历史博物馆。标本收藏量可能赶不上美、英、法等国，而开馆规模、现代化设备和科研队伍要力求赶上。他还说：“中国人有志气，不能老顶着落后的帽子。”

我们十分沉痛地回忆起一个令人难忘的日子——1978年12月27日，也就是在他逝世前不久，北京自然博物馆举行了一次全体职工参加的送旧迎新大会。这时，杨钟健已重病在身，但他还是照常在古脊椎动物与古人类研究所上班，照常来馆参加会议。杨馆长走到三楼会场已十分困难，气喘胸痛，中间休息了两次。大家看到这种情形都劝他不要参加了，但他说："别人都参加，我怎么不参加？"毅然地参加了会议，并在会上讲了话。这是杨馆长向全体同志最后的一次讲话，也是十分感人的讲话。他一开始就说："今年是'羊'年，羊象征着和平与团结，是国家工作着重点转移的吉祥之兆。"他分析了国际国内形势，号召全馆同志要为"四化"做出贡献。我们在杨老的身旁，看到他说话很吃力，病痛折磨着他，而为他难过，但又被他那清晰的思想和高尚的情操所感染。我们看到他对我国未来充满了信心，看到了他那忘我的精神，而深深受到鼓舞。我们相处多年，我从生活实践中体会到：杨钟健不仅是一位优秀的科学家，也是我们中国共产党的一个好党员。他热爱党，维护党的利益，一贯以一个普通党员的身份严格要求自己，丝毫不搞特殊化。他尊重党的领导，重视党的团结。有一件事我至今记忆犹新。那是1973年的秋季，杨钟健由陕西老家回京不久，便到馆内找我。恰逢那天我不在，他留下条子说他回来了，有许多话要跟我谈谈。过了两天，我去他家，一见面，他就说："我多年没有回家了，我要把这次回家的情况向你汇报一下。"按说这是完全不必要的，他的组织关系不在博物馆。论工作关系，我在他的领导之下，论年龄，我也属晚辈，只是因为我是个党支部书记。还有一件很感人的事，杨钟健在"文化大革命"中一面被批斗，一面埋头搞写作，写成了一部十万余字的《古脊椎的研究成就和问题》。后期又写了十篇论文。他说："我年岁大了，我要把我50年古生物工作总结出来，留给后人，不要带到棺材里去。"杨钟健这种忍辱负重、公而忘私的精神确实是十分可敬的。在十篇论文中有自我剖析，主要是学术上的批评文章。他取了名字叫《针灸集》。杨钟健为人刚直，凡是他认为不对的，他总是不大注意情面的。我看了说："您这个'针灸'锋芒毕露，未免太刺人了。"他笑着反问："那你说叫什么好？"我说："您叫它

《镵石集》吧，意思不大变，但可避讳些。”过了几天，他写了个条子给我，说他很高兴地采用了《镵石集》这一名称。一个学者能够不小视普通人，有群众观点，直诸理，不枉其事，也是很令人起敬的。

杨钟健与世长辞了。他生前热爱博物馆，博物馆的同志也热爱他。他的逝世引起了博物馆同志极大的悲痛，但他给博物馆留下的遗产使博物馆同志们得到安慰，博物馆同志们将永远怀念杨钟健。

（陕西人民出版社1981年5月版《大丈夫只能向前——回忆古生物学家杨钟健》）

# 亲切的教诲

赵喜进

从1957年第一次见到杨老到1979年杨老逝世，在将近二十多年的时间里，我一直是在杨老直接的关怀和指导下进行科研工作的。经常相处，深感敬爱的杨老，堪称我之师表。

## 杨老引导我“耍龙骨”

我是1955年被派往苏联学习的，在去莫斯科的火车上，组织上才宣布我的专业是古生物学。说真的，当时我还以为古生物学是与搞出土文物的“考古”有关呢，这足以说明我对古生物所涉及的内容一无所知。到莫斯科大学地质系后，直到1957年秋的一年多时间里，学的全是大学一、二年级的基础课。因此，在此期间古生物学对我来说，仍然是一个未知数。真巧，就在这时杨老率我国古生物代表团来苏联参观访问，并在百忙之中接见了我们几名古生物专业的留学生，还给我们做了很有风趣的报告，对我颇有启发，真有听君一席言，决定终生愿之感。谈话过程中，杨老首先给我们讲解了古生物研究的主要内容，其中较详细地介绍了我国古脊椎动物近况，特别是杨老多年所从事研究的主要门类之一——恐龙，强烈地吸引着我。杨老在讲话结束时，给我们指出了学习方向，希望在我们当中，能有几名未来的古脊椎动物学工作者，因此，在杨先生问我，将来愿意研究哪一门类化石时，我毫不犹豫地回答：“我想搞恐龙！”杨老微笑地点了点头说：“好！”这一个“好”字，是古生物界老前辈对我这个一窍不通的“古生物工作者”的莫大鼓励和鞭策，显示出杨先生对我未来工作的赞许和肯定。从那以后，我有意识地对自己“定向”培养，除教学大纲规定的必学课程外，我的很多时间是花在古脊椎动物化石知识的学习上。在大学期间，经常到苏联科学院古生物陈列馆观察化石标本，特别是与各类恐龙建立了深厚的“感情”。为了更扎实地掌握古爬行动物化石材料，用将今比古的方法，多次去观察动物博物馆现代脊椎标本，使我能更好地与恐龙等爬行动物化石进行对比。为了巩固对这些恐龙化石的初步认识，并为毕业论文打基础，我的三年级论文选择了“论不同恐龙类的四肢功能及其演化”的内容，并在大学毕业的前一年，争取参加了以发掘脊椎动物化石为主的原中苏古生物考察队，所有这几年的学习收获集中反映在我的《西伯利亚的鹦鹉嘴龙新种》毕业论文中。毕业回国后，分配到以杨钟健先生为所长的古脊椎所。所以直到杨老逝世，全是在他老人家的直接教导下，做一些具体的研究工作。由此可见，我的“耍龙骨”生涯，与杨老的亲切启发、关怀和谆谆教导是分不开的。

## 坚持“双百”，鼓励后辈

根据我的实际情况，到所后被安排在杨老兼任室主任的古低等脊椎动物研究室。由于杨老的严格要求和耐心指导，我的业务水平有所提高，对一些化石和地层问题有了一些新的见解，其中有的看法与杨老的观点有差异，特别是云南禄丰地区的下禄丰组时代最为突出。这是因为近年来发现了一些新的化石，并进一步对比了有关地层，我逐渐认识到下禄丰组为晚三叠世（瑞替克期）时代的观点应当变动，以早侏罗世里阿斯期更稳妥些，同时觉得杨老早期研究的禄丰盆地爬行动物的个别属种，通过新材料的发现，也应做一些相应的修改。要改变过去杨老自己的一些看法，当然不是那么容易，但杨老还是本着“双百”方针，实事求是地对一些问题提出了看法，像三叠中国龙的变动就是一例。可见杨老对晚辈的意见，只要他认为有道理的，就着手进行修改；但他本人认为不确切的论点，也不轻易听信，而坚持自己固有的看法。问题不在于杨老是否改变自己多年的观点，在此需要强调的是他对提出不同学术观点的晚辈的态度是令人敬佩的。杨老并不是像有些权威那样，对不同于他学术观点的晚辈予以压制或贬低，而是用引导和启发的方式让晚辈敢于讲话，这点我是很有感受的。曾记得，有一年我从云南出差回来向杨老汇报工作时，提出了修改下禄丰组时代的见解，杨老听完后，不仅没有不快之感，反而很和蔼地对我讲："这很好嘛！只有这样，后来者居上，才能把我们的科学提到一个新水平。不过，提出新看法时，论点要明确，证据要充足，说服力要强，且对不同观点要做全面分析，否则，新论点是站不住脚的。"说到这里，杨老稍停后，又对我继续说："什么时候咱们一起去云南禄丰、武定等地看看，共同实地观察一番，很多年没去云南了，说不定通过新的调查会对你的看法有所帮助。"杨老对同他观点不一致的晚辈的态度，就是这样热情诚挚，和蔼可亲，令人肃然起敬。事后不久，我还记得，杨老对外单位一个同志说："赵喜进的一些观点与我不同，但这不妨碍我们之间的合作，不同见解的提出，相反会把一些学术问题探讨得更深更透，这对提高我们的科研水平是至为重要的。"我与杨老不仅在云南的地层问题上看法有分歧，对于山东的古生物地层也有类似情况，主要是对侏罗纪与白垩纪的地层划分观点不同。尽管这样，杨老还建议我同他一起去山东出差。记得是在杨老逝世前一个月，我向他汇报山东中生代地层踏勘结果时，杨老说："明年（指 1979 年）我想到山东几个地方看看，你给我带带路，行不行？"我非常高兴地回答说："当然可以，只要您老的身体允许，组织上同意您出差野外，我很乐意陪同去山东看看，不知您去哪几个化石点，解决几个什么问题？"杨老说："我去山东主要想观察一下蒙阴、诸城及莱阳等地的几个新化石地点，并实地看看中生代晚期的几个地层关系，我有几年未去莱阳了，很想去，这个计划我们一定要实现，旧地重游，又能解决一下地层问题，多有意思啊！"这是杨老与我最后的一次谈话，由此可看出，杨老与不同观点的学生的关系，不是越来越疏远，而是越来越密切。通过上述几个事例，杨老的高尚情操不是显而易见的吗！不过杨老的去世，不能实现陪同杨老山东一行，倒是我终生憾事。

## 杨老"八十不老"

1975年杨老已是78岁高龄的老人，但杨老不服老。年迈反而成了杨先生晚年多做贡献的动力。就是在这年的秋天，杨老应重庆博物馆邀请到重庆审查展出的四川恐龙化石时，为了把地层搞清楚，提出要到化石点进行现场观察。有个化石产地在离重庆较远的万县附近，要乘船沿江东行，水上颠簸风浪大，对杨老身体不宜。因此，博物馆领导及随行同志都不同意杨老去化石现场。但杨老坚持要去。在相持不下的情况下，其他人在杨老面前只能"认输"，并又派了熟悉当地地层的同志乘船陪同杨老同行。到达目的地万县后，刚离开下船的码头，他老人家恨不能立刻就到化石点去，经再三劝阻，才同意休息半天，第二天再出发。不巧，翌日凌晨满天乌云，阴雨不断，这给爬山调查又增加了额外困难。大家正在犹豫，杨老却果断地说："这点小雨算个啥，咱们是既来之，则'爬'之，风雨无阻嘛！按原计划进行，走！马上出发！哈哈……"他一边笑，一边迈步向招待所门外走去。此情此景，使我们随行者无不深受感动。因为这个化石点的有关地层争论较大，杨老来来回回、反反复复地观察了解。当时，秋雨绵绵，道路极为泥泞，同行的地方领导同志考虑到杨老年迈体弱，想请一个四川"滑竿"把杨老抬到山顶。杨老坚决不同意。不得已，我们只有扶着他上山。但杨老常常不让别人照顾，尽量自己上山下坡。为了搞清楚一个化石的确切层位，他没对任何人打招呼，就突然间一个人向有化石的高坡走去。他仍像一个普通的地质队员那样，手持地质锤，攀登在陡峭的山路上，边走边观察，直到真正看清楚了上下层位的接触关系，才兴致勃勃地向山下走来，并笑容满面地大声说："我可是搞清楚了，若不是亲自看看，我还真不相信这两层的接触关系是连续的呢！"正说着，发现在前方有一块白花花的骨化石，杨老很快向前跨了两步，但因这个化石位置较高，他老人家两眼只顾向上看，脚前有一滑坡没注意，不慎跌倒在地，把右手擦破。我们真为年高的杨老捏了一把汗，但杨老却很不以为然地对我们说：“搞地质的老在山上滚爬，还能不受点伤吗？没啥！我这把老骨头还不至于散架子，你们不要为我担心。”说完后，又往另外一个化石点走去。当走到两套红层分界时，他还要上前去观察，我们所有同行的人员，这次都不同意，并请他稍坐片刻，有关分界的现象，让年轻人代为观看。但杨老语气坚定地说：“请你们不要拦我，俗话说，不入虎穴，焉得虎子，我这次来，就是想多看几个有争议的地层，免得回到室内出差错。”说着又走到剖面跟前，用地质锤敲打着分界线的砾岩，并让我把这个不同层位的接触关系拍下来，作为讨论问题的证据。杨老对待工作就是这样的严肃认真，这样的一丝不苟。杨老晚年的行动表现的确像他自己所刻的“八十不老”的图章那样，真可谓老当益壮志未泯，垂暮晚年力更坚。可钦！可敬！

杨老，我国古生物学的奠基人离开我们了，但杨老一生兢兢业业的事业心，将永远铭刻在我们的心中，杨老的高尚品德，永远是我学习的典范。

（陕西人民出版社 1981 年 5 月版《大丈夫只能向前——回忆古生物学家杨钟健》）

# 他在诗中

## ——追念杨钟健教授生活的一个侧面

周文斌

眼前摆着一本《乐天华叟集》。这是杨钟健教授在生命的最后五年所写的一本诗词手稿。睹物思人，悲泪难忍！

杨钟健教授作为一位名声赫赫的地质古生物学家，早就以他卓然标立的科学成就，赢得了人们的敬佩和尊重。然而，他在文学方面的成就，却不一定为众人所知晓。不久以前，有一位作家曾经写文，把裴文中、蔡希陶称作“文学留不住的人”。而杨钟健却始终没有割断同文学的联系。他一生除写下了数百篇科学论文以外，还写下了2000多首诗词。

2000多首！这是一个多么惊人的数字。我们知道，唐朝著名诗人杜甫今存诗稿不过1400余首，而李白却还不到900首。杨钟健教授虽然从年轻的时候起，就把自己的全部精力投入到科研上去，但诗却是他生活中的伴侣。他生活在诗中！

记得我第一次读到杨老的早期著作《去国的悲哀》和《西北的剖面》的时候，我内心确实引起了一阵震动。这两本有着严密的科学内容的书，以它散文式的结构和诗一般的语言紧紧地吸引着我。啊，这位成绩卓著的科学家，原来在文学方面还有着这么夺目的才华！

更使我惊异的还在后面。一个采访的机会，我偶然看到了杨老的部分诗稿。那是杨老的四子慈孝在病中整理的杨老的旧作。虽然所选的诗词只占了杨老全部诗词的极小部分，但沿着它所提供的时代的脉络，可以窥见杨老在生活的旅程中所留下的许多足迹。

杨钟健教授写诗，从来也不是以发表为目的的，更没有奢望在诗坛上作惊人之鸣，树起一帜。他只是把诗词作为表达自己的喜怒爱憎、记录一时一地涌上心头的激情的一种方式。这不仅使作者获得了一时的快慰，在过了若干岁月之后，自己翻阅起来，也仍然可以提起对往事的追忆。因此，他从来不向任何一家报纸刊物投寄自己的诗稿，甚至从来不在任何人面前谈论诗词创作。他写诗，完全是因为他需要诗，而不是诗需要他。

的确，一个科学家的生活是非常丰富多彩的，一个地质古生物学家的生活更有其独特而生动的内容。人世间的沧桑变故，当然毫无例外地要在他的思想上留下或深或浅的痕迹，探求科学精蕴的艰苦和成败，也必然会在他的脑海中激起思想的浪花，大自然的风光景物，也往往会在他的脚下展现出斑斓瑰丽的色彩。这一切，就是诗的土壤，诗的激情。在这块沃土上生长起来的诗的花朵，虽然没有娇艳妩媚的色彩，却自有它的朴实和真挚。它不是作者特意精心雕琢的工艺品，而是时代的精神面貌在作者心灵上的投影。

出生在19世纪末期的杨钟健教授，经历了我国历史上从封建主义到社会主义的变革时期。他是五四运动的积极参加者。年轻的杨钟健常常把祖国的前途、人民的疾苦挂在心上。本世纪20年代初期，他在北京大学地质系上学，这时，他的笔下就常常发出工农群众的痛苦的呻吟和强烈的呐喊。

有一首《矿工》是这样在为社会的奴隶鸣不平：

黑沉沉的许多地洞，
来来往往的几盏小灯，
可怜的许多同胞，
在内做一天十二小时的苦工。
他们一斧斧，一锤锤，
打下来漆黑的煤，
供给世人生活上的享用，

增加世人物质上的文明。
但是他们苦极了，
得不到人的快乐，
枉尽了牛马的效用。

1924年7月，杨钟健在法国留学，“睹异国之气象，念祖国之疮痍，国势不振，因之处处遭人歧视”。他作为一个热血青年，内心无限惆怅和激愤。在武二屯堡地质旅行期间，他写下了《旅中感怀》，表达了当时的情感：

跑山整七日，　风雨一身收。
劳苦我何辞，　知识但得求。
国威衰不扬，　舌亦失自由。
到处遭白眼，　泪向天涯流。
荆棘遍祖国，　愧见此河山。
山山草木绿，　村村有电杆。
虽无好社会，　毫末有弊端。
然哪如中国，　尚不保治安。
国事嗟如此，　忍作袖手观？
此生无所补，　空为一青年。

杨钟健回国以后，展现在他面前的是一幅令人失望的图景：蒋介石背叛了革命，国内政治日趋腐败，科学文化日益凋零。1931年“九一八”事变以后，民族的灾难愈益深沉。1937年又发生了“七七”事变，杨钟健教授所在的北平地质调查所已经不是一个科学工作者所能立足的地方。他只身逃出北平，在长沙、衡阳、昆明和四川北碚等地度过了七年颠沛流离的生活。这一时期，每有诗作，多以抗日救亡为主题。有一首《寄友人》的诗，或许表达了他当时的心情：

天生我辈必有用，　忍看神州半沉沦。
指锥虽愧雕虫技，　救亡亦存报效心。
斯文不教从世丧，　国运应令万古新。
塞外风光应更好，　黄河渡口看日沉。



在那动乱的年代，杨钟健教授虽然陷于衣食难保的困难境地，可却从未中辍过科研工作。每有所获，都会触发他的诗情，欣然留下一篇篇的诗章。1938 年，云南禄丰动物群化石的发现，是古脊椎动物研究中的重大突破。从这时他所写下的《题许氏禄丰龙再造像》的诗稿中，我们可以领略到作者的兴奋心情和科学态度：

千万年前一世雄，　赐名许氏禄丰龙。
种繁宁限两州地，　运短竟与三叠终。
再造尤见峥嵘态，　像形应存浑古风。
三百骨标书卷记，　付与知音究异同。

科学，给他带来了乐趣和光明；社会，将他投进了苦难和黑暗的深渊。“夜夜依然是黑暗，夜夜苦熬到天明。”他所梦寐以求的光明终于到来了，驱除了黑暗，曙光照亮了祖国大地。1949 年，杨钟健从南京来到北京，参加了中国科学院的工作。党的关怀，如春风化雨，滋润着每一个科学工作者的心田。“万物更新意，人心喜慰狂。”杨钟健教授以无限饱满的热情投入了新中国的科研工作。解放后不久，杨钟健就去山东莱阳进行古脊椎动物的发掘。接着又在山西、新疆等地进行了一系列开创性的工作。这段时期的诗篇，作者尽情讴歌了新社会给科研工作开辟的广阔道路，表达了作者对祖国的科研工作的空前热情，体现了他为发展科学事业的献身精神。

《莱阳杂诗》之一，是他在阳光灿烂的大地上从事科研工作的喜悦心情的自然流露：

月余掘成一深坑，　快事无过猎恐龙。
今日满载回京去，　寻骨明年西耶东？

1956年，杨钟健加入了无产阶级的先锋队组织——中国共产党。这是他生命历程中一个具有重大意义的时刻。入党那天，他在党旗下庄严宣誓以后，又写下了一首《入党书怀》，表达了他要做一名“无愧于这一称号和它的实质的中国共产党党员”的决心。那诗写道：

……
余年为科学，　不负党所盼。
……
学习复学习，　随时克困难。
理论有根据，　自然广心田。
余年忠于党，　应少补前愆。

他忠实恪守了自己的诺言，工作中所表现出来的一往无前的忘我精神，便是证明。长期的野外工作，艰苦而辛勤的科学劳动，使他身染多种疾病。作者在68岁的时候，写了一首《六八初度感书》，表达了他对病魔的态度。

余生去死还差多，　百计千方抗病魔。
对于亡神何所惧，　能从现实论沉疴。
光阴有限争分秒，　来日虽暂不蹉跎。
暮景一年十年用，　生平经验树新模。

正当杨老所制定的发展我国古脊椎动物与古人类的研究工作的宏图在一步一步地变为现实的时候，狂风在收集着乌云，电闪雷鸣，一场风暴席卷了祖国大地。一时间，浊浪排空，沉渣泛起，野心家和阴谋家穿上了革命的伪装，舞刀弄棒，四处征伐，搅得科研工作无法进行下去。杨钟健教授面对此情景，内心无比愤懑。他以诗歌为武器，揭露了阶级敌人的罪恶活动。1974 年 2 月所写的《二月》一诗，就是对当时那场矛头指向周总理的所谓“批林批孔”运动的控诉：

二月将完尚零下，　窗前对景感想大。
树枝摇摆好狂风，　欲要写诗被打岔。



诗歌，在战士的手中，从来就是战斗的武器。周恩来总理逝世以后，天安门广场上出现的花山诗海，曾使杨老感到异常激动。这时，他虽然年近八旬，眼花耳聋，但感情的浪涛还是把他投到了天安门广场的人海之中。回到家里，当他同老伴谈起天安门广场上的情况的时候，当然首先赞颂了那成千上万首喷射着烈焰的诗句，然后竖起了大拇指：中国人民是有骨气的！中国决不是阴谋家的中国！

1977 年 2 月的一天，我来到杨老家里，见他坐在一个旧沙发里，手握毫端，正专心致志地在那本《乐天华叟集》上书写新的诗句。看我来到，他欠了欠身，示意让我坐下，默默地把那本诗集递到了我的手中。首先映入我眼帘的是《周恩来总理逝世周年》的诗题。下边是三首冠顶诗。细读下去，便是：

周年已到心悲伤，　为国为民中外扬。
辅佐主席忠不改，　千秋气概永芬芳。
恩情罄竹说难完，　尽粹鞠躬到世前。
可恨“四人帮”魔怪，千刀万剐心不甘。
来是英明去太匆，　幸为东风压西风。
知君地下应含笑，　四化大旗后人擎。

我读罢诗句，把目光移到了这位白发老人的身上，见他眼中在滚动着一颗晶莹的泪珠。

第二年九月，81 周岁的杨钟健教授又千里迢迢到庐山参加了第四纪冰川及第四纪地质学术会议。一天，开过了一场热烈的学术讨论会后，我去看望他，他高兴地对我说："这次会开得很好哇！对中国第四纪的东部冰川提出了很有说服力的见解。明天我们还要去进行地质旅行，大家到实地去看一看，问题就更清楚了。"

第二天，当我们在庐山观察了几个冰川遗迹以后，又到三宝树和仙人洞等几个风景点转了一圈。路上，地质部副部长许杰诗兴勃发，顺口吟出了两句诗来："参天古木堪称宝，入洞仙人不足论。"在一旁的杨老立即和了两句："自古神仙皆虚妄，吾侪努力为人民！"在场的同志听了，都深为杨老的豪情壮志所感动。

四个月过后，便是1979年的年初。那时，《光明日报》正在筹备创办科学副刊。我想起了杨老的诗作，准备在副刊的创刊号上发表几首，于是来到了杨老的家中。一敲门，出来开门的竟是杨老家的老阿姨。她脸色阴沉，一脸灰气。我有些吃惊，立即问起杨老和杨老的老伴王国桢的情况。阿姨用十分悲戚的声调告诉我："过了年，杨老就生病住院了。杨老太太也到医院去照顾他去了。"

我立即追到医院，见杨老正躺在病床上输液。他神志已经不大清楚了，心情有些烦躁。一片阴影占据了我的脑际，而发表杨老的诗作的心情也就更迫切了。

谁能想到，当杨老的两首诗在副刊上与读者见面的时候，这却成了他的遗作！

生命是留不住的，而杨老的诗却留在我们的手中，留在我们的眼前！

杨老活在我们的心里，活在他的诗中！

（陕西人民出版社1981年5月版《大丈夫只能向前——回忆古生物学家杨钟健》）

# 忆杨老对青年一代的关怀

李有恒

1960年冬天，我们接受了一项临时任务，参加长江三峡水利枢纽工程项目第四纪地质考察。三峡，古今盛赞它的景色壮丽而优美，它的英姿曾经使多少游人陶醉！但是，对于地质古生物工作者来说，那里的确又是一个艰苦的战场。当时，正是生活困难的年头，我们在野外工作连红薯也难吃饱，而交通不便，在峡谷峻岭间攀登，虽然时令隆冬，常常汗流浃背，冷风一吹，几乎要结冰了。时间一久，我们的心里似乎和外界渐渐失去了联络。一天，野外工作归来，在长江边的一个冷飕飕的小镇上，我接到一封辗转寄到的信，信封字迹不熟识，拆开一看，才知道是杨老写来的，我感到突然。信的内容很简单，先问大家工作好，接着具体询问野外生活怎样？吃得如何？定量够否？特别关照要注意健康，不要过累。回想我们离开北京时，未和杨老告别，他怎么知道我们在这里出差呢？是他心里惦记着大山沟里出差的我们这帮青年人！这本是一封很平常的信件，但它的情真意切的话语，给人内心以温暖。我出差三峡几个月期间，很少有机会收到信件，因为当时大家都为生活忙碌，无暇他顾。这封信可说是我和杨老个人接触的开始。接信后的那天傍晚，我站在江边，望着大江东去，望着薄暮中的群山，身上不觉生起一股前辈科学家暗中激励的力量，我们要工作得对得起这大好河山啊！那次出差，我们坚持到圆满完成计划。

“文化大革命”期间，有几年我患病不能去远地出差，杨老便让我们陪同他到北京附近观察地质现象。我们去过西山和京西灰峪等处。我还记得有一次爬西山，杨老已是76岁的高龄了。他兴致勃勃地看完了地质现象，兴奋地说，我今天看了九大处了（一般称北京西山有八大处）。这是杨老的诙谐语，意思可能是表示，他所看到的超过了他原来的想象。回程时，他还特地去拜望和慰问了李四光先生的夫人许淑彬，对于李先生生前对科学的贡献倍加赞扬，号召大家学习李老的刻苦奋斗的精神。

去河北省阳原县泥河湾地区考察第四纪的那次出差，至今使人记忆犹新。那时，杨老快 80 岁了，仍然坚持野外工作，沿途不知疲劳地给同去的人讲解地质剖面和我国地质学的发展历史。因他让我协助组织这次出差工作，我怕他过累，但他总是说精神很好。到了泥河湾工作快要结束的那天晚上，杨老从阳原街上散步走回住地，说道：在路边石头上坐一会儿吧，我的额头上在冒冷汗，我平时常对人家说要留有余地，这次我自己可不是留有余地了。听后，我们的内心很为悔恨，责备自己没有照顾好杨老。杨老就是这样拿他的毕生精力为发展我国的地质古生物工作不倦地努力奋斗。

杨老又是一个风趣而幽默的人，文学素养甚高，善于用平凡浅显的话语寄托耐人寻味的深意。1977 年 8 月 20 日，他曾经给我写了一首以《吃凉粉感作》为题的诗，内容如下：“一盘凉粉忆当年，也有辣辛也有酸。垂老不忘排队兴，两头不在在中间。”这首诗比喻什么呢？我没有问过杨老，恐怕问他，他也会诙谐地一笑，不肯作答。如今只好让我们自己去领会了。诗的含义是不是对他一生所经历的困苦的简明生动的写照呢？只有到新中国成立以后，在党的领导下，他开创的我国古脊椎动物学的事业才获得了广阔的发展；杨老一生为祖国的科学事业做出了杰出的贡献，但到他晚年，回首一顾，仍虚怀若谷，总以为自己（或者还包括了我国的古脊椎动物学），原来不过是在科学队伍的中间，没有掉队罢了。对杨老这首诗的含义也许还有更好的理解。但不管怎样，杨老的话，不正是对我们很好的鞭策和鼓励吗？我们必须加倍努力，尽快将我国这门科学赶上国际先进水平，这才是告慰杨老的英灵，悼念杨老的最好行动。

（陕西人民出版社 1981 年 5 月版《大丈夫只能向前——回忆古生物学家杨钟健》）

# 忆杨老二三事

时墨庄

“杨老在医院病逝了。”“杨钟健馆长离开我们了。”噩耗传来，顿时悲痛万分，泪水模糊了我的双眼，杨老那和蔼慈祥的容貌，不时浮现在我的面前。杨老是我国卓有成就的古生物学家，他对事业的热忱，对后辈的培植，以及在学术上民主待人的作风，就像一团火，温暖着我的心，激励我前进。杨老又是我馆受人拥戴的领导者，他优秀的品质孕于朴实平易的风貌之中，常以普通一员来要求自己。他恪守革命纪律，具有坚强的组织观念，至今仍有两三件小事，铭记在我的心中。

## “纪念党的生日，不能迟到”

1972 年的夏天，我陪同 76 岁的杨老出差到了杭州，住在省招待所内。记得那天恰是 6 月 30 日，党的生日前夕，省博物馆的工作人员给我们送来了当晚纪念活动的请柬，票上注明 7 时入场。因为会场离我们住所很近，杨老便谢绝再为他安排车辆。不料在晚饭后突然变了天，阴云骤起，大雨倾盆，眼看开会的时间快要到了，外面的雨仍是哗哗地下个不停。我便着急地来到招待所门前的服务台旁，而那里的工作人员也正为我们打电话联系车子。正在这时，杨老从容地走出卧室，我便迎上去告诉他稍等一会儿便有车来。杨老笑了，他看了看壁上的挂钟，又像往常那样诙谐而爽朗地说：“时间快到了，今天是纪念党的生日，不能迟到。”说完，他便布履常装，踱出门外，冒雨向会场走去。我连忙撑开雨伞跟在他的身后，在大雨滂沱的路上，杨老对我们亲切地说：“一个共产党员为了执行党的任务，可以牺牲自己的生命，这点雨还怕吗?”一席话把大家都说笑了。此时，同志们深深地为杨老对党无限忠诚的感情和严格遵守时间的观念所感动。

## “邓中夏是我的好友”

7月里，我们来到了酷热的南京。南京是杨老生活工作过多年的地方，熟人好友很多，但是在短短四五天的停留时间中，杨老仍提议要到雨花台去。

车子驶出中华门，来到雨花台的长阶前。杨老下了车，拾级而上，登上用各色石子铺满的广场，漫行至广场中央矗立的烈士纪念碑前。这里青松环绕，肃穆而恬静，杨老于此伫立良久，不忍离去，最后竟然坐在石阶上遥望蓝天，默然沉思。我还以为杨老在欣赏这江南秀丽的湖光山色，不料杨老却哀思深沉地说：“邓中夏是我青年时代的好友，1933年被蒋介石抓捕在这里杀害了。……”至此我才明白杨老在百忙中还要抽出时间到雨花台凭吊的原因，乃是出于他对革命前驱的无限怀念。革命先烈那种坚贞不屈、慷慨就义的豪壮气质，不正是杨老一生刚正不阿和晚年以“八十不老”精神自负战斗不息的力量的源泉吗!

我们本想让杨老挤出些时间给我们讲讲他在年轻时代同邓中夏等革命前辈交往的事迹，以激励自己，但是很可惜，今日竟成了未能实现的憾事。

## “既然有安排，我就要到场”

1978年12月底，也就是离杨老生病住院前不到一个星期的日子里，杨老还抱病照例来馆上班。这天因临近年关，安排了全馆人员大会，并请杨馆长同大家见面谈话。当我们发现身体虚弱的杨老步履艰难地走向三楼会场时，就提议他不必到场了。可是杨老十分坚定地回答：“既然有安排，我就要到场!”杨老在同志们一片掌声中走向主席台向大家祝贺新年，他说：“1979 年快要来到了。1979 年按我国旧历是已未年，来年就是羊年。羊，是四条腿走路的羊，不是我姓杨的‘杨’。……”说至此，大家都笑了。他又接着说：“羊是最能合群的动物，希望同志们在新的一年内能像羊一样地团结战斗，在党中央正确路线的指引下，为实现祖国四化做出更大贡献！”

杨老的这一番话，至今我们仍然记忆犹新，没有料到，这竟成了诀别前和我们最后的一次谈话。

现在回想杨老那天在众人搀扶下举步维艰地步入会场的情景，他一定是忍受着严重的疾病折磨和巨大的痛苦，以他坚定的毅力和顽强的意志来和我们说出那番话的。“既然有安排，我就要到场！”杨老正是以自己的行动为祖国四化做出了最大的贡献，甚至自己的生命。

（陕西人民出版社 1981 年 5 月版《大丈夫只能向前——回忆古生物学家杨钟健》）

# 忆杨老

王将克

杨老是我们科技界的一位老前辈。早在学生时代，我就听说过他的大名了；但认识杨老，却是我在他那里进修期间的事。杨老的动人事迹举不胜举，同杨老的接触，使我深受教育。

杨老不但创建了我国的古脊椎动物与古人类的研究中心，而且也十分重视在全国各地设立古脊椎动物与古人类研究点和人才的培养，尤其对高等院校和博物馆更是这样。这一点，我和许多同事都深有体会。早在60年代初期，我在古脊椎动物与古人类研究所进修期间，有一次，杨老召集我们几位进修的同志，在他办公室开座谈会。座谈的中心是如何在高等院校和博物馆培养古脊椎动物学人才。杨老要大家谈谈自己的想法。他要求我们要扎扎实实打好基础，回去要好好起作用。他还强调古脊椎所可以多接收进修人员，多为地方培训古脊椎人才。我记得，当时杨老还耐心地倾听每个人的发言，并且答应同志们提出的许多进修学习方面的要求。那次座谈会给我们留下了一个深刻的印象，就是杨老非常重视对地方大专院校和博物馆的古脊椎动物学研究人才的培养工作，同时也给我们很大的鼓舞与鞭策。

1962年冬，杨老和科学院的许多老专家到南方度假时，顺便到中山大学地质地理系来指导工作。在陪同杨老参观中大校园时，他问及我从古脊椎动物与古人类研究所进修回校后的工作情况。我告诉他，地质专业快下马了，我准备改行。他听了深感惋惜，劝我不要丢掉本行，要我利用业余时间搞一些古脊椎方面的研究。杨老返抵北京后，还给我来信，感谢我们对他的接待，并再次提到在广东建立古脊椎动物学研究点的意义，鼓励我要好好起作用。尤其使我难忘的一件事，是1978年4月，杨老已是一位82岁高龄的老人了，借来南方疗养的机会，还从事广东的地质古生物考察。他对我们在广东三水盆地找到丰富的早第三纪鱼化石十分关切。在陈士航等人的陪同下，从广州迎宾宾馆专程到中山大学地质地理系来看三水鱼化石标本。当时，我因病住在医院，他老人家来到中大地理楼，说是来找王将克的，办公室的同事因不认识他，就让他独自在办公室坐等了约半小时。这时，有一位教师认出杨老，立刻告诉办公室的同事，说他是一位大专家呢！后来，办公室才通知有关领导，并请他到学校宾馆去休息，但他非常平易地说："不要，不要，就在这里行了。"我得知杨老来访，便赶去迎接。他见到我的第一句话是："我是来看看三水鱼化石标本的。"我们立即把已经整理和鉴定的鱼化石标本全部摆出来，他仔细地观察了约一个小时，并且还提出了许多宝贵意见。看完标本之后，他还提出要我第二天陪他到三水县观察鱼化石产地和地层剖面。遗憾的是我因病未能陪同前往考察，是由我系黄玉昆老师陪着去的。

杨老从野外考察回到宾馆之后，还就三水盆地的性质问题给我来了一信，说"昨日在三水县看得很好"，并赞同我们的看法，即陆相地层为主，但不排除有海侵的存在。临别时，他又一次强调这项研究工作的重要性，对这项研究十分关切，鼓励我们要好好研究，并嘱我完成研究报告后，送给他一份。1978年6月，我们把研究报告寄给他审阅，并请他为之作序。他于6月18日即给我们复函："将克：来信及大作稿均收到，能于授课之余，从事调查研究工作，甚为钦佩，所嘱作序一事，自当照办。"

当时，我们又寄给他一份简介的材料，不多久，他就把写好的序言亲自从他的二楼办公室走到三楼交给赵资奎，并且很有风趣地对赵资奎说："小弟已经完成任务了，请你过目，看看能不能采用。"杨老于7月7日又亲自给我来函说："将克近好：前奉来书及原文目录等，谨悉一切，遵嘱写一序言随函寄上，不知可用否？"

由于杨老的关怀和支持，使我们这个研究成果很快地问世。杨老对我们的支持和鼓励，正如有些同志所说，实际上也是对在艰苦条件下从事研究工作的地方同志们的支持和鼓励。

杨老把毕生的精力献给了科学事业，为发展我国的古生物学走遍大江南北，长城内外，顽强地战斗到生命的最后一息。这种献身于科学的崇高精神为我们科技工作者树立了光辉的榜样。

（陕西人民出版社1981年5月版《大丈夫只能向前——回忆古生物学家杨钟健》）

# 泥河湾上生动的一课

安志敏

1974 年 5 月底，杨老委托王国桢打来电话，说杨老准备去泥河湾考察，问我是否愿意一起去？这确是千载难逢的学习机会，我立刻高兴地答应了。

6 月 3 日会合出发时，才知道这次参加考察的队伍是相当庞大的，有中国科学院古脊椎动物与古人类研究所、地质科学院地质力学研究所、北京水文地质大队和中国科学院考古研究所四个单位的贾兰坡、孙殿卿和王泽斌等十六位同志。在杨老的亲自率领下，这支考察队分乘三辆越野汽车，浩浩荡荡地从北京出发了。

杨老在组织这次考察队伍时，显然是花费了一番心血的，从参加的人选来看，包括新生代地质、古脊椎动物、冰川和考古等不同的专业，可以达到综合考察的目的。特别是年届七十七高龄的杨老，亲自带队参加野外考察，对年轻的后辈无疑是极大的鼓舞。

事实上，这次考察活动的组织，也确实来之不易。自从那场灾难性的“文化大革命”开始以后，杨老这位驰名国际的学者和学术界的老前辈，竟被打成“反动学术权威”，被剥夺了一切学术活动的权力。后来杨老虽然获得“解放”，但依然是“靠边站”，在研究工作上得不到支持，甚至还设置了种种障碍，使杨老的学术活动难以开展。这也难怪，当时的“四人帮”正在以“批孔”为幌子，为所谓“反复辟”大造舆论，像杨老这样的具有国际声誉的学者和党内专家，必然成为他们的打击对象。但是杨老却不顾一切，为了科学事业的发展，为了带动研究工作，组织人力，并亲自下田野考察。当然这次学术活动也不是没有阻力的，当时反对的借口，无非是杨老的年龄太大，不适于野外工作等等。因之，当考察之后，杨老曾语重心长地对我们说："你们要好好宣传宣传，我还是能做田野工作的。"这番话道破了杨老的心意，正是以这次考察为新的起点，后来又陆续做了不少野外工作。像杨老那样，老当益壮，意气风发，胸怀全局，前进不已的精神，永远是我们学习的榜样！

从北京到阳原，汽车要行驶十来个小时，特别是颠簸的山路，更容易使人疲倦。杨老却始终兴致勃勃，毫不在意。途经西山斋堂时，他还带领我们考察了有名的马兰台。但马兰台不是真正的黄土堆积，而是大砾石块夹砂砾的沉积，像是水流作用形成的，也可能属于冰水和冰川的沉积物。杨老着重指出，像马兰、板桥、清水等地文期，现在已属于地貌的范畴。新生代的工作需要加强，应当继续搞下去，对这里的冰川时代和范围等问题，都有进一步深入考查与研究的必要。从这里使我深刻认识到，对于过去的工作要做重新估价，不仅地质学如此，考古学也不例外。像安特生在我国新石器时代所划分的"六期"，早被彻底否定，甚至仰韶文化一词，也完全不是原来的含义。因此，在学术工作的发展上，需要从实践中不断突破旧框框，对于洋人的工作尤其不能迷信，只有这样才可以保证科学事业的正常发展。

到达阳原县城的第二天，杨老不肯休息，继续乘车行驶50多公里，来到上沙嘴村和泥河湾村。不久之前，在上沙嘴村曾发现纳玛象化石及一块石器，被视为我国最早的人类遗存之一。杨老观察地层以后，首先肯定这一发现的重要意义，并指出沿这一层位去搜寻，可能还会取得更大的成果；然后让大家坐在他的周围，兴致勃勃地讲起泥河湾的发现历史、存在的问题和解决的途径，叙述详尽，娓娓动听，使我们大家上了生动的一课，学习到许多前所未闻的新知识，确实是获益匪浅。泥河湾村是泥河湾期所以取名的地点，但附近的地层并不十分典型，而泥河湾期的三四十种哺乳动物化石并非全部产自泥河湾村附近，其中杂着不同时代的化石。这是由于解放以前，当地教堂的外国神甫坐地收“龙骨”，不问来源如何统统作为同一时期的化石来处理，在科学性上势必产生一定的问题，虽然命名可以保留，但在内容方面却需要重新订正。在泥河湾村附近的地面上，我们还采集到一些细石器，证实这里还存在着较晚期的人类遗存。

第三天，杨老又和我们到东城镇附近的八马坊和西水地两个发掘地点考察。盖培等在附近十公里的范围内发现九处遗址，出土大批石器（包括典型的细石器），被认为属于旧石器后期的较晚阶段，但也不排除时代更晚的可能性，无论如何它为细石器的起源问题提供了新的证据。杨老肯定了这一发现的重要意义，并同大家一起对黄土层的时代进行了探讨。同时还讨论了附近的冰川现象、泥河湾层的厚度以及同三趾马层的接触关系等，杨老特别指出要对这一地区做更深入的工作。

在去张家口市的途中，曾屡次停车，详细考察沿途的新生代地层剖面。

最后一天，在张家口市参观了展览馆及馆藏文物，然后乘汽车返回北京。四天里，汽车奔驰 850 公里，平均每天跑 200 多公里，还要作实地考察，真是够辛苦了。但杨老以 77 岁的高龄，始终精神焕发，毫无倦意。这种热衷于田野实践和吃苦耐劳的精神，使我们这些青壮年后辈，为之钦佩不已。

田野考察刚一结束，杨老就约定一周后进行总结。6 月 14 日在地质科学院力学研究所召开“河北省阳原县新生代地质考察”工作座谈会，除参加田野考察的全部人员以外，中国科学院地球化学研究所刘东生等也参加了座谈。由杨老主持，大家从不同的专业角度，畅谈了这次考察的收获。杨老由于耳聋听不清发言的内容，他请人把发言的要点，一一写给他看。最后，杨老把事先写好的“简要总结”发给各个单位，并作了充分的讲解，使我们再一次学习到很多的东西。

杨老刻苦的治学精神，高尚的品德作风以及学术上的深湛造诣，永远是我们的学习榜样。这次泥河湾的田野考察，从开始到结束，杨老一直抓得很紧，甚至座谈记录的打印稿，也是杨老亲笔封好寄出来的。每当我看到杨老浑厚朴实的笔迹和他的雄言壮语，对自己是莫大的鼓励与鞭策。这份珍贵的笔迹和“简要总结”，我将永远保存作为不能忘却的纪念。

（陕西人民出版社 1981 年 5 月版《大丈夫只能向前——回忆古生物学家杨钟健》）

# 两次谈话　受益殊深

周昆叔

1978 年 6 月下旬的一天下午，刘东生先生要我到杨老家里，向杨老汇报拟恢复中国第四纪研究委员会的设想，并请杨老给予指示。我早已熟知杨老，并在一些集体场合多次见过他，但独自向杨老汇报和请示工作，这还是头一次。在途中，我心里既怀着对这样一位为祖国科学事业卓著功勋、名扬天下的著名科学家的深深敬意，也感到有几分陌生和不安。一跨入杨老家，杨老太太热情招呼我坐在约十平方米的一间餐室兼卧室的方桌旁，并给我倒了茶。不久，杨老从书房出来了，他和蔼地端详着我，没有讲什么就坐在靠近我的方桌对面。由于杨老听力不好，杨老太太递上一叠白纸条，意思是要我用笔写着向杨老汇报。在我作了自我介绍和说明来意后，杨老微笑着说："好，早该恢复了。"我接着写到希望杨老能出席中国第四纪研究委员会恢复活动的会议，并主持会议。杨老谦虚地推让侯老（中国第四纪研究委员会侯德封副主任）来主持。当我说明这也是侯老的意思时，杨老才欣然答应。这时杨老以关切的口气问我们国家第四纪研究与世界水平的差距问题，并且就地文期的研究说：现在我们倒是把过去注意的地文期忽视了，在国外还是重视的，今后我们还是要注重它。又说到：搞第四纪、研究冰川是头等重要的事。随后说：能不能要施雅风带点人考察一下太白山冰川问题，把我国东部第四纪冰川问题弄个清楚。他若有所思地停止谈话片刻后继续说："张保升不是发表过文章谈太白山冰川地形吗?"话毕便起身到旁边靠墙的书架上查阅发表这篇文章的《中国第四纪研究》杂志。谈话持续了约一小时后，我怀着完成任务的愉快感和深受鼓舞与启示的心情，告别了杨老。

在同年 11 月上旬的一天上午，刘东生先生指示我与刘椿一同前往古脊椎动物与古人类研究所，向杨老汇报拟出版《中国第四纪研究通讯》的情况，并请他审阅该刊创刊号的稿件。初冬的阳光洒满杨老办公室的房间，显得格外亮堂。杨老头戴皮帽，身着薄棉衣坐在围椅上，正在全神贯注地伏案工作。这次我们还是用笔写着向杨老汇报的。杨老知道要出版这个刊物后说："好嘛！就是要想办法多交流。"他随即逐页审查了全部稿件后说："可以！"当我们表示希望杨老为这个刊物写稿时，杨老笑了笑说："好，这期来不及了，下期一定写。"说罢，他要秘书王刿把这件事记下来。

八十开外高龄的杨老，对发展我国第四纪研究科学那种炽热的心情，深深感动和教育了我。谁知两个月后，杨老还未实现为《中国第四纪研究通讯》著文的愿望就和我们永别了，这是我国科学事业上的重大损失。但杨老的精神和教诲，将永远铭记在我们心中，并驱使我们沿着杨老的未竟事业，勇往直前！

（陕西人民出版社 1981 年 5 月版《大丈夫只能向前——回忆古生物学家杨钟健》）

# 杨老对青年的教诲点滴

黄万波

提起杨老对青年科学工作者的教诲，我们的感受是深刻的。他不仅热情地关心青年的成长，而且帮助青年提高科学研究水平，让他们在实践中增长才识。

1973 年，正是“四人帮”猖獗时期，杨老尽管受到种种打击迫害，但是他对青年科技工作者的关怀却一如既往，还是那样热情!

1974 年初秋的一个早晨，杨老刚一来到办公室，我就带着黄河象的野外记录和化石照片去向他汇报。杨老一见我就风趣地问：“干么来?”我提高了嗓门回答：“给您牵来了一头大象。”由于他的耳背，没有听明白，于是我在纸上画了一头长鼻子象。他把眼镜往上一推，一面伸出拇指，一面说：“好！好!”接着，把我带来的几张照片看了一遍，然后亲切地问：

“是怎么发现的?”

“是当地社员修水渠发现的。”我用笔在纸上写道。

“含化石的地层是什么堆积?”杨老看了我写的几个字后进一步问。

“是河湖相堆积。产象化石的地点位于马莲河的右岸，埋藏象化石的地层为砂及砂质粘土，底部还有砾石，顶部还有黄土。”

“是什么象?”杨老带着考核的语气问。

“经我们初步鉴定，很可能是剑齿象（Stegodon），今天来就是请您去指教。”

“好！我就去。”杨老边说边走。

杨老一进象化石修理房，立刻向大家打招呼。可以看出，此时的杨老忘记了“四人帮”强加在他头上的那顶“反动学术权威”的高帽。他摘掉眼镜，细细地观察象头和象牙（门齿），特别是臼齿，他看得非常仔细。然后说：“你们鉴定得对，它是个剑齿象。这么完好的剑齿象，在世界上还不多见。你们要好好地修理出来，好好地研究它，看看它属于哪一种剑齿象。”

杨老的这席话，表达了他对青年科技工作者的教诲。

然而，更令人高兴而难忘的是，他老人家还特意为黄河象的发现与研究写诗一首赠我们，诗文是：

史前古象视力差，　狂走失足埋荒沙。
石化不计年与月，　一朝引动考古家。
每块遗骨尽心采，　最后移运几多车。
不辞辛苦精修理，　启取骨骸与齿牙。
鉴定命名与分类，　需要苦研学识加。
骨骼重整为此日，　皮毛赫赫感肉麻。
陈列广庭万众览，　追述所见灯结花。
此兽当年如何死？　记骨一卷明根芽。

我们看了杨老的这首诗，无不感到鼓舞，并表示努力按杨老的教诲去做。一年后，黄河象已经修复、装架起来，并陈列在北京自然博物馆；《黄河象》专著已由科学出版社出版；与此同时，北京科学教育电影制片厂还拍摄了一部《黄河象》科教片。

1980 年 7 月至 1981 年 1 月，黄河象还首次出国东渡日本展出，为中日两国人民的友谊放异彩。这一消息，望吴刚告慰杨老在天之灵吧！

（陕西人民出版社 1981 年 5 月版《大丈夫只能向前——回忆古生物学家杨钟健》）

# 一位地质学家的人生追求

杨光荣

我国有一位著名的地质学家，一生发表了各类论文600余篇，同时还写下了2000多首诗词。原中国地质学会理事长黄汲清教授评述说："在整个地质、古生物学界，他是名符其实的'丰产作家'，没有哪一个赶得上他。"他就是五四运动中参加过火烧赵家楼的北京大学学生杨钟健。由于他学术上造诣高深，解放后长期担任北京自然博物馆馆长和中国古脊椎动物与古人类研究所所长。

## 一、天生我辈必有用

1917年，杨钟健从西安省立第三中学考入北京大学，在十月革命后新思潮的影响下，积极投身五四爱国学生运动。1919年6月参加了在李大钊指导下，由邓中夏、许德珩等发起组织的北京大学平民教育讲演团，第二年与邓中夏一起当选为该团总务干事。1920年加入了著名的少年中国学会，连任两届该会执行部主任。同年参加了北京大学马克思学说研究会。为发动陕西旅京学生参加爱国运动，他先后主编油印刊物《秦劫痛话》和《秦钟》月刊。1920年10月，又发起创办在北京和陕西影响很大的《共进》半月刊，由他和刘天章任主编。1921年7月，成立了以"提倡文化，改造社会"为宗旨的进步社团——共进社。1922年加入了社会主义青年团。1923年春，他作为北京大学学生代表，赴上海参加全国学生联合会的领导工作，负责编辑会刊。在这些活动中，他曾和著名共产党人李大钊、毛泽东、邓中夏、恽代英等有过密切的交往。后来他曾说过：邓中夏"是影响我学生时代一切行动最深的一位，也是我心中不断考虑，如何对国家的富强有所贡献的人”。

杨钟健也是北大地质系的高才生和学术团体的组织者。1920 年，由他和赵国宾等五位同学发起成立了北大理科第一个学术团体——“北京大学地质研究会”，开展了各种活动，创立矿石室，举办地质展览会，组织学术讨论会，向学校提出办学建议。特别是出版了“国立北京大学地质研究会年刊”（后改会刊），从 1921 年至 1931 年共出版了五期，总共 68 篇论文中，学生写的就有 52 篇。当年的北大地质系，学生学习努力，思想活跃，学术空气浓厚，因此造就了许多著名的地质学家。

**二、光阴有限争分秒**

1924 年，杨钟健赴德国慕尼黑大学深造，在世界闻名的古生物学家施洛塞教授指导下完成的博士论文《中国北部之啮齿类化石》，是中国第一项研究脊椎古生物学的重要成果，后来就由他在我国开创了这门学科。他早期主要从事新生代地质和哺乳动物的研究，在周口店做了一系列工作。30 年代开始，主要研究爬行动物化石，从兽形类、假鳄类到恐龙都获得了若干项重要研究成果，为西北地区中生代脊椎动物的研究开通了道路。抗日战争时期在昆明的破庙里研究禄丰龙，工作条件很差，生活极为困难，少得可怜的津贴费还要寄一些给留在北京的孩子生活用，6 岁的四子得病因交不起 100 元住院费死在医院门外。在这样的困境下，他仍顽强地坚持研究工作，为西南地区瑞替克动物群和地层的研究打下了基础。他酷爱自己的专业，念念不忘“龙骨”，把自己的工作室命名为“记骨室”，把他的著作目录题名为“记骨室文目”。“记骨室文目”有初编（1937 年）、续编（1947 年）和重编（1957 年）三版，重编本收入各类著作和短文五百十八号。实际到他逝世时，已大大超过六百号了。其中有 300 多篇科学论著和译文、300 多篇其他文章，内容包括科学论文、科普文章、游记、传记、自然科学杂文、政论杂文和其他方面。从鱼类、两栖类、爬行类、鸟类到哺乳类，从古生代、中生代到新生代，从我国东南到西北、西南到东北，杨老的足迹遍及全中国，杨老的成就包揽全部“古脊椎”。

他一生研究描述的脊椎动物化石（包括部分与人合作的），单是新种类就有近100个属，200多个种。“记骨室文目”记录了他对科学事业的献身精神，为了“古脊椎”，他可以献出自己的一切。繁重的领导工作，家庭的不幸遭遇，“四人帮”的摧残迫害，都离间不了他对化石的感情。他的助手说：“他的脑子好像从来不开小差，只要见到化石马上就能开动。”他常告诫助手们：“任何情况下都不能停止科研工作的进行。”

杨老的工作十分繁忙，但他忙而不乱，工作十分有秩序，安排得井井有条。他的文章和讲话，都是该长就长，该短就短，很少废话。他几十年如一日，养成了争分夺秒的优良习惯，因此他的工作效率十分高。正如黄汲清教授讲的：这样显赫成就的获得，是和钟健长期的、艰苦的、持续不断的、有时是夜以继日的埋头苦干的治学精神分不开的。原中国科学院地学部主任尹赞勋教授生前说过，“他的显著优点之一是，研究科学能按科学方法办事”，号召大家“接过衣钵，发扬光大”。

**三、以诗为伴勤奋起**

一个科学家的生活是非常丰富多彩的，一个地质学家的生活更有其独特而生动的内容。周文斌以《他在诗中》为题写文追念杨钟健教授时写道：“人世间的沧桑变故，当然毫无例外地要在他的思想上留下或深或浅的痕迹，探求科学精蕴的艰苦和成败，也必然会在他的脑海中激起思想的浪花，大自然的风光景物，也往往会在他的脚下展现出斑斓瑰丽的色彩。”的确，在我国地质界前辈中，许多人都把诗词作为他们的伴侣，都以诗的激情鼓舞自己在艰苦的地质事业中百折不回。杨钟健教授正是其中杰出的一位。

1924年7月，杨钟健在法国留学，“睹异国之气象，念祖国之疮痍，国势不振，因之处处遭人歧视”。他作为一个热血青年，内心无限惆怅和激愤。在武二屯堡地质旅行期间，他写下了《旅中感怀》，表达了当时的感情：

跪山整七日，　风雨一身收。
劳苦我何辞，　知识但得求。
国威衰不扬，　舌亦失自由。
到处遭白眼，　泪向天涯流。
荆棘遍祖国，　愧见此河山。
山山草木绿，　村村有电杆。
虽无好社会，　毫末有弊端。
然哪如中国，　尚不保治安。
国事嗟如此，　忍作袖手观？
此生无所补，　空为一青年。

但是，杨钟健回国以后，展现在他面前的是一幅令人失望的图景：国内政治日趋腐败，民族灾难愈益深沉。“七七”事变后，他只身逃出北平，在长沙、衡阳、昆明和四川等地度过了七年颠沛流离的生活。这个时期，他写下了许多抗日救亡的诗词。其中一首《寄友人》的诗表达了当时的心情：

天生我辈必有用，　忍看神州半沉沦。
指锥虽愧雕虫技，　救亡亦存报效心。
斯文不教从世丧，　国运应令万古新。
塞外风光应更好，　黄河渡口看日沉。

在那动乱的年代，杨教授衣食难保，却从未中辍科研工作。每有所获，都会触发他的诗情，留下不朽的诗稿。

1938 年，云南禄丰动物群化石的发现，是古脊椎动物研究中的重大突破。他写下了《题许氏禄丰龙再造像》的诗，反映作者的兴奋心情和科学态度。

千万年前一世雄，　赐名许氏禄丰龙。
种繁宁限两州地，　运短竟与三叠终。
再造尤见峥嵘态，　像形应存浑古风。
三百骨标书卷记，　付与知音究异同。



长期的野外工作，艰苦而辛勤的科学劳动，使他身染多种疾病。杨老68岁时，写了一首《六八初度感书》表达了他对病魔的态度：

余生去死还差多，　百计千方抗病魔。
对于亡神何所惧，　能从现实论沉疴。
光阴有限争分秒，　来日虽暂不蹉跎。
暮景一年十年用，　生平经验树新模。

献身地质事业需要有广博的知识、较强的表达能力和高尚的情操，在这些方面，杨钟健教授都给我们做出了榜样。

**四、与人为善多知己**

1931年秋，杨钟健和我校袁复礼教授初次结识于乌鲁木齐，袁复礼参加西北科学考察团在新疆考察了四年多，已准备收尾回京，杨钟健参加中法科学考察团刚到新疆，见到袁教授发掘到的71具恐龙等爬行动物化石非常高兴，认为在世界上也属少见。他向袁教授详细询问了这些化石采集地点的地层、岩性和采集方法，准备去实地考察，后因越野车损坏，法国人打了中国人惹出事端，愿望未能实现，杨教授也只好返回北京。

袁教授回京后，立即将宝贵的化石交给在进行地质调查工作的杨教授研究，从此两人互相切磋，交往甚密。正因为及时得到造诣很深的古脊椎动物学家杨钟健教授的帮助，才能以最快的速度将世界瞩目的一批恐龙化石的研究成果公诸于众，开辟了中国的二叠三叠、陆相地层古脊椎动物的研究方向。后来，两位教授深交五十年，结下了深厚的友谊。袁教授对杨教授“工作之认真、研究之细致入微、治学之严谨和对古脊椎动物研究的高水平至为钦佩”。杨教授高度评价袁教授的发现“此其重要，殆不在中国猿人之发现以下”，并命名了“袁氏阔口龙”以示纪念。两位教授真诚合作、互相尊重的事迹在地质界传为佳话。

中国自然博物馆和中国科学院古脊椎动物与古人类研究所的中青年同志们，都十分崇敬他们的老馆长、老所长。一位在1957年曾被错划为右派的研究员回忆说，在他饱尝人情冷暖的时候，分别一年后再见面，老馆长仍和他热情握手，询问他的学习和工作情况，“温暖之心，永世难忘”！一位助手通过野外工作，认为杨老师早年将下禄丰祖的时代定为晚三叠世的观点有问题，定为早侏罗世更妥，鼓起勇气向杨老谈了自己的看法。杨老听后不仅没有不快之感，而是鼓励说：“这很好嘛！只有这样，后来者居上，才能把我们的科学提到一个新水平。不过，提出新看法时，论点要明确，证据要充足，说服力要强，且对不同观点要做全面分析，否则，新论点是站不住脚的。”事后杨老对别人说：“有不同见解，不妨碍我们之间的合作，相反会把一些学术问题探讨得更深更透，这对提高我们的科研水平是至为重要的。”人们看到，杨老对不同观点的学生，关系不是越来越疏远，而是越来越亲密。早在1936年杨老就说过：“因为科学的进步，一大半靠不满足现状，寻找问题，发现错误而加以更正”，“极重要的，就是自己要有认错的勇气”。这种几十年如一日的气魄和风度，正是杨钟健教授在科学的道路上能够与人长期友好合作共事，不断有所发现，有所前进，成果倍出的源泉。

杨钟健教授也算我校最早的校友，曾在我校的前身——北京大学地质系学习和任教，我校许多老教授曾是他的学生，言传身教，他的许多优秀品德和优良作风一代一代地传了下来。这是老一辈地质学家留给我们的宝贵财富，我们要很好地继承发扬。

（1989年《中国地质大学校刊》）

# 杰出的科学家　忠诚的爱国者

## ——纪念杨钟健先生诞辰一百周年

邱铸鼎

今年是杰出的科学家和教育家、中国古脊椎动物学的奠基人、忠诚的爱国主义者、中国科学院古脊椎动物与古人类研究所的创始人杨钟健先生诞辰一百周年，古脊椎动物与古人类研究所的同志们，国内外同行们深切怀念杨钟健先生。

杨钟健先生于1897年出生在陕西省华县一位著名教育家的家庭。1917年进入北京大学地质系学习，1923年毕业，同年赴德留学，在慕尼黑大学攻读古脊椎动物学，1927年获博士学位，1928年回国。在其后的半个世纪中，他坚持不懈地致力于以古脊椎动物学为主的地层古生物学、古人类学和考古学等方面的调查和研究。他的足迹几乎遍及全国各个省区，考察和访问过亚洲、欧洲、北美洲和非洲的许多国家。先后共发表学术性论文达500余篇、专著20余部，为我国和亚洲古脊椎动物学的发展奠定了基础，为古脊椎动物学的发展做出了卓越的贡献。国际学术界对他的工作给予了高度的评价和推崇，他被选为莫斯科自然博物工作者协会国外会员、古脊椎动物学会名誉会员和英国林耐学会会员。他的肖像和达尔文、欧文等博物学家一起悬挂在大英博物馆内，获此殊誉的中国学者只有杨先生一人。

杨钟健先生是中国古生物学会的创始人之一，曾两次被选为学会理事长。他也是中国地质学会最早的会员之一；1930年起历任学会的理事和两任理事长，并获得1937年度“葛氏金质奖章”。

杨钟健先生是中国自然博物馆事业的积极推动者、组织者和领导者。从北京自然博物馆成立起，一直担任馆长职务。

此外，他曾任北京大学、北京师范大学、西南联合大学及重庆大学的教授，西北大学的教授和校长，第一届中央研究院院士。中华人民共和国成立后，他是首批中国科学院学部委员，历任中国科学院编译局局长、编译出版委员会副主任、中国第四纪研究委员会副主任等职。

杨钟健先生不仅是一位杰出的科学家和教育家，一位优秀的科学工作的组织者和领导人，而且是一位忠诚的爱国主义者。杨先生的青少年时期正值国家处于内忧外患、民族面临生死存亡的历史关头。严酷的现实教育了他要牢记国耻，立志救国。在北京大学学生时代，他积极参加五四运动，主编过进步刊物《共进》《秦钟》，撰写了不少抨击时弊、宣传民主和科学的文章，还参加过马克思主义研究会、社会主义青年团，并且是少年中国学会的主要成员。在这些政治活动中，他曾与著名的共产党人李大钊、毛泽东、邓中夏、恽代英等有过密切的交往。杨先生在留德期间，一切景象无不使他联想到军阀混战、民不聊生的祖国，他曾赋诗表示这种沉痛的心情："荆棘遍祖国，愧见此河山。山山草木绿，村村有电杆。国事嗟如此，忍作袖手观？此生无所补，空为一青年！"他谢绝了友人留他在德国工作的建议，满怀报国激情，毅然归国，投身于祖国的科学、教育事业。第 14 届中国地质学会年会正值抗日战争初期的 1938 年，作为理事长，他在会上做了题为《我们应有的忏悔与努力》的报告，他大声疾呼："现在正是我们中华男儿争取国家的人格，与子孙世世代代自由的重要关头，不容一刻松懈。"朱森先生请他题词，他挥笔写下"河山半破碎，同道集三湘，杀敌无寸铁，报国空热肠"的诗句。1956 年他加入中国共产党，是一位优秀的共产党员。作为社会活动家，他是第 1 ~ 5 届全国人民代表大会的代表和九三学社中央常委。

1979 年 1 月 15 日，杨先生因病在北京逝世，终年 82 岁。逝世前，一直任中国科学院古脊椎动物与古人类研究所所长以及北京自然博物馆馆长。

杨钟健教授一生的学术活动是与我国古脊椎动物学的历史紧密联系在一起的。我国古脊椎动物学研究的历史，可以追溯到19世纪，但一直到20世纪20年代中期，全部工作都是由外国学者做的。1928年杨钟健、张席禔、王恭睦先生先后回国从事古脊椎动物学的研究与教学工作。裴文中先生参加主持周口店的发掘，是我国学者从事古脊椎动物学研究的开端。而杨钟健教授的博士论文《中国北部之啮齿类化石》于1927年出版，则是中国学者发表的第一部古脊椎动物学专著，标志了这门学科在中国的诞生。

杨钟健教授回国后的第一件工作是领导周口店北京猿人遗址的发掘与研究，同时还从事华北新生代地质的野外考察。1929年北京猿人第一个头盖骨的发现，使得新生代研究室顿时成为国际学术界普遍重视的古人类研究中心。经过近五年的系统发掘和研究，周口店也因为发现了完好的猿人化石、旧石器文化遗存以及丰富的哺乳动物化石，而成为当时世界上古人类研究和旧大陆陆相第四系对比的一个标准地点。

从1929年到1934年间，他连续发表了《中国北方新生代后期之哺乳动物化石》和《周口店第二、第七、第八地点之脊椎动物化石》等5部古哺乳动物的专著和约30篇有关哺乳动物化石与新生代地质的论文。这些著作不仅涉及古生物学的各个方面，而且接触到地层学、地史学、气候学等地学的许多分支学科，其中多数又是我国近代地球科学史上的最早著作，因此对我国这一科学领域的早期发展起了极大的推动作用。当然，这一时期他的主要贡献还是在古哺乳动物学和第四纪地质方面。由于杨钟健先生等人的工作，使地质工作者早在20世纪30年代，即能根据哺乳动物的化石组合，对华北以黄土为主的各种“土状堆积”进行较详细的划分和对比。杨先生这一时期的工作，不仅使华北黄土及其所含动物化石的研究大大地向前推进了一步，而且为后来我国哺乳动物群和新生代地质研究的大发展奠定了坚实的基础。

自1934年起，杨先生开始从事爬行动物化石的调查和研究，主要对新疆和山西的三叠纪爬行类，四川、新疆、内蒙古侏罗纪和白垩纪恐龙化石的研究。这些大多是我国最早开展的对爬行动物的研究工作。杨先生关于中国肯氏兽的研究，不仅对认识兽形类爬行动物的演化具有重大的意义，而且对阐明古地理，支持大陆漂移学说，也具有重要的学术价值。

杨先生的另一重要贡献是对中生代禄丰动物群的研究。1938年抗日战争初期，他与卞美年先生在云南禄丰的“红层”中发现了种类丰富的“禄丰蜥龙动物群”。从1938年起直到解放初期，他的研究工作主要是围绕这个世界著名的动物群进行的。他前后发表了20余篇论文和3部专著。我们知道，距今约1．7亿年前后的三叠纪末、侏罗纪初，是地球历史上南北大陆开始分裂，许多低等四足动物门类开始出现、繁盛或绝灭时期，是哺乳动物出现的最早时期，也是地球上大陆和生物历史上一个重要转折时期。云南禄丰的化石正是这一时代的重要代表。杨先生记述了这个动物群中的20余个新属、新种，包括假鳄类、原鳄类、副鳄类、各种恐龙类、似哺乳爬行类及原始哺乳类等。他对禄丰动物群的工作，使禄丰成为世界上研究这一重要地史时期脊椎动物的经典化石地点；杨先生本人也通过禄丰动物群的研究，使他的主要研究领域，从哺乳类化石和新生代地质转向了爬行动物方面，也使自己成为国际上最活跃和最有成就的一位研究古脊椎动物化石的学者。

新中国成立后的15年，是杨先生一生中学术活动最活跃时期。他的研究领域几乎涉及到爬行动物的各个重要门类和方面，包括各类恐龙（如现在大家都熟知的青岛龙、鹦鹉嘴龙、马门溪龙）、假鳄类和形形色色的爬行类（如水生爬行类、飞龙类）。他对中国的各类恐龙、水生爬行动物、“冈瓦那动物群”进行了分析，对我国第一次发现的二叠纪陆生脊椎动物群、水生和飞行爬行动物等许多重要材料进行了研究。杨先生的研究成果，基本上填补了我国古爬行动物在门类、化石层位和地区上的重要空白，使我国名符其实地成为世界上一个爬行动物化石材料最丰富、种类多样的重要地区。

杨钟健先生一生的学术活动，与古脊椎动物与古人类研究所的创立、成长和发展的历史紧密结合在一起。他在领导古脊椎动物与古人类研究工作中，充分显示了他作为一个科学工作组织者和领导者的韬略与远见。早在50年代初研究所开始成为一个独立的科研机构时，他就把研究所从事的两门学科的任务，概括为八个字，即“两种堆积”和“四个起源”。“两种堆积”系指北方的“土状堆积”和南方的“红层”；“四个起源”系指鱼类、哺乳类、灵长类和人类的起源。古脊椎所研究室的设置和重点任务的确定，至今基本上是按他概括的八字方针安排的。在当前的结构性调整中，也证明了这种设置和任务的确定是合理的，是经受得起考验的。自50年代末以来，他精心组织了一些大型科学考察和研究项目，如中苏古生物考察、新疆古脊椎动物综合考察、华南红层的综合研究、陕西蓝田新生界及哺乳动物群的研究等。回顾我们自建所以来所取得的一系列重大的研究成果，如泥盆纪鱼形类及低等四足类起源的研究，西北、华北地区二叠纪、三叠纪低等四足类的研究，云南禄丰蜥龙类动物群的研究，中国东部中生代鱼类的研究，恐龙的研究，新疆、内蒙古、华北中新生界地层及动物群的研究，西藏古脊椎动物考察，华南红层及古新世动物群的研究，陕西蓝田新生界及蓝田猿人和哺乳动物群的研究，和县、大荔、马坝、丁村、长阳、柳江、资阳等一系列人类化石的发现与研究，丁村、观音洞、泥河湾盆地等地旧石器时代文化的研究，北京猿人石器的研究和巨猿的研究等，无不渗透着杨先生的心血。

杨钟健先生为人光明磊落，表里如一，嫉恶如仇，刚正不阿。他治学严谨，勇于修正错误，作风淳朴宽厚，平易近人。他尊敬前辈，提携后人，在培养青年人成才上进方面是有口皆碑的。

杨先生一生追求真理，苦干实干，勤奋好学，著述等身。他珍惜人才，淡泊名利，以发展我国的古脊椎动物学和古人类学事业为第一生命。即使在十年浩劫、身处逆境期间，他仍忘我地工作，有时上午挨斗，下午继续他的研究。就是在这种极端困难的情况下，他仍以惊人的毅力，完成了二十余篇学术论文，向党和人民汇报了他的优异成绩。

杨钟健先生虽然离开了我们，但他亲手培育的我国古脊椎动物学正在各地生机勃勃地茁壮成长，而他对人类认识脊椎动物进化历史方面的卓越贡献，将载入近代科学的史册，像一颗璀璨的明珠永放光辉。

（海洋出版社 1997 年 11 月版《纪念杨钟健教授百年诞辰论文集》）

# 杨老是山西旧石器考古与古脊椎动物化石研究的奠基者

## ——纪念杨钟健先生诞辰一百周年

陈哲英

我平生仅见杨老一面。那是1972年3月中旬的一天，我与白玉珍先生一起去的杨老家。白先生和杨老50年代就认识，可以说是“老关系”了。因此，一见面杨老就问询山西的情况，尤其是问询一些老同志的情况。他给我的印象是慈祥幽默，谈笑风生，颇具学者长辈之风度。就是这一次见面，我算是认识了杨老。可我知道“杨钟健”这个名字却是在这之前。

旧石器考古对大多数人来说，是比较陌生的，尤其是30年代知道的人则更少。可就是在这时，山西向世人宣告发现了旧石器。它的发现者就是杨钟健先生。

1929年夏天，杨钟健先生受当时中央地质调查所的委派，与法国人德日进先生一起，在山西和陕西之间作了长达三个月的地质与采集化石的考察。那个时候的生活条件、交通状况是可想而知的，尤其是山西西部，生活更是艰苦，交通更为不便。然而杨钟健先生凭着他对地质古生物的热爱和对科学事业的执著追求，先后踏勘了桑干河上游盆地、滹沱河上游盆地、汾河流域，以及保德、河曲一带。足迹遍及山西的二十余个县市，基本上确立了红色土之一般性质，并对黄河历史有所论述。有关此次考察的收获，均详细地记录在《山西西部陕西北部蓬蒂纪后黄土期前之地层观察》一书中。

也就是在这次考察中，杨钟健等在山西发现了旧石器。当时发现的地点有：河曲火山林一带靠近黄河边的黄土底部砾石层中，巡检司南约5公里的黄河东岸，以及山西西南部的第17（中阳许家坪）和第19地点（大宁下坡地）。原料均为“五台系硬而色蓝之石英砂岩”，其时代相当于更新世晚期的古人类文化遗物。这是继北京周口店、宁夏水洞沟等地发现旧石器之后的又一重要发现，也是山西这块土地上的首次发现。遗憾的是此后二十多年再没有见山西发现旧石器的记录。

解放以后，山西乃至全国最早发现的旧石器地点，要数山西丁林了。这次发现也得到了杨老的热情关怀和大力支持。从最初标本的鉴定，到古脊椎所改变年度发掘计划，直到丁林的发掘，杨老都给予了极大的关注；从指导工作、解决地质上的重大问题，还参加了短期工作。然而当人们问到杨老丁林遗址及丁林人的时代问题时，“杨老却说，我没有亲自参加工作，也没有亲到该地作详细观察，虽有这些科学资料，更没有作进一步分析与研究，所以我在当前尚没有发言权”。这一席话，充分表现了一个科学家严谨的治学态度和实事求是的思想作风。

1979年秋天，即杨老山西西部考察之后的半个世纪，我有幸与古脊椎所的同志踏着杨老的足迹，在晋西北调查古人类文化遗存。除在河曲县的河会发现了时代较早的旧石器外，还在火山村与巡镇之间的石梯子村南侧黄河左岸的黄土底砾层中发现了人工打击的石块。联系到多年来的考古实践，无不证明杨老“关于中国北方旧石器时代之研究，当特别注意含有石英质岩块之砾层”的教导，具有普遍的指导意义。

杨老对山西地层古生物学的研究，更是有着卓越的贡献。1927年，他发表的《中国北部之啮齿类化石》的博士论文中，就有很多化石是来自山西的。1929年他考察了山西西部之后，又于1932—1936年，与裴文中、卞美年、巴尔博、德日进等，对三门峡一带的三门系地层和太谷盆地沉积进行了调查研究，并到校社进行了考察，发表了《山西、河南之哺乳动物化石》一文。关于山西三叠系的研究，早在19世纪末期即已开始，可第一次记述三叠纪爬行动物化石的却是杨钟健先生1937年发表的《山西三叠纪之二齿兽》的研究；同年他还发表了《山西垣曲第三纪初期脊椎动物群》的研究。解放后，杨老的著作更丰厚，关于山西的研究也就更多，可对山西新发现的前棱蜥的研究，对山西武乡下三叠纪爬行动物的研究，对山西发现的恐龙化石的研究，对山西西北部一新犬齿类的研究，对山西中国肯氏兽动物群的叠齿类的研究，对榆社上新世哺乳类化石的研究等，都凝结着杨老的心血，记录着杨老的辛勤劳作。杨老对山西古生物学上一些属种的建立，为山西鳄科·山西鳄属·山西鳄、黑峪口山西鳄、汾河鳄属·棱脊汾河鳄、林遮峪河套兽、银郊中国肯氏兽、垣曲鬣齿兽、黄河猴裂兽、榆社剑齿象、贺风三趾马、垣曲戈壁猪兽、保德羚羊等，至今仍在理论和实践中起着光辉的基石作用。这里尤其要提到的是杨老把山西发现的一新属、种假鳄类化石定名为"王氏鳄属·择义王氏鳄"，并特别强调"属种名字为纪念王择义先生在山西所做的很多的古脊椎动物采掘工作和所付出的劳绩"。由此可见杨老的纯朴宽厚的人格和高风亮节的品德。

杨老已经离开我们18年了。今年是杨老100周年诞辰。在纪念杨老的日子里，我们缅怀杨老对山西所做的贡献，对未来更是充满了信心和希望。我们决心发扬杨老那种"大丈夫只能向前"的坚忍不拔的科研精神，把杨老开创的山西旧石器考古和古脊椎动物化石研究的工作推向前进。

（1997年《化石》第3期）

# 古生物学家杨钟健事略

张应超

杨钟健，字克强，陕西华县人，生于1897年，是我国卓越的地质学家、古生物学家和教育家。生前曾担任过北京大学、重庆大学教授，西北大学校长，中国科学院编译局局长，古脊椎动物与古人类研究所所长，北京自然博物馆馆长等职务；是中国科学院学部委员、北美古脊椎动物学会荣誉会员、英国林耐学会会员、莫斯科自然博物学会国外会员。他怀着强烈的爱国之心，勤奋地为中华民族科学事业的振兴奋斗了一生，实现了他“不辞劳苦争先行”，“鸣到死时方算了”的誓言。

杨钟健的父亲杨鹤年（松轩），早年加入同盟会，辛亥革命爆发后曾任陕西军政府教育司次长，以后又创办了华县咸林中学，颇负盛名，是国内有一定影响的教育家。杨钟健从童年时代起，就受到杨鹤年先生先进思想的熏陶。

辛亥革命后，杨钟健考入西安三秦公学（后为省立第三中学）读书。1917年春考入北京大学理科地质学门（1919年改为地质学系）。在震惊中外的五四运动中，他亲自参加了火烧赵家楼的斗争。此后，又加入了许德珩等人发起的平民教育讲演团。1920年3月，被选为讲演团总务干事，成为该团的主要负责人。他和讲演团其他成员克服重重困难，赴长辛店、通县等地宣传爱国思想，揭露黑暗的社会现实。同年4月6日，他在通县一天之内就作了《共和国民应有的精神》等三场讲演，是赴通县讲演团员中演说场数最多的一人。5月13日，他和邓中夏、张国焘等人在北京城南讲演时，反动警察百余人冲上讲台，企图制止讲演。台上听众却对讲演者“鼓掌如雷”，对警察的粗暴干涉表示强烈的不满。这些讲演活动，对唤起民众起了一定的作用。同年经邓中夏等人介绍，杨钟健加入了少年中国学会（简称“少中”），并连任两届“少中”执行部主任，和李大钊、邓中夏、恽代英等人一起，主持“少中”会务。在此期间，他编辑了会员通讯录，发起会员填写终身事业调查表。1923 年 10 月 14 日，他出席“少中”在苏州举行的大会，并和邓中夏等人签署了大会宣言，明确提出“反对帝国主义侵略”，“打倒军阀、肃清政局”等进步主张，在“少中”活动史上写下了光辉的一页。

1922 年，杨钟健加入了中国社会主义青年团，翌年经李大钊、邵力子介绍加入了国民党。

1919 年 3 月，杨钟健和一些陕籍进步学生创建了旅京陕西学生联合会。同年秋冬间，由杨钟健主编，办起了旨在揭露陕西“军阀横行”、“民不聊生”黑暗现实的油印刊物《秦劫痛话》。1920 年 1 月，杨钟健等人在《秦劫痛话》的基础上，创办了《秦钟》月刊，仍任主编。他先后在《秦钟》上发表了《教育停止》《二乞儿》等文章。《秦钟》出刊六期后因编辑人员认识有分歧、缺乏经费等原因停刊。

但是，杨钟健并未气馁。1920 年 10 月，又和刘天章等人创办了《共进》半月刊。他为《共进》倾注了大量的心血，除一度担任主编外，还先后在该刊上发表文章不下百篇。此外，他还在《晨报》《上海国民日报》《新潮》《东方杂志》等报刊上发表了大量文章。他的文章文笔泼辣，出手迅速，毛泽东对此曾有“短剑胜长枪”的赞誉。

为了揭露陕西省长刘镇华祸陕的种种罪行，杨钟健于 1921 年 12 月至 1922 年 1 月在《共进》上发表了连载长文《去刘篇》，一针见血地指出：“三四年来人民所受的苦痛，除陈树藩外，几乎一呻一吟都是由他造成的”，并呼吁“磨快我们的钢刀，热沸我们的血肉……为保卫我们生命的安全，为达改进陕局的坦途，去刘！去刘！”这篇文章不仅是杨钟健五四时期政论文章中的杰作，也是《共进》上发表文章中的名篇。

1922年10月，杨钟健与魏野畴、杨明轩、张耀斗等人，在共进半月刊的基础上创建了共进社。1923年的共进社宣言指出："我们认为中国目前应解除的两大恶势力，是国际资本帝国主义的军阀政治。但是国际资本帝国主义，实借军阀的恶势力予以蓬勃与作恶的莫大机会，所以认为应首先努力打倒军阀。"反动军阀对共进社的活动恨之入骨，叫嚣"大共（共产党）、小共（共进社）都是一共"，并于1926年予以查封。

杨钟健由北京大学毕业后，根据老师李四光的建议，为了填补我国古脊椎动物研究领域的空白，于1923年秋，自费赴德留学，考入慕尼黑大学地质系古生物专业。在德国期间，他学习刻苦，还挤出时间去瑞典等国抄录了许多有关我国古生物学的资料。1927年，他发表了题为《中国北部之啮齿类化石》的博士论文，受到国内外学者的重视和好评，被慕尼黑大学授以博士学位。这时，一些外国友人劝杨钟健留在国外从事古脊椎动物学研究。杨钟健谢绝了他们的挽留，怀着开创祖国科学事业新领域的雄心壮志，于1928年回到了阔别五年的祖国。

杨钟健回国后，在中央地质调查所工作，负责北京周口店化石的发掘和研究。他不仅工作勤奋，而且毫不保留地把自己学得的知识传授于其他工作人员。后来成为著名古生物学家的裴文中就是在他的热情帮助下，在较短时间内掌握了较为丰富的古生物知识，发现了轰动世界的"北京人"化石。

1928年到1937年，杨钟健在华北地区进行了多次实地考察，行程达二万余里。新婚九天之后，他就离家远行。由于当时国民党政府对古脊椎动物的研究极不重视，一些科研工作者迫于生计而改行。杨钟健宁愿过着清贫的生活，坚定不移地从事古脊椎动物研究，终于建立起我国新生代地层层序，发表了许多有关啮齿类、兽形类、偶蹄类及新生代地层地质发育史方面的论文，为我国的新生代地质和古脊椎动物学的发展打下坚实的基础。

“七七”事变爆发后，日本侵略者不怀好意地“邀请”杨钟健到日本讲学。他深怀民族义愤，只身逃出北京，颠沛流离到长沙，并写下“杀敌无寸铁，救国空热肠”的饱含爱国激情的诗句。后来，又辗转来到云南，继续从事科研。研究室人少，他既当主任又兼出纳。他节衣缩食，把自己的薪金不声不响地添入科研经费，留在北京的爱子却因交不起一百元住院费病死在医院门外。日军飞机经常在昆明市上空狂轰滥炸，无法进行科研。杨钟健就和别的科研人员把郊外的破庙作为工作室。经过了艰辛的劳动，终于发掘出外国人多次查找而没有发现的化石群，发表了《禄丰蜥脚类恐龙的初步研究报告》等一系列重要论文。从此，著名的禄丰动物化石才为世人所知，使我国的古脊椎动物学研究取得了突破性的进展。

1940 年至 1942 年，他参加新疆石油调查队的野外考察。当时，调查队中不少人对塞外的艰苦生活不习惯，杨钟健却很快习惯了维吾尔族人民的生活方式。在新疆的两年时间里，他以惊人的毅力，先后参加了库车、阿克苏等地的填图找油工作，还对天山南麓的新生界地层进行了实地考察和研究。

杨钟健在古脊椎动物研究中取得的累累硕果，赢得了国内外古生物学者由衷的敬佩。他被誉为“龙骨大王”。1944 年至 1947 年，他赴美国、加拿大等国考察和讲学期间，又完成了一系列重要著作，为祖国的科学事业增添了光彩。

1948 年秋，鉴于他的社会声望，国民党政府任命他为西北大学校长。国民党反动派逃离大陆前，还企图用欺骗、绑架杨夫人的卑劣手段胁迫杨钟健去台湾。但是，杨钟健“誓死不从”。他想方设法，终于摆脱了反动派的羁勒，迎来了新中国的诞生。

建国后不久，杨钟健就担任了中国科学院编译局局长。百废待兴，许多工作都要从头开始，困难是很多的。他却知难而进，很快投入了紧张的工作。1950 年 1 月编译局成立。2 月，他就邀请天文学、数学、物理学、化学、生理学、心理学等 17 个学会负责人和有关科学家举行座谈，研究各学会出版期刊的问题。接着，又主持起草了《中国科学院扶助国内各重要专门学会、研究会等刊行期刊办法》和《中国科学院刊行专门图书试行办法》，调动了各方面专家和科研人员的积极性，为国内各学会出版刊物创造了条件。

在编译局初创的一年左右时间里，仅有的十几个工作人员就筹办出版了《科学通报》《中国科学》《科学记录》三种综合性院刊和《中国地球理学报》《中国化学学会会志》《中国动物学报》《中国昆虫学报》等十种学术刊物，还编译了三四十种专题论著和16个学科的学术名词词汇。

1953年，中国科学院成立古脊椎动物研究室，杨钟健为了使我国的古脊椎动物学研究有更大的发展，不迷恋既得的高位，主动放弃编译局局长的职务，担任了古脊椎动物研究室主任，把自己的全部精力投入到这个小研究室中。在党和国家的关怀支持与同志们的努力下，终于使研究室发展成为世界上最大的古脊椎动物研究机构和重要的研究中心。

杨钟健热爱社会主义新中国，全心全意为祖国的科学事业而奋斗，党和人民十分信赖他。1954年，他当选为第一届全国人大代表。人大代表讨论发言时，他深有感触地说："没有共产党、毛主席，就没有新中国。我们这些搞自然科学的也很难有所作为。"1956年，他光荣地加入了中国共产党。入党那天，他激动地表示，一定要做一名"无愧于这一称号和它的实质的中国共产党党员"。1964年，他的重要著作《中国的假鳄类》一书出版，他把所得的4000元稿费全部交了党费。

解放后到十年动乱前的十多年间，是他一生科学工作的鼎盛时期。他通过多次考察和刻苦钻研，对中国二叠纪到早三叠纪爬行动物、动物地理、动物群及层位对比等领域的研究，取得了丰硕的成果，得到中外学术界的高度评价。

正当这位人老心雄的科学家要在晚年为祖国的科学事业努力奋进的时候，十年动乱开始了。他被扣上"反动学术权威"的帽子，书被查封，家多次被抄，解放前他冒着生命危险珍藏了二十多年的、毛主席写给他的亲笔信也被抄走。在他几十年从事科研的生涯中，他到过许多国家，几十位外国学者曾赠他照片作为纪念，他把这些照片挂在工作室，激励自己不要在事业上落到外国人的后面，就连这些照片也成了他的“罪状”。家被抄了，木地板被劈坏，还把他关进了“牛棚”。但是，就在这种连生命都没有保障的年月里，杨钟健也没有放弃祖国的科学事业，仍以高度的责任感和惊人的毅力顽强地进行工作，竟写成了近30篇论文。1972年，他已是75岁高龄，在酷暑炎热之季，还带着五位同志去南方几个省市的博物馆和有关科研单位了解情况，为发展我国的博物馆事业尽心尽力。

“四人帮”被粉碎后，杨老满腔热情地表示“年代八十心尚丹，欲和同辈共登攀”，还特地刻了“八十不老”的图章，鼓励自己不断前进。1978年9月，他抱病出席了全国第四纪冰川和第四纪地质学术会议，并和中青年同志一起攀山越岭，进行实地考察。他是这次学术会议中年龄最大的科学家。中央人民广播电台专门报导了他的感人事迹，称他是科技战线的“不老松”。

1978年12月底，杨老不顾同志们的劝阻，在上三层楼竟要歇息两次的情况下，还带病参加了北京自然博物馆全体人员大会，向同志们祝贺新年，并讲述了国际形势，勉励大家为“四化”做出贡献。1979年元旦，他的病情突然恶化，在医院里，他还对前去看望的同志们表示，病好后要和同志们一起搞好工作。直到生命垂危之际，仍关心如何把北京自然博物馆办成一个具有世界水平的博物馆。真正做到了鞠躬尽瘁，死而后已。1月15日，杨老不幸逝世，终年82岁。

杨钟健教授一生写下了500多篇论文，20余种专著，2000多首诗。这样的成就不仅在我国古生物学家中首屈一指，就是在世界各国的古生物学家中也是罕见的。他追求真理、热爱祖国，为中华民族和人类的科学事业奋斗不息的献身精神和崇高品质是我们学习的典范。

（1983年《陕西地方志通讯》第3期）

# 杨钟健的人生道路

张军孝

## 少年时代

1897年6月1日（农历五月初二），杰出的地质学家、古生物学家和教育家、社会活动家杨钟健诞生于陕西省华县龙潭堡。这里位于八百里秦川的东端，濒临着奔腾不息的渭河，南靠闻名秀丽的西岳华山。钟健的故居，就坐落在少华山麓的一个小村子里。他诞生的这一年，正是以康有为、梁启超等人为代表的资产阶级改良派，通过维新变法的组织和宣传活动，在爱国的知识分子和开明官僚中间扩大了影响，特别是在争取帝党官僚方面获得了显著的成绩，从而能够通过他们与光绪帝取得直接的联系，试图变法革新，拯救中国的时期。

杨钟健，字克强，乳名天命，笔名哈雷、望月。他的父亲杨松轩，是近代陕西教育的先驱者。当他在少华、味经书院求学时，甚负众望的陕西维新派教育家刘古愚就在此主教。刘古愚主张变法维新，积极引进西学，革新教育内容，“论学重实验不尚空谈，做事尚实践不务虚声”的做法和爱国热忱，以及为教育而献身的精神，给予青年时代的杨松轩以极大的影响，奠定了他后来力主办教育以使国家独立富强的思想基础。而杨钟健熏陶于乃父教养，自幼至长，耳濡目染，其后造诣之引人瞩目，乃意中事。

1902年，杨松轩在龙潭堡创办蒙养学堂，他力行教育改变，“一切以新制组织，一洗私塾旧规”，当时“实为陕东新式教育之先河”。特别是杨松轩反封建、反对八股文、反对宗教迷信、反对妇女缠足、反对吸食鸦片等民主革新思想，对杨钟健的影响是颇为深刻的。因此，钟健进入蒙养学堂就读时，就摆脱了旧教育的桎梏。次年秋，他的父亲又在龙潭堡西南的甘露寺设教，教学始终以灌输新知识和启发学生思想为目的。附近学生络绎不绝，纷纷来此求学，钟健亦随父侍读。他的父亲一有暇就给他讲伊索寓言、泰西探险小说和航海等故事。这些循循善诱，谆谆教导，对于钟健以后兴趣于探索研究工作无不产生莫大的启发和影响。

1905 年，钟健的父亲应聘赴陕西临潼雨金屯两等小学堂任教。次年，钟健也随父前往雨金学校求学。

1907 年至 1908 年间，钟健的父亲以二两银子在华县耐村大王庙成立了华州教育研究会，并附设两等小学堂，钟健即由雨金转学于此。在这期间，钟健已经能写文字较为流畅的短文了。他写的第一篇作文，题为《说空气》，第一句："空气者，无声无臭无形无色，而人不可须臾离者也"，很受先生好评。但他从来不以此为满足而沾沾自喜于一得之功，仍然以谦逊的态度在老师和父亲的教导下，勤奋地学习。因他是长子，一直得到全家人的喜爱，真是"幼负聪明誉，家承大小欢"，蒙父常教导，才华已初显。

1910 年，钟健由教育研究会附设两等小学高小部首届毕业后，于 1911 年秋入同州中学，旋因校务不良而辍学。同年 10 月 10 日武昌起义后，钟健父亲也在华县鼓动革命。次年，陕西军政府成立，钟健父亲应聘被任为省军政府教育司次长。适值这一年西安三秦公学开办，钟健考入西安三秦公学留学预备科德文班。又因学非所愿，一度退学，半年后又考入三秦公学中学班学习。1913 年，钟健肄业于三秦公学中学班。在这一时期，钟健受辛亥革命的影响，热衷于孙中山先生的三民主义思想和革命主张，并同刘天章、魏野畴、李子洲等同学开始投身于巨大的社会革命潮流之中，试图为推动社会的改革和历史的发展做些有益的事。

1914 年冬，三秦公学与西北大学中学班合并成立省立第三中学，钟健即转入省立第三中学读书。不久发生了袁世凯登基称帝事件，全国人民掀起了一个声势浩大的反袁斗争的浪潮，西安各阶层进步分子闻风而动，亦组织起来开展倒袁活动。钟健和进步同学坚定地加入了这一反复辟、反倒退斗争的行列。

如果说钟健少年时代的前期是在先父革新思想的教育下，并完全接受了这一思想而刻苦求学、奋发向上的话，那么他少年时代的后期，积极自觉地参加各种社会改革活动的实践则是不言而喻的。杨钟健后来成为一名革命的民主主义者和社会活动家，也不能不说与他少年时代所接受的教育和参加的社会活动有密切的关系。

## 参加五四运动

1916 年，钟健由省立第三中学毕业后，于 1917 年春入北京大学补习班，嗣后因张勋复辟变起，他暑假回陕。同年秋，正式进入北京大学理预科学习，两年后转地质系就读。

在北京大学期间，世界革命和中国革命都相继发生了转折性的深刻变化。1918 年，列宁领导的十月革命的消息传入中国后，首先在文化教育知识界发生了强烈的反响。当时，北京大学的政治、文化生活更进一步地活跃起来，许多进步社团和刊物杂志如雨后春笋相继诞生。特别是陈独秀主编的《新青年》杂志，对钟健影响极大。他每期必购，认真阅读，爱不释手，并不时地给杂志编辑写信讨论一些问题。同时，他开始给《北京晨报》《新潮》等报刊投稿，向半封建半殖民地旧中国的时弊，展开了猛烈的抨击。就在这一年，在北京上学的陕西籍学生成立了陕西旅京学生团（1919 年 3 月改为陕西旅京学生联合会），钟健是积极的参加者和组织者之一，他以深沉练达、能言善辩的才能，经常与进步青年聚会讨论、分析陕西的社会状况，揭露陕西当局的黑暗统治，以唤起陕人之觉悟。

1919 年，反帝反封建的五四爱国运动爆发后，杨钟健积极参加了“外争国权，内惩国贼”的天安门游行示威大会，并挺身投入痛打章宗祥、火烧赵家楼的斗争。32 名爱国者被捕后，更激起他满腔怒火，毅然决然地参加了学生会国货维持股的工作和由邓中夏、许德珩、黄日葵等人发起的北大平民教育讲演团，不时地上街进行讲演，一直坚持到“六三”全国工人罢工、学生罢课、市民罢市，被捕学生全部释放为止。他作为北京学生代表赴沪参加了全国学生代表大会。同年秋冬，杨钟健针对旅京陕西学生联合会组织涣散、思想极不一致的状况，主编了一个以揭露陕西社会黑暗为主的《秦劫痛话》的油印刊物，虽然出刊时间较短，但不少稿件曾被京、津、沪、汉的报纸所转载，影响较大。1920 年 1 月，旅京陕西学生联合会又主办了《秦钟》月刊，其使命是：“（一）唤起陕人自觉心；（二）介绍新知识于陕西；（三）宣布陕西状况于外界。”它的出刊对反对陕西军阀和传播新文化起了一定的推动作用。杨钟健挥笔上阵，相继发表了《教育停止》《半身不遂》《省议会》《无可如何》等文章，一针见血地揭露了陕西反动统治者给陕西教育界和广大青年学生带来的灾难，为振兴陕西教育而放声呐喊。《秦钟》月刊由于种种原因，没有维持多久，出了六期即停刊。但杨钟健和当时陕西进步学生，后来成为著名共产党人的刘天章、魏野畴、李子洲、刘含初等，并没有因为《秦钟》月刊的停办而停止同社会邪恶势力的斗争。

## 两任少年中国学会执行部主任

少年中国学会是五四时期出现的历史最久、影响最大的社团之一，它发起于 1918 年 6 月，正式成立于 1919 年 7 月。这个学会因为采取兼容并包的方针，所以会员最多、分化也最明显。杨钟健于 1920 年由邓中夏介绍入会后，1921 年 9 月到 1923 年 7 月曾两届连任该会执行部主任，一度担任评议员，主持会务。当时，中国共产党已经成立，会员日趋两极分化，共产党人李大钊、邓中夏、高君宇、黄日葵等和国家主义分子曾琦、李璜、左舜生等表现出愈来愈明显的分歧，大多数中间派会员则动摇不定，这种状况在 1921 年 7 月学会的南京大会上就开始表面化。之后，1922 年 7 月杭州大会和 1923 年 10 月苏州大会矛盾进一步激化。杨钟健在这种复杂的矛盾中处理会务，自然是困难重重，后来他回忆这段历史时说："必须承认，在那样情况之下，这执行部主任是不好干的；实际上也干不出什么名堂来。……我所能做的事无非是执行评议会的决议，加强会员间的联系而已。为了加强彼此的联系，我曾编过一本会员通讯录，同时又因为少中会员对于创造少年中国的方案人人主张不同，所以决定搞一次终身事业调查表。但这项工作估计在实际上并未发生什么积极的效果。可以说在多数会员思想混乱、意见分歧的情况下，我所担任的工作，注定是难以完成的。"又说："回忆起来使我有这么一种强烈的印象，那就是我之所以被看中而当选为执行部主任，可能是为了解决学会中的矛盾。当时学会内部争执已到了相当紧张程度，许多会员就想拿一个比较中间的人来缓冲一下……另外一个可能就是我的前任因事离京，而其他的人又都不合适，于是蜀中无大将，就以廖化作了先锋了。"这个说法确是反映了当时的历史实际，当然也包含着一些过谦之词。杨钟健一生光明磊落，表里如一，实事求是，善于处人，又富有组织才能。因此，他当选为执行部主任也是众望所归，并非偶然。但是，正如他自己表白的，"实际上我是和李、邓诸人较为接近的"。他说：在少年中国学会会员中"和我来往最多，因而印象最深的还是邓中夏，他为人的热诚，工作的能力，以及对于许多具体斗争的表现，使人至今不忘。我们一起在平民教育讲演团的工作中，在反宗教同盟的运动中，以及'二七'罢工等事件中，都经常来往，有时还到当时的西老胡同某号不时碰头开会。其他的人诸如李大钊、黄日葵等都是通过他认识的"。正是在李大钊、邓中夏、恽代英、高君宇、黄日葵等共产党人的影响和努力下，由杨钟健主持会务期间召开的杭州大会和苏州大会，还是通过了具有一定进步意义的反帝反封建的决议和宣言。

1922 年，杨钟健加入中国社会主义青年团。次年 2 月，他作为北京大学学生代表，赴上海参加全国学生联合会的领导工作，还负责编辑会刊，撰写了许多揭露反动军阀血腥镇压工人运动、学生运动和革命群众运动罪行的政论性文章，在全国产生影响。时隔不久，杨钟健经李大钊、邵力子介绍加入了孙中山领导的国民党。

## 与毛泽东的交谊

杨钟健是陕西最早与毛泽东交往的人。他与毛泽东的相识始于1918年。那时，杨钟健在北京大学理预科读书，而毛泽东在李大钊担任主任的北京大学图书馆当职员，在此，他们相互结识并有所接触。杨钟健曾回忆说“我同毛泽东先生，早在‘五四’之前，在北大便有过接触”，就指的是这个时候。

1921年9月14日，杨钟健在少年中国学会第三届执行部改选时被选为执行部主任。接着，他以少年中国学会执行部主任的身份，“即给当时正在湖南长沙文化书社工作的毛泽东先生写了一封信，请他补填‘少年中国学会’的志愿书”。毛泽东收到杨钟健的信后，于9月29日立即给他写来了回信。全文如下：

钟健先生：

前几天接到通告，知先生当选执行部主任。今日又接来示，嘱补填入会愿书，今已照填并粘附小照奉上。惟介绍人系王君光祈为我邀集五人，我现在只能记得三人，余二人要问王君才能知道。以后赐示，请寄长沙潮宗街文化书社为荷！

弟　泽东

廿九

杨钟健在北京大学读书期间，为支持其父杨松轩办好陕西华县咸林中学，曾把德才兼备的魏野畴、曹苊生、王复生、严少儒、蔡颂丞、王懋廷、常汉三等人，介绍到咸林中学任教。1923年春，杨钟健还曾打算聘请毛泽东到咸林中学任教，但未能如愿。5月26日，他在给其父杨松轩的信中写道："咸中教员，不知发生问题否？前言之手工教员，现已他就，前竹轩托请润之，儿日来尚未见他面，但以儿推测，恐不能就。"事实上从1921年秋后，毛泽东已将全部精力倾注于党领导的革命斗争之中，是不可能离开湖南前往陕西华县咸林中学任教的。虽然毛泽东因故未能应聘，但杨钟健对青年时代毛泽东的才华的敬佩，足以说明他们之间彼此熟知并非一般。

## 主编《共进》半月刊

《秦钟》月刊停刊以后，杨钟健和当时旅京陕西进步学生刘天章、魏野畴、李子洲、刘含初、杨晓初等，于1921年10月，又发起创办《共进》半月刊，次年相应地成立了政治性社团"共进社"。《共进》半月刊成为"共进社"的机关刊物，在北京、陕西等地影响颇大。《共进》半月刊曾以"提倡桑梓文化，改造陕西社会"为宗旨，一开始就集中全力声讨为祸陕西的军阀刘镇华和揭露陕西教育界的黑暗。由于中国共产党的成立，反帝反封建斗争蓬勃开展，开阔了社员们的眼界，提高了认识，遂将宗旨改为"提倡文化，改造社会"，把反对军阀和反帝斗争联系起来，开始用马克思主义的观点观察中国的社会问题。

从1921年10月至1923年10月出国留学以前，杨钟健一直担任《共进》半月刊的主编，先后为该刊物撰写文章70多篇。这些文章内容广泛，体裁多样，锋芒所向直指陕西反动军阀刘镇华和一切封建势力，提倡科学与民主，呼吁陕人救陕。他还选登了1922年6月15日《中国共产党对于时局的主张》等革命文献。此外，共产党领导人李大钊、陈独秀和陕籍共产党人刘天章、魏野畴、李子洲、武止戈、刘含初等人的文章不时在刊物上出现。1922年10月，共进社成立后，《共进》半月刊进一步开阔了眼界，对反帝反封建和推动陕西革命运动起了很大的促进作用，成为"五四"以后在全国宣传新思想的刊物中影响较大和延续时间最长的刊物之一。

在留学德国期间，他仍然十分关心《共进》半月刊的成长，在国外紧张的学习中，还为《共进》撰写文章40多篇。直至1926年9月《共进》半月刊出至第105期，为反动军阀张作霖封闭终刊，他在《共进》半月刊上共发表文章达百篇之多。后来，他在讲到《共进》的历史作用时说："如果我们回忆，当20世纪第一个十年的末期，主持陕西教育的人还主张向孔子叩头，此外女子缠足、男子留发等情况还存在，那么《共进》半月刊灌输新知识、新思潮的作用就不能小估。如果我们回忆，当时陕西还没有一寸铁路，军阀像走马灯似的更替，每一个军阀又都穷凶极恶，而老百姓则处于苛捐杂税和土匪威胁之下，那么当时把实况宣布于外界也就不是毫无意义了。"讲到共进社，他说：它"是20世纪20年代陕西革命史上的一件大事"。这样的分析应该说只是一个起码的估计，事实上，共进社不仅在陕西，而且在五四以后直至1926年间，始终是北京学生运动中最活跃的队伍之一。

## 爱上了地质古生物学

杨钟健一生的爱好兴趣是多方面的。他不但是著名的社会活动家，而且在文学上是很有造诣的作家、诗人。然而，他毕生主要精力倾注的还是地质古生物学的研究事业。

早在1917年，他中学毕业后准备报考北京大学的时候，曾打算攻哲学或文学。但当时在北大上学的杨季符（他的四叔）力主钟健升理科，他利用闲暇为钟健补习功课，期望他能顺利地考入北京大学理预科就读。后来，钟健改变了自己原来的想法，采纳了叔父的意见，进入北大理预科学习。

1919年夏，杨钟健从北京大学理预科毕业考入地质系。第一年学习了本科的《社会学概论》《哲学概论》《科学概论》《普通地质学》《矿物学》和《岩石学》等课程，"深感当初选入地质系乃是正确的"。

1920年秋，美国著名的古生物学家葛利普和在英国留学归国的李四光先生到北京大学地质系任教，葛利普讲授古生物学和地史学，李四光讲授岩石学和构造学。钟健在这两位名师的教导下，孜孜不倦地刻苦攻读，特别是葛利普教授对他生平的影响最为深刻。杨钟健曾在《国外印象记》一书中这样写道："葛先生到校任课，我听他的古生物学、地史学等课。同时他在北平作长期公开讲演，题目是《地球及其生物之进化》，由赵国宾和我笔记，分段在报上发表，后来即成专书出版。在他的课程讲演中，我得到的益处很多。最重要的还是他的精神上的鼓励，使我对古生物学和地史学发生了浓厚的兴趣。"这足以表明杨钟健兴趣于地质古生物学的直接原因就在于此，也为他后来出国留学，以至在地质古生物学这门学科领域做出卓著的成绩，奠定了良好的思想和专业根基。在北京大学地质系学习的四年中，无论是课堂教学，还是在外实际考察，他无不直接受到葛利普和李四光教授的熏陶，更加喜爱地质古生物学，坚定了他献身于祖国地质古生物学研究事业的决心和信心。

同年 9 月 17 日，杨钟健和赵国宾约吴国贤、罗运磷、曾钦英、田奇瑪、李芳洲等人开始筹备成立地质研究会。10 月 10 日，国立北京大学地质研究会宣布成立，公推杨钟健为主席，并选举了以他为首的会务进行委员会，开展日常工作。次年 10 月 10 日，在杨钟健的倡导下，国立北京大学地质研究会年刊创刊，他为此写了发刊词，号召地质界同人组织起来，积极开展地质学门类的学术讨论活动，为推动地质学研究的深入发展而努力。此后，他经常在北大地质系同学中发表讲演，活跃学术气氛，深受师生的赞誉。

在北京大学地质系毕业前夕，钟健到野外进行实地考察，采集化石标本，积极撰写研究论文，1923 年写的《地震与人类的安全》《地震与灾异》等文章，相继在《少年中国》和《学生杂志》等刊物上发表，这是他在地质学钻研过程中迈出的可喜的一步。

1923 年夏，钟健于北京大学地质系毕业。当他决定赴德国留学的时候，他的老师葛利普教授心情格外高兴和激动，亲自给钟健写了三封介绍信：一封给柏林的彭伯士，一封给哈勒的瓦尔特，一封给慕尼黑的布罗里，为他在德国进一步深造创造了极其有利的条件。

## 留学慕尼黑大学

在那半殖民地半封建的中国，各派军阀在外国帝国主义的支持下为了争权夺利而勾心斗角，连续爆发军阀战争，民族丰富的文化遗产遭到外国帝国主义的破坏，科学研究处于停滞状态。从1920年前后开始，许多外国学者如德国的李希霍芬、美国的维里斯、瑞典的安达生、奥地利的师丹斯基、法国的桑志华和德日进等，先后来中国收集古脊椎动物化石，并进行研究，以后又以考察团的名义，大规模地采集与发掘脊椎动物化石。虽然有时候也打着合作的招牌，有部分中国的地质学家参加采集工作，但从来没有中国人作为古脊椎动物学家参与研究。难道我们不能有自己的工作者吗？难道我们不能建立起自己的古脊椎动物研究体系吗？当时在北大的李四光教授以敏锐的眼光，预见到中国需要这方面的专家。1923年夏，钟健以品学兼优毕业于北京大学地质系并获理学士学位，他接受了自己的老师李四光的建议，准备赴古脊椎动物学最发达的德国留学，立志为中华民族争光，为填补祖国科学事业中的这一空白而奋斗。

然而在那时出国谈何容易。钟健暑假回到家里，由他父亲和二叔、三叔、四叔等设法筹措了一笔用费，一切准备就绪后，他约好友马文龙、杨慰祖等由少华山石头峪抵洛南县境，进行了短暂的地质考察，并饱览了家乡的青山秀水。8月中旬，钟健别了故乡华县返北京办理出国手续；9月中旬，又别了他的第二故乡北京到达上海；10月下旬，偕同北大地质系同班同学王恭睦一同赴德国慕尼黑大学。

1923年冬，钟健远渡重洋来到德国，经过一段德文补习后，于次年4月正式考入慕尼黑大学地质系古生物专业，随曾于1903年就发表过《中国哺乳动物化石》等专著早就闻名世界的施洛塞（旧译舒罗塞）教授和布罗里（旧译白劳里）教授，专攻古脊椎动物学。钟健勤奋学习，刻苦钻研，遇良师益友则虚心求救，不放过任何有利的学习机会。他在国外期间生活十分俭朴，节衣缩食，从来不同别人出去游逛和欣赏异国风光，而利用假期外出旅行考察，采集化石资料。他没有辜负老师的期望，1927 年在慕尼黑大学以优异的成绩通过毕业答辩，获得哲学博士学位（西欧自然科学得博士学位，一般授哲学博士）。他的博士论文《中国北部之啮齿类化石》，于 1927 年用德文在《中国古生物志》丛刊上发表，受到国内外学者的赞赏。这不仅是杨钟健破天荒第一次研究古脊椎动物学的重要成果，而且标志着中国古脊椎动物学的诞生，为中国人自己致力于古脊椎动物学的研究开拓了道路。

钟健在慕尼黑大学留学期间，虽然远离祖国，但却时刻关心着国内动荡的时局。他除了努力用功于古脊椎动物学的学习和野外考察以外，还经常与陕西著名的共产党人魏野畴、刘天章以及刘尚达、王德崇等亲朋旧友通信往来，谈论国内和陕西各界的社会状况，不遗余力地为《共进》半月刊投稿，揭露国内社会弊端，宣传西欧革新的先进思想，在陕西革命史上影响尤为深刻。1924 年 7 月，钟健“睹异国之气象，念祖国之疮痍，国势不振，因之处处遭人歧视”。他作为一个热血青年，内心无限惆怅和激愤。在一次地质旅行期间，他写下了《旅中感怀》，表达了当时的情感：

跑山整七日，　风雨一身收。
劳苦我何辞，　知识但得求。
国威衰不扬，　舌亦失自由。
到处遭白眼，　泪向天涯流。
荆棘遍祖国，　愧见此河山。
山山草木绿，　村村有电杆。
风物虽宜目，　繁华隐弊端。
然哪知中国，　尚不保治安。
国事嗟如此，　忍作袖手观？
此生无所补，　空为一青年。

同年9月，钟健又写了《书愤》，揭露了“军阀仰仗着洋人，洋人豢养着军阀；吮吸着人民的血汗，势力一天天地增加”的国内现状。指出广大的劳苦大众在死亡线上挣扎，“可怜的老百姓，早间送走了土匪，晚上接来了丘八，望不见革新的大道，只对着命运怨嗟”。希望国内的志士仁人“大家携着手共进！进与群魔宣战，进与群众携手，向着那长途前进”。“愿所有有志青年，统统联成一气，用着辛勤不息的精神，终可把有效的结果得到。”“愿永远唱着‘进行之曲’，愿终可唱了‘胜利之歌’。”我们从这些充满激情的诗句中可以看出一个身居异国求学的中国青年，为祖国前途而担忧的诚挚的爱国主义精神。

1926年夏，北伐军占领汉口。9月2日，杨钟健写下了《报载国军克服汉口后喜作》：

汉口克服的消息传来，
好似暗中遇见了光芒。
始信我们终不曾无希望地盼望，
始信我们正在进行有效率的反抗。
愿不久把所有的祸国殃民的恶魔，
一一送到永不得复活的地方埋葬。

正当杨钟健盼望着北伐胜利的时候，国内传来了消息：老军阀在北方加紧镇压人民的反抗，蒋介石在南方背叛了革命，北伐被断送了。杨钟健的心笼罩在一片阴影之中。他对祖国前途产生了彷徨和失望之感，遂将精力进一步集中到自然科学的学习和研究方面。

1925年，少年中国学会随着国内政治形势的变化而发生严重分裂。嗣后，以曾琦、左舜生为首的国家主义派成立了青年党。当时在德国留学的青年党分子李璜曾拉拢钟健加入该党，即遭到他的拒绝。他对李璜说：“我要入青年党尚待今日？还要你老兄介绍吗？今后只做教学研究，不再加入任何党派。”同年 10 月 5 日，他在填写少年中国学会发给他的调查表中，虽然不可避免地反映了一些模糊认识，但仍然明确表示“不赞成一切开倒车之复辟主义、军阀主义及不大切时病之无政府主义等”，主张各团体“在可能范围内之携手主义（即所谓神圣联合与联合战线也）而反对倾轧主义”。同时，深情地希望会员为国家前途、民族命运“个个努力，不少退缩”。

在德国留学期间，钟健还参加了留德学生会的活动。1927 年国内大革命失败的消息传到德国后，柏林的中国学生会也随着国共两党关系的破裂而逐渐发生分化。当时，杨钟健更是彻夜不眠地忧虑着祖国未来的前途和命运，他从来不在前进道路上的困难面前低头，而是继续追求进步，追求真理。他曾与孙云铸谈及中国古生物研究的前景，并共同讨论发起成立中国古生物学会事宜。同时，他由斯稠穆介绍加入了德国地质学会、古生物学会和柏林地学会，以便互相进行学术交流，提高科研水平，将来促进中国科学研究事业的发展。他在德国的最后一年得到李四光、翁文灏经济上的资助，参观了英国、法国、瑞典、比利时等国好几个自然科学博物馆，访问了许多专家学者，更加开阔了眼界，丰富了知识。

1928 年初，钟健圆满完成了在慕尼黑大学的学习任务，并应翁文灏来函之意决定回国。当他即将回国的时候，外国朋友劝他留下，说是国外生活比国内舒适，眼界开阔，中国太穷太落后。“山川虽好，终非我土。”钟健对好心的外国朋友作了直截了当的回答。他还说：“中国穷是事实，落后也是事实。但那是我的祖国，绝不能抛弃，如同儿子不能抛弃母亲一样。只要全国齐心协力改革，穷和落后是可以改变的，我怎么能为了自己舒服不回祖国呢？”这充分反映了钟健有勇气有抱负改变祖国贫穷落后面貌的远大理想和爱国志向。他的良师布罗里教授得知他回国的消息后，专为他设宴，全家作陪，以表欢送之意。在宴席上，布罗里教授举杯，满怀深情地向钟健祝道：“我的好朋友！中国的一切古生物材料都有待您的发现研究。”这些无比信赖的临别赠言，使钟健浑身充满了力量，他表示决不辜负老师的精心培养和教诲，为祖国的科学事业做出自己应有的贡献。

1928 年 2 月，钟健离别了母校慕尼黑大学，经捷克、波兰、莫斯科取道西伯利亚由东北入境回到北京。从此，他以极大的热情和毅力，雄心勃勃地在中国这块现代科学的处女地上，开辟和发展古脊椎动物学的研究工作，为推动祖国科学事业的不断向前发展，书写着光辉灿烂的篇章。

## 古脊椎动物学的奠基人

1927 年杨钟健在德国留学时发表的《中国北部之啮齿类化石》的博士论文，以明晰简洁、流利畅达的文字，记述了小型哺乳动物中化石最多的一个大类——啮齿类，包括 18 个属 31 个种，其中一个新属 13 个新种。这是第一部中国科学家研究的古生物学专著，它标志着杨钟健古生物学事业的真正起点。杨钟健怀着远大的抱负，决心为将来建立起中国的古脊椎动物研究体系做出贡献。可是，当他回国后目睹现实，不由得发起呆来了。要开展古脊椎动物的研究，人，从哪里来？钱，从哪里出？洛氏基金董事会所给的一笔可怜的经费，究竟能支撑多大的局面？想到这些，杨钟健炽热的理想的火焰，被浇了一瓢冷水。他陷入了深深的悲哀之中……

悲哀，并不是希望的破灭。他在自己的笔端倾注了当时的感情："如何送悲哀入墓，如何滋养希望长成呢？这是我未来的希望和应该努力的！"

杨钟健带着惨重的伤痕投入了生活的激流。1928 年夏，他在仅有几个人的地质调查所新生代研究室挂上了一个副主任的头衔，同裴文中一起，主持了周口店"北京人"遗址的发掘工作。次年春，杨钟健把周口店的发掘工作交由裴文中主持，他与法国地质学家德日进开始了晋西和陕北的地质旅行，针对在西北黄土高原的成因和年代问题上的争论，进行了细致的工作，为中国黄土研究工作奠定了基础。这一年夏他返回北京后，又重新参加了周口店秋季发掘的指导工作。就在1929年的12月，裴文中在第一地点北端的下裂隙中，发现了一个保存十分完整的中国猿人第一个头盖骨——北京人头骨，为我国古人类学的研究增添了非常宝贵的科学资料。这一重大发现震动了国内外，从此，裴文中亦就闻名于世。“北京人”的发现是裴文中的功劳，但与杨钟健的领导也是分不开的。

1930年4月，杨钟健离别了新婚后不到两周的妻子，赴东北、内蒙古进行地质考察。次年夏天，他随中法科学考察团一道，由张家口出发，经酒泉、哈密、吐鲁番等地，直达乌鲁木齐。到乌鲁木齐后，他对袁复礼在新疆吉木萨尔和奇台发掘到的71具恐龙等爬行类动物化石发生了浓厚的兴趣，因为这么丰富而完整的兽形爬形类化石，当时在世界上也是少见的。他详细地向袁复礼询问这些化石的采集地点和地层、岩性和采集方法，并准备亲自赴实地一看，但由于法国人打了中国人惹出了事端，杨钟健想去吉木萨尔和奇台的愿望没能实现。他在乌鲁木齐与法国人分道扬镳以后，又到昌吉、绥来、乌苏、塔城等地进行考察，转道西伯利亚返北京。

总之，从1929年到1934年间，杨钟健连续发表了《中国北方新生代后期之哺乳动物化石》《周口店第二、第七、第八地点之脊椎动物化石》以及《周口店第一地点偶蹄类》《周口店中国猿人地点之小哺乳类化石》《山西河南之哺乳动物化石》等五种古哺乳动物的专著，约30篇有关哺乳类化石与新生代地质的论文。在此期间，他还撰写了一些教科书及其他著作，包括《脊椎动物化石之采集与修理》（1930）、《地史学的基本概念》（1931）、《在地史过程中动物演变的概要（无脊椎动物）》（1931）、《古气候学概论》（1931）、《西北的剖面》（1932）、《中国人类化石及新生代地质概论》（1933）、《气象学纲要》（1934）等。这些著作的内容，不仅涉及古生物的各个方面，而且接触到地层学、地史学、气象学等地学的许多分支学科，更由于大都是我国近代科学史上有关方面最早的著作，故对推动科学与教育工作起了启蒙和先驱的作用。当然，他这一时期的主要学术贡献还是在古哺乳动物学和第四纪地质方面。他在古哺乳动物学上的主要贡献是对啮齿类、兔形类和偶蹄类的研究。他的贡献不仅在于他记述了大量新的属、种，大大充实了对中国北方第四纪动物群的内容、分布和进化历史的了解，而且还在于他所研究的这些化石基本上都是他自己和德日进、裴文中、卞美年等人在广泛深入的野外考察中采集的，既有可靠的地点与地层层位，又有详细的地质记录，因而有可能使他根据哺乳动物群的性质，进行精确的地层划分和地区间的对比。在地质学方面，由于杨钟健等人的工作，使地质工作者早在30年代，即能根据啮齿类（特别是鼢鼠类）、兔形类及鹿类等哺乳动物的化石带，对华北以黄土为主的多种土状堆积以及河湖相沉积物，进行较详细的划分和对比。将过去笼统归入黄土的堆积，分为红土、红色土和黄土（狭义的）三部分，并将红色土的时代明确为第三纪上新世纪末到更新世，而且进一步分为A、B、C三带，代表三个不同地史阶段的沉积，每个带都有代表性的哺乳动物化石，这就使得华北黄土及其动物的研究大大地向前推进了一步。他还确立了上述各时期的中国北方黄土地层和大致分布范围，解决了黄土和华北主要河流在地质发展中的特征演变，以及与古气候、地壳运动的关系，因此为华北黄土主要是风成的这一学说的确立提供了可靠的论据。他的这些工作，为我国第四纪地质的研究奠定了很好的基础，后来我国许多第四纪的研究工作，主要是在这个基础上发展起来的。他和他的合作者的多数著作，不仅拥有大量的珍贵资料，而且许多重要的结论和见解，即使在今天也仍然有着重要的参考价值，起着指导作用。杨钟健这一时期的研究工作使他成为我国哺乳类化石和新生代（特别是第四纪）地质研究的奠基人。

从1934年起，杨钟健研究的重点逐步转向爬行动物。从他与袁复礼共同研究新疆的二齿兽及水龙兽开始，很快对中生代地层以及恐龙发生极大的兴趣，为后来在恐龙研究上取得巨大成就奠定了基础。但是一直到1940年前，新生代地质和哺乳类化石，仍然是他野外考察和研究工作的主要对象。这一阶段的工作，可以说是在他前一阶段业已奠定了基础的研究课题上的扩大。他在古哺乳类与有关地层的研究方面的范围，从第四纪为主的新生代后期化石，向更早的地质时期延伸。他还进行大量早第三纪地层的野外考察和一些早第三纪哺乳类化石的研究。同时，他的野外工作地区的范围，更多地着重于过去未经开发的广大的西北和华南地区，并着手研究这些地区的新生代哺乳动物化石。他初次记述有确切地点与层位记录的华南哺乳类，包括湖南、四川、广西、云南等地大量新的发现和材料，对我国整个秦岭以南和河套以西地区的新生代以及部分中生代陆相地层、地质历史和脊椎动物群的性质有了初步的认识。

这一时期，杨钟健在爬行动物研究方面，主要是关于新疆和山西的三叠纪爬行类以及四川、新疆、内蒙古西北部的侏罗纪和白垩纪恐龙化石的研究。它们大多是我国这方面最早的工作，而关于二齿类的中国肯氏兽、二齿兽等工作，对于阐明古动物地理，支持大陆漂移学说，以及兽形类爬行动物研究等方面具有重要的意义和学术价值。

杨钟健在地层古生物研究中，继承和发扬了司马迁、沈括、徐霞客和李时珍等身体力行和寻根问底的优良传统，足迹遍及祖国各地。他以千锤百炼的才华，自强不息的精神，博览强记的习惯，一丝不苟的作风，真知灼见的胆识，挥动生花妙笔，谱写了我国古生物和环境变迁的史诗，为欧非两大洲古动物的对比研究提供了宝贵的原始标本，同时也给地球史和生物史填补了空白。他以卓越的学术成就，被选为1936年和1937年中国地质学会的两任理事长，并荣获葛氏纪念金质奖章。他作为中国古脊椎动物学奠基的第一人，而永远载入中国科学的史册。

## 在硝烟弥漫的抗日战争年代里

1937年卢沟桥事变后，日本帝国主义者的铁蹄践踏了北平和华北，中日民族矛盾上升为主要矛盾。许多不愿做亡国奴的志士仁人，纷纷奔向后方，或参加抗日队伍，或留在国民党统治区开展抗日民主爱国斗争。就在这样的时刻，日本侵略者企图以聘请杨钟健讲学的名义，把他带到东京去。

杨钟健得知这一消息后，在章鸿钊和许多朋友的帮助下，同卞美年一起南下。他挥泪抛下妻子和三个孩子，逃出了北京，绕道天津、香港，来到了长沙。他看到日本帝国主义侵我中华民族的残暴行径，肺都要气炸了。他那爱国爱民和同仇敌忾的热情仍不减当年。1937 年冬，他在给朱森教授的纪念册上留下的一首五言诗写道：

河山半破碎，同道集三湘。
杀敌无寸铁，救国空热肠。

杨钟健与朱森教授等在长沙时，正值日本帝国主义又在上海制造了“八一三”事件，由于蒋介石反动政府为了保存其武装力量来反共和镇压人民革命，继续推行其妥协退让的消极抗日政策，使半壁河山沦陷，民族濒于灭亡的危险。钟健的这首诗，不仅是他个人爱国心情的流露，而且也反映了当时大多数知识分子忧世心切和报国无门的共同愤慨。

1938 年夏，杨钟健离开长沙，经桂林取道越南河内，最后辗转到达昆明，任地质调查所昆明办事处主任，并被国立西南联合大学聘为名誉教授。

在那烽火连天，生活无着，连生命也难保全的环境里，杨钟健寻找化石，坚持科学研究的事业心却从来丝毫没有动摇过。他一到昆明，便立即忙碌起来，整天四处奔走，物色人员，组织班子，找地方铺摊子，想方设法安身工作。在他的积极努力和苦心筹划之下，昆明工作站很快成立，古脊椎考察发掘工作逐步展开了。

可是，由于日本飞机常常侵入昆明上空进行狂轰滥炸，仍然不能安宁地工作。为了躲避空袭，钟健决定把研究室搬到乡下去。他随即派人到离城十多里的瓦窑村，找了一个旧关帝庙作为临时工作点，并亲自带领研究室的工作人员先把庙里的垃圾清除掉，用泥巴糊住透风的墙壁，又找了几个案子支撑起来，当做办公桌开始了工作。他挥笔所写下的《关帝庙即景》诗一首，就是对当时艰苦的工作条件的真实写照：

三间倭屋藏神龙，　闷对枯骨究异同。
且忍半月地上垢，　姑敲一日份内钟。
起接屋顶漏雨水，　坐当脚底空穴风。
人生到此何足论，　频对残篇注路穷。

这是一首写景抒情的诗，也是写给同他一起工作的朋友们的。杨钟健还鼓励随他工作的同仁说："在这里开发西南红层的研究是很有希望的，禄丰盆地就是一个理想的试点。过去洋人因为人生地不熟，转了几次都没有找到什么化石。但我们耐心仔细地找，一定会有所发现。"同仁志士们读了他的诗，听了他的话，开阔了眼界，增强了采集发掘化石的信心。

昆明的天气，一年到头，四季如春。既没有南方那样酷热的夏天，又没有北方那样严寒的冬天。杨钟健一行走了大半天的路，来到一个小坝子地下边，这就是禄丰县。一眼看去，城外到处是山坡地，不是沟坎，便是峭壁。他们从过去的经验知道，这样的环境正是最容易发现化石的地方。落脚以后，他们便兴致很高地开始了紧张的工作。卞美年和王存义顺着坡面仔细地察看好的露头，绕了一沟又一沟，观察了一坡又一坡，聚精会神地盯着每一个有希望的坡面，总算找到了一小块化石。这一发现使杨钟健等大为振奋，因为它预示着这里很可能有重大的发现。于是，杨钟健和他的同仁继续反复深入地寻找，一个化石宝穴终于被发现了，禄丰龙被唤醒了。从此，禄丰这个偏僻的地方便名扬天下，成了举世闻名的化石产地。禄丰龙的发现，又一次证明杨钟健的预言是正确的。

在昆明的三年中，杨钟健一直同他的助手卞美年、王存义等，进行着不倦的卓有成效的工作。他们在云南禄丰“红层”中发现了丰富的三叠纪末，或早侏罗世的“禄丰蜥龙动物群”的爬行类化石，这使杨钟健处于极度的兴奋之中。他充分意识到，这个动物群化石对于确定含化石的地层年代可提供极其可靠的证据；同时，这一发现对于哺乳动物的起源、恐龙演化的研究均有重大意义，以致人们在研究哺乳动物的起源和分布时，不可能离开禄丰动物群。年富力强的杨钟健白天到禄丰进行发掘，夜间就在油灯下整理标本和资料。工作进行得艰难而有条理。

从 1938 年开始，一直到 1950 年解放初期为止，杨钟健的学术活动，很大部分都是围绕着这个后来著名世界的动物群的材料进行的。他前后发表了 20 多篇关于禄丰各类爬行动物的论文和 3 本专著。距今约一亿七千万年前后的三叠纪末到侏罗纪开始时期，是地球历史上南北大陆开始分裂，许多重要的低等四足动物门类开始出现、繁盛或绝灭的时期，也是最早的哺乳类出现的时期，这是地球上大陆和生物历史上的一个重要的转折时期。云南禄丰的化石，就是这一时代动物群的重要代表。杨钟健的论文，记述了这个动物群中，包括假鳄类、卞氏兽、昆明兽、三列齿兽类以及原始哺乳类等，共计 20 余个脊椎动物的新属种，阐明了它们的形态特征、分类位置、系统关系及其有关的生物学和地质学问题。这一研究使禄丰动物群成为世界上研究这一重要地史时期的脊椎动物和古地理的一个经典的和标准的化石地点。而杨钟健本人也主要通过禄丰动物群的工作，把他的主要研究领域从哺乳类化石和新生代地质转向了爬行动物方面，并成为当代国际上最活跃和最有成就的一位古脊椎动物学者。

杨钟健每有所获，都会触发他的诗情。1938 年，云南禄丰动物群化石发现后，他沉浸在十分欢乐与幸福之中。他写下了《题许氏禄丰龙再造像》的诗稿，表达了自己激动的心情和科学的态度：

千万年前一世雄，　赐名许氏禄丰龙。
种繁宁限两洲地，　运短竟与三叠终。
再造犹见峥嵘态，　像形应存浑古风。
三百骨标书卷记，　付与知音究异同。

1940 年夏，杨钟健被聘为地质调查所古生物研究室脊椎古生物组主任和地质调查所新生研究室名誉主任。同年 10 月，他随昆明办事处迁到了重庆附近的北碚，住进了排坊湾一座破旧的危楼，继续从事古脊椎的发掘和资料整理工作，并被四川省立重庆大学聘请为特邀名誉教授。钟健饱尝颠沛流离的苦头，他在自己的门口贴了一副对联，描绘了在重庆的境遇，上联是：危楼一角，背山面水峡在望；下联是：漂泊三年，东奔西走了何时。

在重庆期间，杨钟健除了怀着为发展中华民族科学事业的赤诚之心，到四川、甘南、陕南、新疆等地采集脊椎动物化石和考察，继续从事室内研究工作外，还十分关心民族抗日救亡运动。他曾写了一首《寄友人》的诗句，抒发了一个爱国主义科学家忧国忧民的炽热之情。诗言：

天生我辈必有用，　忍看神州半陆沦。
指锥虽愧雕虫技，　救亡亦存报效心。
斯文不教从此丧，　国运应令万古新。
塞外风光应更好，　黄河渡口看日沉。

在那战火纷飞、兵荒马乱的艰苦岁月，杨钟健不惧日本鬼子的飞机炸弹，冒着生命危险，以坚忍不拔的爱国精神，不仅为祖国的古脊椎动物学研究创造出了奇迹般的业绩，而且为我国古脊椎动物学门类屹立于世界之林倾注了极大的心血。当得知他的四子思孝在沦陷区北平，因患恶性痢疾而无法交起住院费，12 小时内在医院大门外不幸身亡时，他强忍着内心的难过和满腔的悲愤，仍永不停息、有条不紊地进行着野外考察和研究工作。



## 内战中的颠沛与苦恼

“远行到欧美，胜利始归还。”1944 年 4 月，中国人民的抗日战争已经进入局部反攻阶段，日本帝国主义失败的末日即将来临。这时，杨钟健得到一个赴欧美考察和讲学的机会，于是他把在云南禄丰所采集的一部分化石标本带到美国，以便进行更精确的研究。他的论文在英国发表以后，引起了古脊椎动物学界的普遍重视。过去外国人把卞氏兽以其相接近的一类动物都归之于哺乳动物，而杨钟健证明了它们属于爬行动物；过去，外国人把新疆、山西、云南等盆地中的红色地层，一概定为白垩纪地层，而杨钟健通过一系列脊椎动物化石的发现，证明了四川、云南的这些红色地层多数属于侏罗纪地层。这些发现，对于中国的地质工作特别是对于寻找地下矿藏的工作，有着极其重要的指导意义。

在欧美期间，杨钟健还曾前往加拿大、英国、法国、瑞士等国家考察和访问，走访了许多古脊椎动物的研究中心，同很多专家学者就古生物学界的有关学术问题进行探讨。特别是在美国自然历史博物馆和大英博物馆观察了标本，还与沃森、格雷戈里、罗默、辛普森、科尔伯特等许多他同一代的专家共同探讨，并完成了许多重要著作，从而使他成为当代世界最活跃的古爬行动物学家之一。

杨钟健在美国考察期间，得知国内抗日战争胜利的特大喜讯后，欣喜若狂，多少个不眠的夜晚，他沉浸在欢乐和兴奋之中，他对祖国未来抱有无限的期望，盼望一个和平、民主、团结的新中国的诞生。

1946 年 2 月，杨钟健满怀胜利的喜悦离开了英国伦敦抵纽约，而后又由纽约途径巴拿马、檀香山等地，于 3 月底回到祖国上海。当他跨入国门不久，许多迹象表明国内的情形并不是他在国外所想象的那样简单。蒋介石为了维护其独裁统治，正在调兵遣将，准备内战，企图置共产党于死地，国共两党通过和谈所达成的协议已经成为空谈，战争的气氛仍然笼罩着中国上空。“方庆千载会，建国共仔肩。如何内战作，个人亦受牵。依然漂泊苦，泪眼话烽烟。”这不仅反映了杨钟健当时对蒋介石发动反共内战深恶痛绝的心情，而且是对广大人民群众和革命志士仁人心理的真实描述。

全面内战爆发后，杨钟健于 1947 年初到南京，他以坚强的决心和勇气与古生物界同仁集议恢复了中国古生物学会，并被推为理事长。准备重新建立新生代研究室，期望在艰难的环境中把研究工作持续地开展下去。然而，蒋介石挑起的全国内战愈演愈烈，从重庆运来的化石标本已破碎不堪，研究机构的工作又停滞不前，再加之钟健出国考察前所存之书籍被洗劫一空，回国后又无相对稳定的栖身之地，使他在国外立下回国后发展中国古生物学研究的宏伟设想变成了泡影。但他相信一个光明的中国是会到来的。杨钟健把内心的痛苦倾注在自己可能条件下的研究工作之中。他所撰写的科学论文国内不能发表，就寄到国外，这种为中华民族科学事业的发展而忍辱负重，任劳任怨，坚忍不拔的钉子精神是多么感人啊！

“记骨志不渝，人事多苦煎。”“沧桑历半纪，回首两鬓斑。报国尚许久，工作宜更添。”“重建新生代，再来执教鞭。”

1947 年春，杨钟健应北京大学校长傅斯年的邀请，赴任该校地质系教授，从事过一个时期大陆地质课程的教学工作。1948 年秋，人民解放战争已进入全面反攻阶段，国内政治形势的发展对蒋介石的反动统治越来越不利。当时西北大学内国民党派系争夺校长职位十分激烈，矛盾相当尖锐，难以调解。为了平息这场争斗，摆脱困境复课，国民党中央教育部欲物色一位无党派、有声望的陕西人任校长，杨钟健恰好适合这个条件，即被聘为西北大学校长。这对杨钟健来说是一件大伤脑筋的事，因他不愿同国民党官场打交道，虽多方推辞也不能推掉。

再加之当时西安官方和校方均纷纷来电催促，他不得已只好出任，并兼任全国六大图书馆之一的西安图书馆筹委会主任。

随着人民解放战争的节节胜利，彭德怀领导的西北野战军已经进入关中地区。国民党反动当局看到西安已不可保，遂决定将西北大学迁往成都。这一消息传到全校后，立即形成了迁校与反迁校两派的激烈论争。杨钟健以他特有的机智和勇敢，在中国共产党地下组织的支持下，同秘书长关中哲、教务长岳劼恒、出纳主任戴万里等团结全校进步师生，同胡宗南为首的一伙反动派开展了针锋相对的反迁校斗争。有一天，钟健正在吃饭，胡宗南的副官长来到学校，递上一张“战区司令长官”的名片说：“胡长官马上来看杨校长。”他以为胡宗南已来到了学校，便从容地说：“哦！不知胡长官驾到，未曾远迎，请胡长官客厅稍坐，我吃罢饭就来。”那位副官长声明说：“胡长官让我先来通知校长，他本人还没有来啊！”杨钟健听罢转向戴万里说：“戴主任，你先陪副官长客厅休息，我和教授们约定饭后研究一些学术问题，胡长官到后，请马上通知我。”他吃完饭后竟把那位副官长晾在一边，回到校长办公室和教授们一如既往商讨起学术问题来了。他们正在高谈阔论时，校长办公室的门忽然被推开了，进来的正是胡宗南。杨钟健沉着地说：“胡长官驾临指导，必能使我校日新月异。”胡宗南寒暄数语，便南腔北调地宣布了让西北大学迁往成都的命令。钟健早知他的来意，便胸有成竹地一边满口答应，一边又提出一系列难以驳回和解决的“困难”，弄得胡宗南皱起眉头只好带着他的爪牙离开了学校。为了应付反动当局，西北大学表面上成立了一个“迁校委员会”，学校的教学行政大权仍然紧紧地掌握在杨、关、岳、戴及民主进步教授手里。当时，西北大学经济系多数为进步学生，并有几位共产党员，他们经常与杨钟健一起研究反迁校的斗争策略。

但是，胡宗南的西北大学之行，给一些热衷于迁校的人撑了腰，壮了胆。1949 年 3 月，西北大学一些顽固分子煽动一部分不明真相的学生闹事，在钟健办公室的窗子上贴上“杨中奸”等标语，还曾在校内操场上包围了杨钟健和戴万里，企图行凶。由于多数进步教授和学生对杨钟健的保护，他才幸免于祸。不久，他便以迁校经费不足为由亲往南京国民党中央教育部进行交涉，将学校全部工作委托于关中哲、岳劼恒、戴万里等人负责。国民党特务虽然骗走了少数师生，但在西安地下党组织的领导下，西北大学大多数进步师生反迁校的斗争终于取得了最后胜利。西安解放后，西北大学的师生亦获得了新生。后来杨钟健在回顾这一经历时写道："因之去西大，比若跳火坑。三月味如何，困难万重重。黑暗无天日，毁灭难逃踪。""内战与抗外，是非分西东。因而下决心，誓死不盲从。"这些诗句不仅揭露了玩弄阴谋诡计的反动政客们的卑劣伎俩，倾诉了他自己的愤懑情怀，而且反映了他在反迁校斗争中所持的坚定立场。

1949 年 4 月，在南京解放前夕，仓皇逃窜的国民党反动派曾以高官厚禄引诱杨钟健去台湾，杨钟健毅然拒绝了他们的一切诱惑，毫不犹豫地在南京迎接了新世纪的曙光。

## 迎来了科学的新时代

科学，给杨钟健带来了乐趣和光明；社会，将杨钟健投进了苦难和黑暗的深渊。"夜夜依然是黑暗，夜夜苦熬到天明。"他所梦寐以求的光明终于到来了。中华人民共和国成立以后，中国科学院副院长竺可桢、陶孟和受郭沫若的委托，从北京给当时在南京的杨钟健发来专函，邀请他到科学院担任编译局局长。"万物更新意，人心喜欲狂。"杨钟健以无限饱满的热情，愉快地接受了邀请。他离开南京北上，兴致勃勃地投入了新中国的科学研究工作。

1951 年秋，杨钟健去山东莱阳进行古脊椎动物的发掘。他的《莱阳杂诗》"月余掘成一深坑，事快无过猎恐龙。今日满载回京去，寻骨明年西耶东？一轮小车去莱阳，秋来挺秀人人忙。农民翻身非虚语，村女个个试新装"，是他在酷暑炎热的条件下从事科研工作的喜悦心情的自然流露，也体现了他为发展祖国科学事业的精神风貌。特别是

1958 年发表在《中国古生物志》新丙种第 16 号上的《山东莱阳恐龙化石》一文，是深受地质古生物界赞誉的著作。1953 年，中国科学院成立了古脊椎动物研究室，杨钟健兼任了该室主任。中国共产党对科学事业的重视和对他的信任，使他受到了莫大的鼓舞。从此以后，他更是壮思益飞，雄心勃发。他针对我国在古脊椎动物和古人类研究方面的具体情况，制定了一套长远的战略规则，用他自己的话，概括为："搞清四个来源，两种堆积，填三白，还三愿，把死物变活，和群众见面。"四个来源，就是要研究探索脊椎动物的来源，陆生脊椎动物的来源，哺乳动物的来源和人类的来源；两种堆积是：土状堆积和红层堆积；填三白是：地区的空白、动物门类的空白和地史阶段的空白；还三愿是：为地质地层科学服务的愿望，为生物科学服务的愿望，为工农兵广大群众服务的愿望。这样恰如其分的概括，言简意明，重点突出，是我国古脊椎动物与古人类学研究的百年创论。他不仅有长远的规则，而且还有一个时期的短安排，特别讲求扎扎实实地一步一步地将这些设想实施，并亲临指导，不获成果决不罢休，获得全国地质生物界的好评。

1954 年 1 月，中国古生物学会召开第六届年会，杨钟健理事长在会上作了题为《古生物学工作者如何在总路线的灯塔照耀下为祖国建设服务》的报告。他回顾了我国古生物学研究的历史，提出了古生物学研究的任务，阐明了古生物研究发展的途径和具体措施，对于推动我国古生物学研究事业的发展具有长期的指导作用。同年 9 月，钟健当选为全国人大代表，出席了第一届全国人民代表大会。会议期间，在讨论毛泽东的开幕词时，他在发言中特别强调，"领导我们事业的核心力量是中国共产党，指导我们思想的理论基础是马克思列宁主义"。他说：没有共产党和毛泽东，就没有新中国，我们这些搞自然科学的也很难有所作为。这反映了他对党的深刻认识和思想感情。不久，中国科学院编译局改为编译出版委员会，杨钟健被任命为副主任委员，他继续勤勤恳恳地进行工作。

在纪念新中国诞生五周年的光辉日子里，杨钟健发表了《为新中国成立五周年而欢呼》一文，热情地颂扬了中华人民共和国成立五年来，广大人民群众在共产党的正确领导下，为完成民主革命遗留任务、恢复国民经济、建设新中国等方面所取得的辉煌成就，表达了科学家们对党无比信赖的心情。

1956年4月20日，杨钟健经郁文、徐捷介绍，光荣地加入了中国共产党。从此，他的整个工作，他的全部努力，都与光辉灿烂的共产主义事业紧紧地联系在一起了。作为无产阶级先进分子的一员，他自觉地用唯物辩证法来指导自己的行动。5月16日，钟健在《人民日报》上发表了《我要无愧于共产党员这一称号》的文章，表达了自己对党无比热爱的感慨之情和忠诚党领导的科学事业，做一名名符其实的共产党员的决心和信心。他所作的《入党书怀》的诗中写道：

始信共产谛，　真理如日悬。
哲学基础固，　科学方法全。
余年为科学，　不负党所盼。
……
学习复学习，　随时克困难。
理论有根据，　自然广心田。
余年忠于党，　应少补前愆。

他严格遵守自己的诺言，“俯首甘为孺子牛”，投身于社会主义革命和建设之中。杨钟健入党后不久收到了一位朋友的来信，他看完后笑着对自己家人说：“说我思想先进，愧不敢当；只是大丈夫只能向前，哪有退后之理!”这反映了他谦虚谨慎、戒骄戒躁、一往无前的精神，也是激励后人的名言。

1956年8月，党派杨钟健与周明镇、斯行健、赵金科等参加了中国科学院古生物代表团，赴苏联参观访问。而后，他被选为莫斯科自然博物学会的国外会员。次年8月，中国科学院古脊椎动物与古人类研究所成立，他担任该所的所长。以后，杨钟健曾先后三次陪同苏联古生物代表团去我国山东莱阳恐龙化石地点，内蒙古、兰州、银川、毛兰图等地观察，并到济南、南京、上海、杭州等地参观访问，有力地促进了中苏科学家在古生物学方面的学术交流。

1962年，杨钟健以他卓越的学术成就和崇高的国际威望，被选为美国古脊椎动物学会的名誉会员。这不仅是他个人的荣誉，而且代表了中国古脊椎动物学研究的发展水平，是中华民族的骄傲和自豪。

杨钟健是世界知名的科学家，也是中国共产党的优秀党员。他在党内从不搞特殊，严以律己，以普通党员身份参加党的各种活动。凡是通知他参加的支部大会、党小组会，他一定参加，有事必交请假条，从不无故缺席。他每月的党费都是亲自交给党小组长的。1964年，他完成了一本大部头的著作《中国的假鳄类》，这部著作在详述四个新种的形态特征的基础上，对中国肯氏兽动物群的组成，中国假鳄类的研究历史，中国肯氏兽动物群与世界其他地区同类动物群的比较，假鳄类的分类和起源，假鳄类与恐龙类、哺乳类的系统关系等理论问题作了深刻的探讨，并提出了新的见解。著作出版后，钟健将所得的稿费4000多元的支票，亲手交给党小组长作为自己的党费，充分体现了他对党的深厚感情。

1972年夏天，杨钟健出差到杭州不久即是党的诞生日。当时，浙江省博物馆给他送来参加纪念活动的请柬后，不料天色突变，下起了倾盆般的大雨。正当随行人员和招待所为他联系车子的时候，钟健走出卧室，抬头看了看墙壁上的挂钟，又像往常一样诙谐而爽朗地说："时间快到了，今天是纪念党的生日，不能迟到。"说完，他便布履常装，踱出门外，冒雨向会场走去。在大雨滂沱的路上，他对随行人员说："一个共产党员为了执行党的任务，可以牺牲自己的生命，这点雨还怕吗！"他的言论和行动深深地感动了在场的所有同志。

杨钟健对我党早期杰出的革命家具有深厚的无产阶级感情。1921

年毛泽东在长沙文化书店给当时担任少年中国学会执行部主任的杨钟健写的信，还有邓中夏、恽代英、魏野畴、刘天章等革命先烈的信，在白色恐怖的年代里，钟健冒着生命危险，在他的同事贾兰坡和夫人王国桢的帮助下，一直均完整地保存了下来，成为十分珍贵的革命文物。

1927年，杨钟健在德国得到李大钊英勇就义的消息后，他好几个夜晚久久不能入睡，忆往事历历在目，对这位中国革命先驱的牺牲感到万分悲痛。

1972年夏天，杨钟健在南京视察工作时，专程前往雨花台烈士陵，凭吊他青年时代的好友邓中夏烈士，他以沉痛的心情伫立在纪念碑前默哀良久，表示对革命先烈的崇高敬意，而后才慢慢离去。

全国解放后，周恩来总理曾多次接见杨钟健，和他同席就餐，详细询问他的工作和生活情况，这使他浑身增添了无穷无尽的力量。1976年，毛泽东、周恩来、朱德等卓越的无产阶级革命家相继离开了我们。这接连而来的噩耗，使钟健悲痛欲绝，同时他也深深地忧虑着我们党和国家的前途。同年10月，“四人帮”被粉碎后，人们迎来了科学的春天，钟健也得到了第二次解放，他精神抖擞，以旺盛的革命干劲，立即投身到党领导的科学研究事业之中，为社会主义的现代化建设而忘我地工作着。

1978年10月，钟健得悉他相识了50年的旧友、美国古脊椎动物学家辛普森和夫人将在旅游中过沪的消息，他格外高兴，亲赴上海迎接。中美两国的古脊椎动物学家，经过30年的隔绝之后，在上海自然博物馆古生物陈列厅再次聚首欢叙。这次短暂的会晤，标志着存在传统友谊的中美两国古生物学者之间，一个友好合作新纪元的开始。

杨钟健不仅对于中国科学事业的贡献是无可估量的，而且对于世界科学事业的贡献也是成绩显赫的。他是中国共产党的优秀党员，是祖国科学界一枚闪闪发光的明星，永远照耀着古脊椎动物学研究的发展航程。

## 自然博物馆的拓荒者

杨钟健在德国留学期间，就开始注意西欧各国大学附近的陈列馆。早在1925年，他就认识到为提高整个中华民族的科学文化水平，我国急需筹建一些自然历史博物馆。同年8月，他在《学生杂志》第12卷第8号上就专门写了一篇《论陈列馆》的文章。在1929年出版的《去国的悲哀》一书中，钟健用较多的篇幅来介绍德国、瑞典等国的陈列馆，这实际上就是指自然历史博物馆。1931年3月，他又在《北大学生月刊》第1卷第4期上写了一篇《泛论地质陈列馆》的文章，极力主张在我国应办好地质陈列馆。1936年5月，他又在《科学》第20卷第5期中写了一篇《关于陈列馆的意见》，这是他对自然历史博物馆最富有代表性的发言。1948年他在《文讯》第8卷第3期上写了一篇《记纽约自然历史博物馆》的文章，从组织、采集、研究、教育等方面介绍了美国自然历史博物馆的概况，在文章的最后批评了国民党政府不注重开展这项工作，再次呼吁应办自然博物馆。

中华人民共和国成立后，国家对自然博物馆事业十分重视。1952年，天津文化局根据国务院的指示接管了原法国人创办的北疆博物院，成立了天津人民科学院。不久，杨钟健便同陈世骧、寿振黄等科学家们一起到天津，查阅接管的化石材料。他一本一本地认真仔细查对了所有古生物标本登记底账，并在每本账的封皮前面，都留有一张亲笔批注，注明每本账的内容和存在的疑问。可见他对我国自然博物馆事业是多么热忱啊！他对同仁讲："我留学归来后就想，我们中国人要自己办个自然历史博物馆，借以推动和发展自然科学，促进国人的科学文化的提高。"后来，他明白了，在旧中国，这种愿望是难以实现的。然而，在新中国，在人民当家做主的制度下，这种宿愿实现了。

1959年，北京自然博物馆诞生后，杨钟健就兼任了馆长。他对中国有了自己的自然历史博物馆万分高兴，把它当做刚刚破土而出的幼苗，爱护它，扶持它，希望它成长起来，在中国实现现代化进程中做出应有的贡献。他到馆的第一天就对同事们讲："我不务虚名，要做实事，不做挂名的馆长，要做具体工作。"二十多年如一日，他是这么说的，也是这样做的。他对博物馆的领导，从方向任务到发展规划以至各项具体工作，都亲自了解，提出意见，有些则事必躬亲，身体力行。博物馆每展出一个新的陈列，他总是不辞劳苦地从头看到尾，从科学内容到艺术形式，无不详审细究，力求达到可能达到的完美程度。

杨钟健办自然博物馆的指导思想是十分鲜明的，充分体现了他爱国为民的光辉思想。他说："搞博物馆要有明确的目的，就是给人以知识。我们的辛勤劳动，就是要为人们认识自然、利用自然、改造自然服务，就是要为人类自己造福。"他还把自己职业上的专长同博物馆教育工作紧密地联系在一起。他说："我要了一辈子龙骨头。每当我有一点新发现，对自然界的认识又进了一步时，总是高兴得睡不着觉。化石标本——看起来是一些乱石头，但我懂得它们的价值，我也希望大家都懂得它们的价值。"他还说："宇宙间万物有别，看起来杂乱无章，奥秘莫测。但实际上一切形形色色的生物和无机物的存在和演化都是有规律的。我们搞科研，办博物馆，就是把自然界的规律告诉人们，让人们不做自然的奴隶。"他还特别强调"博物馆"在教育中的特殊意义，说："我一生想办个博物馆，就是想把自然界有代表性的物种集中起来，形象地反映自然的历史，这要比空讲道理好得多。"多年来，杨钟健对博物馆的许多富有哲理性的言论和实际指导，为我国自然博物馆事业的发展开辟了广阔的前景。

1962 年夏，杨钟健赴西安视察。在此期间，他应西北大学地质系的邀请，曾参观了该系在黄土研究时采集到的哺乳动物化石。他不仅对化石的鉴定作了仔细的审查，还说这样丰富的化石，应该搞个陈列室，把化石陈列出来，供教学和科研使用。西北大学地质系根据钟健的建议，很快地就建立起了古脊椎动物化石陈列室，对于教学和科研工作起了很大的促进作用。

1964 年，胡乔木参观了上海自然博物馆后曾明确指出："自然博物馆是一个科研机关。”他说：“自然博物馆是新建的单位，过去中国没有人提倡，所以现在要花很大的精力，杨老（杨钟健）在国外考察过自然博物馆，你们可以向他请教，也可请他来参观，提提意见。”后来杨钟健接受了胡乔木的建议，不顾年迈多病，顶着东北的严寒，冒着南方酷热难耐的天气，跑遍了各地博物馆，深入实际，一个又一个地实地考察，提出了许许多多宝贵的建设性的意见。

1965年秋，杨钟健曾去东北三省参观各地博物馆，并在大连自然博物馆作了一个办好自然历史博物馆的报告。他从标本采集、科学研究、基本陈列、人才培养、机构设置等方面，提出了许多精辟的意见。可惜由于极左思潮的干扰，他的理想一直未能实现。当时，他身患多种疾病，正值68岁，随即写了一首《六八初度感书》，表达了他对病魔的态度和对人生事业的执著追求：

余生去死还差多，百计千方抗病魔。
对于亡神何所惧，能从现实论沉疴。
光阴有限争分秒，来日虽暂不蹉跎。
暮景一年十年用，生平经验树新模。

在“文化大革命”中，博物馆事业也同其他事业一样，遭到了严重摧残，多年关门停办，一切陈列全部搞乱。1972年，钟健恢复工作后，他领导北京自然博物馆的同志重整旗鼓，恢复陈列。当时，他已是年近八旬的老人了，而且又遭受了精神上、身体上的折磨，但他心里想的是博物馆的工作。他为了弥补在林彪、“四人帮”横行时期各地自然博物馆事业遭到破坏而造成的损失，与北京自然博物馆的一些同志亲自去上海、南京、杭州、天津等地视察。他以一个科学家的老实态度，力主要尽快地把有关生物系统进化的基本陈列搞起来，并提出有条件的可以把古生物和现代生物结合起来。他对当时天津市把新中国第一个成立的天津自然博物馆合并到历史、艺术博物馆的做法提出了不同意见，还亲自找市领导人当面大声呼吁，明确指出："自然博物馆必须分出来，并要请肖采瑜教授（南开大学生物系主任）当馆长。"市领导终于采纳了钟健的建议，才使得几乎濒于灭亡的事业得到了拯救，恢复了业务。他这次访问视察，大大鼓舞了各地从事自然科学博物馆工作的同志。从此，博物馆的业务又蓬勃地开展起来，走上了健康发展的道路。

为了中国自然博物馆事业的发展，杨钟健曾亲笔上书中央领导，力主在全国建立各种类型的自然博物馆。1972 年，他还在《古脊椎的研究成就和问题》一书中提出：100 万人口以上的城市都应当建立自然博物馆，有的县（如云南禄丰、陕西蓝田）也应设立结合本地自然历史的博物馆的宏伟设想，这对于繁荣中华民族科学文化事业具有极其重要的意义。

杨钟健对中国自然博物馆事业付出了很大的心血和劳动。在"文化大革命"后期，由于许多是非被颠倒了，北京自然博物馆处于犹疑不定的状态，特别是批判了所谓"三脱离"，许多专业人员遭受打击，他们惊魂未定，不知应如何开展业务。就在这种困难的情况下，杨钟健根据北京已有天文馆和地质博物馆的具体情况，明确地提出了基本陈列要搞"两个半史"，即半个地球史和生物史、人类起源史，对观众进行生物基本知识教育。同时还提出，在搞好基本陈列的条件下，再搞一些专题陈列，使博物馆不断有新内容、新项目。钟健还明确要求，一切陈列设计都要以辩证唯物主义和历史唯物主义为指导思想，努力达到科学性、思想性和艺术形式的统一。在他的正确领导下，北京自然博物馆的全体同志用了将近四年的时间，重新搞了五个基本陈列，还搞了数次专题展览，开馆后获得了国内外许多观众的好评。广大观众说："博物馆是学习生物知识的大课堂，也是学习哲学的好课堂。"许多外国朋友也给了应有的肯定，说北京自然博物馆历史虽短，但进展快，有成果，有特色。这些都是杨钟健办馆思想所产生的成果。1978 年底，他又发展了自己的思想，要求把自然历史的基本陈列连贯起来。他说："今后要搞'四史'，即天体史、地球史、生物史和人类起源史，办成一个完善的自然历史博物馆。"杨钟健还多次指出，博物馆的名称要符合实际，应改为"自然历史博物馆"，"自然博馆物"含义太广，名实不符。他十分强调自然历史博物馆万万不可办成展览馆，一定要十分重视后台工作，壮大科研力量。他说："没有强大的后台，前台就搞不好，后台和前台之比要大十倍。"他还说："北京自然博物馆现在是青壮时期，要广开门路，广招志士，广积标本，培养干部，发展业务，为社会主义建设做出贡献。"

杨钟健对自然博物馆未来发展的前途寄予很大的希望。从 1972 年开始，他与北京自然博物馆的几位副馆长作过多次的长谈，表述他的发展北京自然博物馆的远景规划。他说：现在这个博物馆太小，比瑞典的还小好几倍，跟英、美、法的更无法比。他认为这样的博物馆跟我国的地位很不相称，也不可能反映我国地大物博和科学文化的全貌。"中国人民有志气，不能老顶着落后的帽子。"因此，他多次提出北京自然博物馆要扩建，要发展，并提出了一个目标，外国人能办得到的，我们也一定能办得到，要在 20 世纪末赶上先进国家。他说世界上有五大家——英、美、法、日本和共同市场，这些国家自然历史博物馆历史久，规模大，研究力强，在生物学领域中起着决定性的作用，我们要迎头赶上他们。杨钟健具体要求：在 21 世纪到来之前，建成一个具有相当规模的现代化的国家自然历史博物馆，博物馆标本收藏量可能赶不上美、英、法等国，而开馆规模、现代化设备和科研队伍要力求赶上。他对博物馆的创建与发展所做出的卓越贡献，对于未来事业的发展有着深远的影响。可以说，杨钟健为中国自然博物馆事业的发展操碎了心。在他逝世前的半个多月，已是步履艰难，他还以惊人的毅力走上北京自然博物馆陈列大厅的三楼，向全馆同志讲话，语重心长地鼓励大家同心同德搞好工作，他对自然博物馆事业所具有的特殊感情，在广大自然博物馆工作人员的心中是永远不会磨灭的。杨钟健作为中国自然博物馆的拓荒者的不朽名字将永垂千古！

## 精心育人的园丁

杨钟健既是我国古脊椎动物学研究的奠基人，又是精心育人的园丁。解放后，杨钟健领导的古脊椎动物与古人类研究所，既是中国这门科学生长的摇篮和培养一代一代后起学者的学校，也是这门学科的研究中心和基地。他为我国自然博物馆和古脊椎动物与古人类研究等方面培养了大批优秀的科学技术人才，对于推动我国自然博物馆事业和古脊椎动物与古人类研究的迅速发展发挥了十分重要的作用。

1950 年，杨钟健在担任中国科学院编译局局长期间，就十分重视专业编译队伍的成长和发展。当时新中国刚刚诞生，编译人员缺乏，工作进展远远不能适应科学研究发展的需要，他心里非常着急，一方面注意发现在解放前受压抑而埋没的人才以加强编译力量；另一方面重视培养年轻专业编译人员，派他们到高等院校深造，又举办短训班，在职进修提高。他为我国科学研究战线和编译出版战线培养了一批骨干力量，成为中国科学院编译出版工作的创始人。

为了进一步更多地培养科学技术人才，1952 年和 1955 年他先后编著出版了《演化的实证与过程》《古脊椎动物的演化》等古脊椎动物学入门读物，以帮助青年一代很快地成长起来。

杨钟健对刚由大学毕业分配到古脊椎动物与古人类研究所和自然博物馆的新同志，首先是从政治上关心和爱护他们，使他们树立正确的世界观和为社会主义科学事业献身的精神。然后是以认真治学和诲人不倦的态度严格要求他们，采取多种行之有效的方式，培养提高他们的科研能力。

杨钟健教育后学包括培养研究生，从不以导师自居，而是以朋友的身份促膝谈心，指出学习的方向和方法。他不是滔滔不绝，惹人厌倦地去讲说，而是细致简练地作具体指导，培养年轻人独立分析问题和解决问题的能力。他和研究所内外自然博物馆的古脊椎动物青年工作者，一直有广泛的联系，几万字以至十几万字的论文稿送到他手上，他总是从头到尾认真阅读，提出意见，或给写序推荐出版。他毫不保留地把自己几十年的实践经验，细心而严肃认真地教给向他学习的人。著名的地质学家、古生物学家和古人类学家裴文中、贾兰坡、周明镇、王存义、刘东生、高振西、刘宪亭、李星学、王永炎以及孙艾玲、叶祥奎、王将克、甄朔南、刘后一、邱中朗、薛祥煦、刘嘉龙、赵喜进、黄万波、李有恒、时墨庄等一大批科学家，都是在杨钟健的直接影响和亲自教导下成长起来的。他在学术问题上从来不以专家、权威自居，独断专行，而是以普通学者的姿态，鼓励科研人员大胆探索，发表不同见解，包括反对他观点的见解。

在学术问题上，他既不随心所欲，也不随声附和，而是有他自己的建立在科学根据基础之上的见解。更可贵的是，他从来不掩盖自己的错误，一旦发现自己的学术观点有问题，他就重新进行认真细致的调查研究，加以改正。早在1922年，李四光就在山西大同发现了第四纪冰川，以后又在北京西山、江西庐山等地发现了大量的冰川遗迹，这与当时许多洋人的论断是大相径庭的。钟健由于长期受到外国人的影响，也对中国冰川抱过怀疑态度。后来，李四光先生患病时，钟健去看望他，师生就冰川问题进行了讨论和商榷，学生被老师说服了。这以后，杨钟健便亲自到李四光发现冰川的地区去走了一遍，经过认真的观察，越发接受了李四光的理论。而后，杨钟健这个过去不相信有冰川的人，居然也到地质力学研究所去作有关中国冰川问题的报告了。

1956年，杨钟健在率领我国古生物代表团访问苏联期间，专程到莫斯科大学地质系接见了我国在此学习古生物学专业的留学生，还给他们作报告，介绍了我国古脊椎动物学的近况，讲述了古生物学研究的主要内容，并给这些留苏学生指明了学习方向，希望他们刻苦学习，归国后为祖国的科学事业做出贡献。

杨钟健对博物馆专业人员的培养也是极为重视的。1959年，他就对北京自然博物馆的专业人员说：“北京自然博物馆也要有自己的专家，不能老当采集队，不能总依靠别人，要学会自己搞科研。”他一贯主张博物馆要通过工作实践培养青年同志。他经常用自然历史博物馆的谷兰阶（1872—1941）教授作例子，鼓励大家刻苦成才。谷兰阶原来是该馆的一位工友，后来成为世界著名的古生物学家。杨钟健逝世前一次谈到讲解员的培养时，语重心长地指出，让讲解员们多到野外工作，要给他们定方向，要有研究人员和技术人员培养他们，提高他们的业务水平。

百花园中花似锦，花红要靠育花人。杨钟健在古脊椎动物和自然博物馆这块园地上，不仅播下和培育了一批种子，而且在他的辛勤汗水的浇灌下，它们有的已经生根发芽，有的已经开花结果。一支古脊椎动物的研究队伍已经成长壮大。新中国成立以来，在党和人民政府的亲切关怀下，在杨钟健的积极倡导下，中国科学院古脊椎动物与古人类研究所，先后举办过四期短训班，为全国各地自然博物馆、高等院校和研究单位培养了数百名地质古生物和考古专业方面的人才。他们正在为我国生物进化、地层发掘的科学，奔波于大江南北，正在为祖国科学事业的未来呕心沥血，培养着新的一代。这些成果的取得，都是与我国古脊椎动物学的宗师、精心育人的园丁杨钟健的名字紧紧地连在一起的。

## 为科学而献身

杨钟健一生为人光明磊落，表里如一，嫉恶如仇，刚直不阿。不管是在五四前后反对北洋军阀，探索救国救民之道，力行社会改革的斗争中，还是在留德归国后悲哀的岁月，不管是在战火纷飞的抗日战争和解放战争时期，还是在党领导的社会主义革命和社会主义建设的和平条件下，他对于一切企图开历史倒车，祸国殃民的行为嫉恶如仇，从不姑息。他自始至终在不停息地追求真理，追求进步，为拯救和发展祖国科学文化事业，忠心耿耿地奋斗了一生。杨钟健的一生，不仅使我们看到了一个优秀的中华儿女的光辉形象，而且也使我们看到了一个共产党员科学家高尚的政治品德和无私地献身科学的共产主义精神。

1955 年至 1960 年期间，中苏科学家往来较多。杨钟健先后三次接见苏联古生物学访华代表团，他按照党的方针政策，在学术上发展与邻邦的友好关系。他总是坚持自己的正确观点，和外国专家展开争辩与讨论，虚心学习国外的先进经验，正确评价国外和我们自己的工作以及成果，从不盲目地推崇外国科学家。他的高度爱国主义思想，不卑不亢的作风，表现了站起来了的新中国人民的气魄。

"文化大革命"爆发后，杨钟健受到冲击，被打成"资产阶级反动学术权威"而靠边站了。汽车给卡掉了，办公室也给占据了，工资也基本上停发了（只给他们夫妇每月发 32 元的生活费），家里的书籍也被封禁了。当时，70 多岁高龄的杨钟健除了被挂上沉重的大牌子挨批斗外，还要去参加打扫食堂、砸煤块等惩罚性的体力劳动。但他从没有颓丧过，没有对祖国的未来失掉信心，保持着清醒的头脑，镇定自若，仍以坚强的毅力买月票乘公共汽车到研究所上班。虽然有时胳膊被车门夹破了，有时坐过了站，有时被挤下车，摔倒在地上晕了过去，这一切都没有动摇他抓紧时间做研究工作的事业心。他夫人王国桢问他："你就不怕挨斗挨打？谁在这乱哄哄的时候，还有心去写文章？"他说："你别替我担心，我没有缺过德，没有做过祸国殃民的事，我要对得起党，要对得起人民。我不能像那些人把宝贵的时间荒废掉。只要我有一口气，有几分钟的时间，我就要写，我不能跟着他们白混。肉体的折磨算什么？我这把老骨头还经得起，他们折磨不掉我的意志。他们还没有摧毁我的记忆，我有一丁点儿时间就要写，写！"在此期间，很多国际友人、科学家写信给他，要求来华访问，或者邀请他出席国际学术会议，但在当时都遭到阻挠而无法实现，为此杨钟健非常气愤。他顶着"老顽固"和"白专道路"的压力，虽然他的一些观点与设想，连同他本人都遭到了攻击，但他并没有放弃自己的看法。他认为合乎客观规律的认识，要勇于维护和坚持，才算忠于党，忠于人民。他看不起那种“墙头草”，敬佩苍松翠柏与冬梅，所以在那窘迫的岁月，杨钟健从来没有放弃学习，依然坚持工作，伏案观察化石，撰写文章。明知道文章尽管写出来也不能付印，但他还是一字一句地认真地描述化石，阐明观点，从未间断。他忍辱负重相继完成了40多篇论文，不仅填补了中国三叠纪水生爬行动物的空白，而且完成了新疆三叠纪动物群的一系列著述，又为后人开创了攀登科学高峰的通道。他还写了《镵石集》和《古脊椎的研究成就和问题》等大部头论著，总结了他的工作经验，作为后学者的借鉴，为进一步提高这门学科的研究水平做出了贡献。他说：“我年岁大了，我要把我50年古生物研究工作总结出来，留给后人，不要带到棺材里去。”

1972年，杨钟健恢复工作后，就争分夺秒，忘我地投入科学研究工作之中。这年12月，他病得很厉害，流鼻血不止，家里人劝他去看病他不去，后来由党委书记出面劝他说：“让你去看病是党组织的决定。”他才顺从地到医院去了。

1974年，正当杨钟健所制定的发展我国古脊椎动物与古人类的研究工作的宏图在一步一步地变为现实的时候，“四人帮”挥舞棍棒，四处征伐，搅得科研工作又无法进行下去。面对此种情景，他内心无比愤懑。于同年2月奋笔写了“二月将完尚零下，窗前对景感想大。树枝摇摆好狂风，欲要写诗被打岔”的诗篇，揭露这帮家伙以批林批孔为名，把矛头指向周恩来总理的险恶用心。6月，杨钟健毅然率领由中国科学院古脊椎动物与古人类研究所、地质科学院地质力学研究所、北京水文地质大队和中国科学院考古研究所四个单位组成的考察队，前往河北省阳原县泥河湾观察地层。

鸡鸣好，好鸡鸣，
风雨如晦仍不停，
不嫌劳苦争先行，
鸣来鸣去到天明，

仰首共观东方红。

好鸡鸣，鸡鸣好，
活将八旬未算老，
困难不计功能小，
还将骨石当成宝，
鸣到死时方算了。

这是杨钟健在“四人帮”横行的1975年写下的一首诗。他生于1897年，属鸡，故以鸡自况，这短短68个字的诗句，控诉了“四人帮”的封建法西斯罪行，表达了自己献身于科学的崇高理想。

不久，杨钟健赴重庆博物馆审查和评议了即将展出的蜥脚类恐龙化石以后，又到化石产地——自贡市郊进行实地调查。接着，又乘江轮直达万县，观察了一处爬行动物化石现场。当时，正是九十月间，秋雨绵绵，道路泥泞，他却像一个普通的地质队员一样，手拿地质锤，边走，边观察，边寻找化石，攀登在陡峭的山路上。

1976年10月，“四人帮”被粉碎后，杨钟健满怀激情，以《八十不老》为题写下“年迈八旬心尚丹，欲和同辈共登攀。应知世上无难事，记骨而今仍依然”的诗句勉励自己，充分体现了他的壮志豪情和积极乐观精神。的确，他对党对人民的一颗丹心是永远也不会衰老的。他除了平时的室内工作外，还经常爬山涉水，参加野外考察。同年与次年冬，钟健风尘仆仆，冒着满天飞扬的大雪，曾先后到北京西山和山西许家窑，察看冰川遗迹和古人类遗址。

1978年9月，中国地质学会在庐山召开第四纪冰川现场会议，杨钟健抱病前往参加。会上，他不但作了《大力开展第四纪冰川调查和深入研究》的学术报告，而且还到野外参观和考察冰川地质现象。当时，在庐山参观考察的路上，地质部副部长许杰诗兴大发，顺吟“参天古木堪称宝，入洞仙人不足论”即景抒怀的两句后，在一旁的杨钟健立即和了两句："自古神仙皆虚妄，吾侪努力为人民！"把诗意转到知识分子要努力前进的大方向上来，使在场的同志听了，都为他的豪迈诗意和思想境界所感动。

同年12月27日，北京自然博物馆举行全体职工参加的迎新年大会。当时，杨钟健已重病在身，但他还是坚持在古脊椎动物与古人类研究所上班，照常来馆参加会议。在他行动已经十分困难的情况下，许多人劝他不必到场了。可他坚定地回答："既然有安排，我就要到场！"毅然参加了会议，并在会上作了鼓舞人心的讲话。他一开始就说："今年是'羊'年，羊象征着和平团结，是国家工作重点转移的吉祥之兆。"然后，他分析了国际国内形势，号召全馆同志要为社会主义现代化做出贡献。

12月31日，杨钟健仍然按时到古脊椎动物与古人类研究所上班。他站完了1978年的最后一班岗，在刚跨入1979年的第一天，他胃出血病骤发送进医院，经多方医治无效，于1月15日不幸逝世，终年82岁。

杨钟健在短暂的住院期间，仍念念不忘自然博物馆和古脊椎动物与古人类研究所。他对自然博物馆的同志说："我和你们订的计划，我不能完成啦，希望大家好好干，等我病好了再同你们一起工作。"他对研究所的同志说："我现在病啦，希望大家共同努力，把工作做好。"他为了中国自然博物馆事业和他一生心爱的古脊椎动物学，的的确确战斗到生命的最后一息。他这种献身科学的共产主义精神，将永远铭刻在广大科学工作者和全中国人民的心中。

（广西师范大学出版社1996年5月版《人论集》）

# 杨钟健年谱

王仰之

杨钟健（1897—1979），字克强，陕西省华县人。我国著名的地质学家，中国古脊椎动物学的奠基人。

杨钟健教授在学术上有很深的造诣，他先后发表学术论著约有600种，包括20多种专著、教科书和大量的专门论文和科普文章，年谱中只能摘要进行介绍。杨教授早年就有“关中才子”之称，他写过许多文学作品，被认为是“文坛上留不住的人”之一。他的诗作有2000多首，还有他严肃认真、刻苦努力的治学精神，光明磊落、刚正不阿的处世态度，都未能在年谱中充分表达，这是编写者深深感到抱歉的一点。

在编写过程中，曾得到中国科学院古脊椎动物与古人类研究所郭守道、黄慰文，北京自然博物馆甄朔南，以及许多和杨钟健教授生前有较多接触的同志的帮助，谨申谢忱。

**1897年　1岁**　6月1日，诞生于陕西省华县龙潭堡。父亲杨松轩（鹤年），以封建时代内地儒生而追随孙中山先生，组织同盟会，举义旗，倒娜拉，兴教育会，创办女校，反对孔教，提倡白话，是关中地区颇有影响的一位教育家。

**1917年　21岁**　在陕西省立西安第三中学毕业。随后考入北京大学预科肄业。

到北京不久，即加入马克思学说研究会，开始与李大钊、毛泽东、邓中夏等无产阶级革命家交往。杨钟健曾说：邓中夏烈士“是影响我学生时代一切行动最深刻的一位，也是使我心中不断考虑，如何对国家的富强有所贡献的人”。他还冒风险把毛泽东当年写给他的信，一直保存到全国解放以后。

**1919　23岁**　3月，与陕西省在京进步同学组织旅京陕西学生联合会，积极参加爱国学生运动，并主编出版以暴露陕西黑暗为主要内容的油印刊物——《秦劫痛话》。这个刊物上的许多文章，曾为京、津、沪、汉报纸转载。

6月，参加在李大钊指导下，由邓中夏、许德珩、黄日葵等发起成立的北京大学平民教育讲演团。

**1920年　24岁**　1月，《秦钟》月刊创刊。该刊由旅京陕西学生联合会主办，它比《秦劫痛话》前进了一步。其使命是：“（一）唤起陕人自觉心；（二）介绍新知识于陕西；（三）宣布陕西状况于外界。”它的出刊对反对陕西军阀和传播新文化，起了一定的推动作用。该刊出了六期即停刊。杨钟健曾先后在该刊上发表文章9篇。

3月，与邓中夏一起，当选为北京大学平民教育讲演团总务干事，经常深入北京市内和通县、长辛店等地，进行宣传工作。

10月，与陕籍北大同学刘天章、魏野畴、李子洲、刘含初等创办《共进》半月刊，由杨钟健和刘天章任主编。该刊宗旨是“提倡桑梓文化，改造陕西社会”。杨钟健曾在这个刊物上发表过100多篇文章，揭发、鞭挞军阀官僚的剥削压迫，呼唤人民奋起，打倒军阀官僚的黑暗统治，争取解放。该刊经常选登共产党领导人李大钊、陈独秀和陕籍共产党人刘天章、魏野畴、李子洲、武止戈等人的文章。后来，杨钟健在回忆它的历史作用时曾这样写道：“如果我们回忆，当20世纪第一个十年的末期，主持陕西教育的人还主张向孔子叩头，此外女子缠足、男子留发等情况还存在，那么《共进》半月刊在灌输新知识、新思潮的作用就不能小估。如果我们回忆，当时陕西还没有一寸铁路，军阀像走马灯似的更替，每一个军阀又都穷凶极恶，而老百姓则处于苛捐杂税和土匪威胁之下，那么当时把实况宣布于外界，也就不是毫无意义的了。”

**1921年　25岁**　加入学术性政治团体——少年中国学会，并成为主要领导人之一。以后杨钟健在《关于少年中国学会的回忆》一文中曾说："学会标榜要创立一个少年中国，换言之，就是新中国。但究竟要创造什么样的新中国，也是意见不一。但是，在当时学会初成立时，确有一些共同之点，这共同之点就是：（1）不满于旧现状；（2）要创造一个新局面；（3）入会的人不管其出身如何，所学如何，都具有一种向上的革新的意志。至少就我来说，我就是抱着这样的想法加入少年中国学会的。"在少年中国的会员终身志业调查表上，杨钟健就曾写过"终身欲研究地质学，偏重于古生物学"的话。

7月，以《共进》半月刊为基础，成立以"提倡文化，改造社会"为宗旨的进步社团——共进社。社址设在北京吉安所左巷六号，沙滩一带是社员集中居住的地区。社员多为陕西旅京进步学生。杨钟健和赵国宾同为共进社的领导人和活动分子，一时有"杨龙赵虎"之称。他们给考生免费认真补课，接济贫寒学生，组织青年参加党领导的各项群众运动，在团结和领导陕西学生参加革命活动方面，起了重要的作用。

**1922年　26岁**　加入社会主义青年团。

**1923年　27岁**　春，作为北京大学学生代表，赴上海参加全国学生联合会的领导工作，负责编辑会刊。在沪期间，由李大钊、邵力子介绍加入了孙中山领导的国民党。

7月，在北京大学地质系毕业，获得理学士学位。

所写论文《南口附近山脉的地形特征》，在《中国地质学会志》第2卷第1－2期上发表。

冬，去德国，在慕尼黑大学地质古生物专业随布罗里（Brolli）和施洛塞（Schosser）学习古脊椎动物学。杨钟健学古脊椎动物，是接受了老师李四光的建议。当时我国古脊椎动物研究是一片空白，急待有人填补，且中国中、新生代地层以陆相为主，古脊椎动物化石的研究，对解决中、新生代的地质问题，尤其显得重要。

**1924 年　28 岁**　与王恭睦合编《地震浅说》一书，由上海中华书局出版。

**1926 年　30 岁**　所著《古生物通论》一书，由上海中华书局出版。

**1927 年　31 岁**　完成了以《中国北部之啮齿类化石》为题的博士论文，并通过答辩，取得哲学博士学位。

《中国北部之啮齿类化石》（德文）列入《中国古生物志》丙种第 5 号第 3 册，由地质调查所印行。它记述了大型哺乳动物中化石最多的一个大类——啮齿类，包括 18 个属 31 个种，其中有 1 个新属 13 个新种。这是我国最早的研究古脊椎动物的重要成果，它是杨钟健从事古生物事业的真正起点，也标志了中国古脊椎动物学的开端。

**1928 年　32 岁**　离开德国，取道西伯利亚回到北京。

经翁文灏举荐，任地质调查所新生代研究室副主任，兼周口店发掘的指导工作。以后，又兼任北京大学、北京师范大学教授。

**1929 年　33 岁**　杨钟健把在国外考察学习期间的见闻，以游记形式写成《去国的悲哀》一书出版。

夏，与担任地质调查所科学顾问的法国古生物学家德日进，到山西、陕西和鄂尔多斯高原南部，作了三个月考察。

8 月 31 日，由杨钟健、孙云铸等发起组织的中国古生物学会在北平诞生。杨钟健一直参加学会的领导工作，多次被选为学会的理事长。

论文《周口店洞穴层简报》（与德日进合著，刊《中国地质学会志》第 8 卷第 3 期）、《周口店之骨化石堆集》（刊《科学》第 14 卷第 8 期）发表。

**1930 年　34 岁**　与王国桢女士结婚。王女士当时为北京师范大学历史系学生。婚后第九天，即参加中亚科学考察团，去张家口一带作地质调查。

专著《周口店鸡骨山哺乳类化石》，列入《中国古生物志》丙种第 7 号第 1 册，由地质调查所印行。

《中国东部及蒙古地质之比较》(与德日进合著)、《周口店之变态骨化石》二文，在《中国地质学会志》第9卷第2期上发表。

**1931年　35岁**　《西北的剖面》一书出版。书中不仅剖析了许多地质问题，还洋溢着不受屈辱的中国人民的凛然正气。

与德日进合著的《中国北部新生代后期之哺乳类化石》，列入《中国古生物志》丙种第9号第1册，由地质调查所印行。

论文《中国啮齿类化石地层及古生物上的意见》(刊《中国地质学会志》第10卷)、《新生代研究之回顾》(刊《北京大学自然科季刊》第2卷第2期)、《在地史过程中动物演变的概要》(刊《北京大学地质学会会刊》第5期)、《中国猿人与人类进化问题》(刊《科学》15卷第9期) 等发表。

**1932年　36岁**　为北京《晨报》编辑《自然》周刊，并经常在该刊上发表短文。

专著《周口店第二、第七、第八地点之脊椎动物化石》(列入《中国古生物志》丙种第7号第3册)、《周口店第一地点之偶蹄类化石》(列入《中国古生物志》丙种第8号第2册)，由地质调查所印行。

论文《戈壁侵蚀面之研究》(刊《中国地质学会志》第11卷第2期)、《绥远西部之恐龙化石》(刊《中国地质学会志》第11卷第3期)、《云南哺乳动物化石》(刊《中国地质学会志》第11卷第4期) 等发表。

**1933年　37岁**　专著《中国人类化石及新生代地质概论》(列入《地质专报》乙种第5号)、《中国原人史要》(与步达生、德日进、裴文中合著，列入《地质专报》甲种第11号)，由地质调查所印行。

论文《中国龙骨商与脊椎动物化石之研究》(刊《科学》第17卷第1期)、《山西西南部之新生代后期地层》(与德日进合著，刊《中国地质学会志》第12卷第2期) 发表。

**1934年　38岁**　专著《周口店中国猿人地点之小哺乳类化石》，

列入《中国古生物志》丙种第8号第3册，由地质调查所印行。

《中国第三纪初期地质》、《洛阳西安间之新生代地质》（与裴文中合著）、《河北井陉之裂隙堆积》（与裴文中合著）等论文，在《中国地质学会志》第13卷上发表。

**1935年 39岁** 专著《中国地史上之爬虫动物》（列入《地质专报》乙种第8号）、《山西、河南之哺乳动物化石》（列入《中国古生物志》丙种第9号第2册）、《宁夏之新节结龙化石》（列入《中国古生物志》丙种第11号），由地质调查所印行。

论文《新疆孚远兽形类化石之发现》（刊《科学》第19卷第5期）、《秦岭以南之新生代地质及地文》（刊《科学》第19卷第9期）、《新疆二齿兽类之骨骼》（刊《中国地质学会志》第14卷第4号）、《广西几种地形概述》（刊《地理学报》第2卷第2期）等发表。

**1936年 40岁** 1月，中国地质学会第12届年会在南京召开。在这次会上，杨钟健被选为理事长。谢家荣辞去地质调查所北平分所所长职，杨钟健接替所长职务。

论文《北京附近新生代地质之新观察》（刊《中国地质学会志》第15卷第2期）、《山东宜都昌乐临朐新生代地质》（刊《中国地质学会志》第15卷第2号）、《四川之脊椎动物化石》（刊《地质论评》第1卷第6期）、《三门系历史之检讨》（刊《地质论评》第1卷第3期）、《关于陈列馆的意见》（刊《科学》第20卷第5期）、《西北的土质》（刊《自然》第197—199期）等发表。

**1937年 41岁** 2月，中国地质学会第13届年会在北平召开，杨钟健继续当选为理事长。在这次会上，他发表了题为《中国脊椎动物化石之新层》的演说（此文后刊《中国地质学会志》第17卷第3-4期），全面地总结了六年来的有关研究成果。

和章鸿钊、谢家荣、葛利普等共同设计的中国地质学会会徽，开始使用。

2月22日，荣获本年度葛氏（利普）奖章。奖励杨钟健关于古脊椎动物学的卓越研究成果。

"七七"事变发生，北平沦陷。日本侵略军内一个自称"古生物学者"的人，要请杨钟健去东京讲学。在章鸿钊帮助下，卞美年（美籍华人）陪同，于11月间离妻别子，逃离北平。

专著《新疆之奇台天山龙》，列入《中国古生物志》新丙种第2号（总第105号），由地质调查所印行。

论文《中国鸵鸟蛋化石》（刊《地质论评》第2卷第3期）、《甘肃皋兰永登区新生代地质》（刊《中国地质学会志》第16卷）发表。

《记骨室文目》编印完成。该书为杨钟健在1919年以后发表于各种报刊文章的目录。

**1938年　42岁**　2月，中国地质学会第14届年会在长沙召开。会上杨钟健发表了题为《我们应有的忏悔和努力》的演说。演说中结合当时强邻肆虐，陷我平津，陷我淞沪，陷我首都的形势，满怀爱国激情地呼吁地质界同人，当尽非常时期一个国民应尽的责任。

留长沙期间，曾调查研究长沙盆地和浏阳盆地等处地质。

长沙吃紧，转移到昆明，主持地质调查所昆明办事处和新生代研究室工作。为了躲避空袭，办事处地点在离昆明城十多里的瓦窑村，房子是一座破旧的关帝庙。

在任地质调查所昆明办事处主任期间，由于人员少，曾兼管出纳。

论文《山西垣曲第三纪初期脊椎动物群》《山西三叠纪之二齿兽》在《中国地质学会志》第17卷上发表。

**1939年　43岁**　和卞美年、王存义等，在云南禄丰县城东北十多华里的沙湾，发现晚三叠世的大量骨化石。这项发现立即受到国内外科学界的重视，后来发展成为举世闻名的"禄丰蜥龙动物群"的开端。

与卞美年、李悦言等合著的论文《湖南之"红色岩层"》，在《中国地质学会志》第18卷上发表。

**1940年　44岁**　地质调查所昆明办事处撤销，到重庆北碚总所工作。家住牌坊湾，房子是用木板搭的小楼。一遇风起，就嘎嘎乱响，摇摇欲倒，故戏名“危楼”。杨钟健曾作对联云：“危楼一角，背山面水峡在望；漂泊三年，东奔西走了何时。”

应重庆大学之聘，任该校特邀教授，为高年级学生讲授古脊椎动物学。

这一年，先后在《地质论评》上发表文章四篇：《抗战以来脊椎动物化石新地点之发现及其在地层与古生物上之意义》（刊第1—2期）、《四川巴县新开市和尚坡洞穴地层之发现及其意义》（刊第4期）、《许氏禄丰龙之再造》（刊第5期）、《对热心采集化石同志进一言》（刊第6期）。

**1941年　45岁**　中国地质学会会歌公布。歌词作者为尹赞勋和杨钟健。

专著《许氏禄丰龙》，列入《中国古生物志》新丙种第7号（总第121号），由地质调查所印行。

论文《四川中生代爬行动物之新发现》（刊《地质论评》第6卷第3—4期）、《禄丰蜥龙类原始哺乳类之新观察》（刊《地质论评》第6卷第5—6期）、《三年来新生代地质与脊椎动物化石研究之进展》（刊《科学》第25卷1—2期）、《中国西南部之两新种鱼化石》（刊《中国地质学会志》第21卷第1期）、《中国西南部及西北部新发现之新生代晚期哺乳类动物》（与米泰恒合著，刊《中国地质学会志》第21卷第1期）、《云南禄丰上三叠纪兀龙之一新种》（刊《中国地质学会志》第21卷第2—4期）发表。

**1942年　46岁**　3月，中国地质学会第18届年会暨学会成立20周年纪念会在重庆举行。在会上发表题为《中国新生代地质及古脊椎动物学二十年来研究之基础》的论文，以纪念学会成立20周年。

参加新疆石油调查队，随黄汲清等在天山南北进行了大半年的野外调查。据黄汲清回忆：当时很多人对塞外风光不感兴趣，对边疆地区的膻肉酪浆生活颇以为苦。钟健则不然，他十分喜爱雪山草地，喜欢当地少数民族的朴实勤劳，总是兴致勃勃地参加了先后在独山子、库车和阿克苏的填图找油工作，并主动攻研天山南麓的白垩——新生界地层问题，做出了积极贡献。

论文《四川广元之脊椎动物化石》（刊《中国地质学会志》第22卷第3—4期）、《云南禄丰红色层中原蜥脚类之一新属——黄氏之南龙》（刊《中国地质学会志》第22卷第1—2期）、《中国新生代地层及脊椎古生物学之现在基础》（刊《地质论评》第7卷第6期）、《中国地形发育管窥》（刊《李石曾先生60岁纪念论文集》）等发表。

**1943年　47岁**　论文《秦岭的几个地质问题》（刊《中国地质学会志》第23卷第1期）、《记中国几种化石足印》（刊《中国地质学会志》第23卷第3—4期）、《一年来几种脊椎动物化石之新研究》（刊《地质论评》第8卷第1—6期）、《生物学研究与古生物研究之连系》（刊《科学》第26卷第1期）、《说黄土》（刊《图书月刊》第2卷第5期）等发表。

**1944年　48岁**　《自然论略》一书由商务印书馆出版。该书收入《中国地质学界的前躯》、《中国地质学在世界学术上的地位》等20余篇文章。

由翁文灏推荐，赴美、加、西欧考察和讲学。在国外三年，走访了许多古脊椎动物研究中心，特别是在美国自然历史博物馆和大英博物馆观察标本，与沃森（Watson）、格雷戈里（Gregory）、罗默（Romer）、辛普森（Simpson）、科尔伯特（Colbert）等专家共同探讨，并完成和开始了他一生中许多重要著作。

论文《四川威远之爬行动物化石》（刊《中国地质学会志》第24卷第3-4期）、《天山南北麓之地层及古生物概论》（刊《地质论评》第9卷第1-3期）、《新生代生物研究之现况及其意义》（刊《科学》第27卷第4期）等发表。

**1947年　51岁**　结束了国外的考察工作，回到南京，仍在地质调查所工作。

专著《巨型禄丰龙（新种）》及《许氏禄丰龙之新加材料》，列入《中国古生物志》新丙种第12号（总第132号），由地层调查所印行。

论文《江西乐平洪积统之微小动物群》（刊《中国地质学会志》第27卷）、《三十年来之中国古生物学》（刊《科学》第29卷第12期）、《中国地质事业之萌芽》（刊《地质论评》第12卷第1—2期）、《安氏鸵鸟蛋之新发现》（刊《地质论评》第12卷第3—4期）等发表。

**1948年　52岁**　获得丁文江纪念奖金。

被选为中央研究院院士。

秋，被聘为西北大学校长，同时兼西安图书馆筹备委员会主任。杨钟健说："当大学校长，在别人看来是一件大喜的事，对我来说，是不合适。"由于多方辞退也辞不掉，不得已只好上任。上任后，选调本校教授杨炳炎任训导，关中哲任秘书长。

10月26日，在中国地质学会、中国古生物学会联合举行的年会上，杨钟健作为中国古生物学会理事长，发表了题为《中国之鳄鱼化石》(后刊《中国地质学会志》第28卷第3—4期)。

年底，国民党政权濒于垮台。教育部勒令西北大学迁往成都，胡宗南也亲自出面催促。校内出现"迁校"和"反迁校"斗争，杨钟健即以向教育部要欠薪和迁校费为由，离西安到南京。

论文《云南禄丰之两新蜥龙类》、《中国兀龙新态》（以上两文均刊《中国地质学会志》第28卷第1—2期)，《鳞龙类化石研究在中国之进展及其改正》、《甘肃享堂脊椎动物化石简报》（以上两文均刊《地质论评》第13卷第1—2期)，《甘肃东部蓬蒂期哺乳类动物群简述》(刊《北京大学五十周年纪念论文集》) 等发表。

**1949年　53岁**　4月，人民解放军渡过长江。杨钟健在南京迎接解放。

年底，应中国科学院之请，偕夫人离开南京到北京，住地安门宿舍。

论文《人类进化的里程》（刊《地质论评》第14卷第4—6期）、《上新统更新统的分界》（刊《科学》第31卷第11期）发表。

**1950年　54岁**　1月，中国科学院编译局成立，被任命为第一任局长。

由许德珩介绍，参加九三学社，并任九三学社中央委员。

论文《四川歌乐山哺乳动物群》（与刘东生合作，刊《中国地质学会志》第30卷）、《地质学名词的来源及统一》（刊《地质论评》第15卷）、《禄丰蜥龙动物群》（刊《中国科学》第1卷第2—4期）、《化石是过去生物的写影》（刊《科学通报》第1卷第7期）、《记中国新发现之缓齿鱼化石》（刊《科学记录》第3卷第2—4期）等发表。

**1951年　55岁**　专著《禄丰蜥龙动物群》，列入《中国古生物志》新丙种第13号（总第134号，由科学出版社出版。这是他1938年到1950年这一段时间内的重要学术著作之一。他在绪论中指出："禄丰蜥龙动物群的发现，标志着中国脊椎动物化石研究上的一个重要的进展。"）

论文《由原始生物到人所经过的几个大关》（刊《自然科学》第1卷第3期）、《古脊椎动物的形体与行动》（刊《科学通报》第2卷第2期）、《解放以来脊椎动物化石的新发现》（刊《科学通报》第2卷第3期）、《周口店发掘工作的过去现在和将来》（刊《科学通报》第2卷第7期）发表。

**1952年　56岁**　著译《演化的证实与过程》一书，由上海商务印书馆出版。

在《科学通报》第3卷第1—2期上，发表两篇论文：一为《脊椎动物化石研究的成就》，一为《关于"北京人"标本的下落》（与裴文中合作）。另外还在《科学大众》7月号上，发表科普文章一篇：《禄丰龙是怎样发现与研究的》。

**1953年　57岁**　中国科学院古脊椎动物研究室成立。辞去中国科学院编译局局长职务，把全部精力投入研究室工作中。

这一年发表的论文有：

《古脊椎动物科学研究的基础现况与发展》（刊《科学通报》5月号）；

《新疆兽头类的首次发现》（刊《古生物学报》第1卷第1期）；

《四川中生代爬行类动物的新发现》（与周明镇合作，刊《古生物学报》第1卷第3期）。

**1954年 58岁** 与刘宪亭、周明镇、贾兰坡合著的《中国标准化石（脊椎动物）》一书，由地质出版社出版。

这一年发表的论文有：

《昌都附近硬齿鱼的发现》（与刘宪亭合作，刊《古生物学报》第2卷第1期）；

《古生物学者如何在总路线的灯塔照耀下为祖国建设服务》（刊《古生物学报》第2卷第2期）；

《四川宜宾的一种新蜥脚类》（刊《古生物学报》第2卷第4期）；

《山东莱阳蛋化石》（刊《古生物学报》第2卷第4期）。

**1955年 59岁** 中国科学院学部成立，当选为生物地学部学部委员。

所著《古脊椎动物的演化》一书，由科学出版社出版。

为纪念中国猿人第一个头盖骨发现25周年，在《科学通报》1月号上发表了题为《中国化石人类研究的过去、现在与未来》的文章。

这一年还发表了下列论文：

《研究人类化石的意义》（刊《生物学通报》2月号）；

《记安徽泗洪县下安湾发现的巨河狸化石并在五河县戚咀发现哺乳类动物化石》（刊《古生物学报》第3卷第1期）；

《安徽泗洪县及五河县东部第四纪地层及化石产地》（与周明镇合作，刊《古生物学报》第3卷第1期）；

《关于古生物研究的几个问题》（刊《科学通报》5月号）。

**1956年 60岁** 被选为莫斯科自然博物学会国外会员。

4月20日，加入无产阶级先锋队组织——中国共产党，这是杨钟健生命历程中一个具有重大意义的时刻。当天在党旗下宣誓之后，写了一首《入党书怀》的诗，表达了要做一名“无愧于这一称号和它的实质的中国共产党党员”的决心。

秋，率中国古生物代表团去苏联参观访问。代表团成员有斯行健、赵金科、周明镇等。归后著有《访苏两月记》一书，由科学出版社出版。

这一年发表的论文有：

《古脊椎动物与古人类学研究的光明远景》（刊《科学通报》5月号）；

《甘肃灵武渐新世哺乳动物化石》（刊《古生物学报》第4卷第4期）；

《中国脊椎动物化石的新发现》（与周明镇合作，刊《中国古生物学会会讯》第9期）。

**1957年　61岁**　2月11日—15日，中国第四纪研究委员会在北京召开成立大会暨第一次学术讨论会。会上选举李四光为中国第四纪研究委员会主席，杨钟健、侯德封为副主席。

9月，中国科学院古脊椎动物研究室扩大为古脊椎动物研究所（至1960年1月又改名为古脊椎动物与古人类研究所），一直担任这个所的所长。

《演化的实证与过程》一书，由科学出版社出版。

科普读物《生物演化的概念》，由科普协会出版。

《重编记骨室文目》印行。这是杨钟健的著作目录，共收各类著作和短文518号。它“只限于已发表的文字，但信札及零星之讲演记录等，虽曾印布，却未列入”。

这一年发表的论文有：

《山西新发现的前棱蜥》（刊《古脊椎动物学报》第1卷第1号）；

《新疆吐鲁番肉食恐龙下腭的发现》（与孙璘合作，刊《古脊椎动物学报》第1卷第2期)；

《山西武乡下三叠纪爬行动物群在地层上和生物学上的意义》(刊《科学记录新辑》第1卷第4期)；

《中国古脊椎动物化石的回顾与成就》（刊《科学通报》第22期)。

**1958年 62岁** 专著《山东莱阳恐龙化石》列入《中国古生物志》新丙种第16号（总第142号)，由科学出版社出版。书中记述在莱阳发掘的鸭嘴龙和鹦鹉嘴龙等大批恐龙化石，讨论了青岛龙、鸭嘴龙的系统地位、生活习性、地理分布及地层方面的一些问题。

这一年发表的论文有：《中国的新蜥脚类》（刊《古脊椎动物学报》第2卷第1期）和《贵州新发现的肿肋龙化石》（刊《古脊椎动物学报》第2卷第2—3期)。

**1959年 63岁** 北京自然博物馆成立，担任馆长。

《恐龙》一书由北京科学技术出版社出版。

6月25日，《古生物学的研究及其在中国的发展》一文，在《人民日报》上发表。

这一年发表的论文有：

《解放以后的古脊椎动物学》(刊《古生物学报》第7卷第1期)；

《Chinese Vertebrate Paleontology Since the Liberation》(刊《中国科学》第8卷第10期)；

《山东莱阳恐龙化石的新采集》(与王存义合作，刊《古脊椎动物与古人类》第1卷第1期)；

《四川渠县一新剑龙》（刊《古脊椎动物与古人类》第1卷第1期)；

《山西西北部的一新犬齿类》(刊《古脊椎动物与古人类》第1卷第2期)；

《根据脊椎动物的化石划分出西二叠纪三叠纪地层》(刊《古脊椎动物与古人类》第1卷第3期)；

《从脊椎动物化石看解放以来的地层对比上的新发展》（刊《古生物学报》第7卷第5期）；

《浙江景宁一新蜥蜴化石》（刊《科学记录》第3卷第10期）。

**1960年 64岁** 发表下列论文：

《为争取古人类研究工作的更大跃进而奋斗》（刊《古脊椎动物与古人类》第2卷第1期）；

《古脊椎动物化石的新成就》（刊《科学通报》5月号）；

《古脊椎动物演化中的几个哲学问题》（刊《科学通报》8月号）。

**1961年 65岁** 参加广州科学会议。会议期间，乘小型飞机去海南岛参观。下飞机时耳膜受伤，从此听觉失灵。

这一年发表论文4篇，均刊于《古脊椎动物与古人类》上，它们是：

《山东吕县一新鳄》（第1期）；

《四川宜宾扬子鳄脚印的皮痕》（第1期）；

《中国新发现两种蜥蜴化石》（第3期）；

《关于中国低等四脚类化石属的统计》（第3期）。

**1962年 66岁** 被选为美国古脊椎动物学会名誉会员。

论文《粤北“红层”中的脊椎动物化石》（与周明镇合作）在《古脊椎动物与古人类》第2期上发表。

**1963年 67岁** 这一年，在《古脊椎动物与古人类》上发表论文4篇，它们是：

《记中国东南一新的恐龙化石地点》（第1期）；

《锯齿龙类在我国的初步发现》（与叶祥奎合作，刊第3期）；

《新疆加斯马吐龙新加材料》（第3期）；

《山西中国肯氏兽动物群的迷齿类》（第4期）。

**1964年 68岁** 专著《中国的假鳄类》列入《中国古生物志》新丙种第19号（总第151号），由科学出版社出版。所得稿费4000多元，全部交了党费。

秋，参加在西安召开的全国第四纪第二届学术会议及蓝田新生代现场会议。会议期间，参观了西北大学地质系古脊椎动物化石陈列室。一边看，一边伸出大拇指朝着系主任王永焱教授高兴地说："好得很，了不起，这是全国高等院校第一个古脊椎动物化石陈列室。"

这一年发表的主要论文有：

《新生代研究的展望》（刊《科学通报》第2期）；

《新疆的一新翼龙类》（刊《古脊椎动物与古人类》第3期）；

《陕西蓝田柄杯鹿（Lago meryx）的发现及其意义》（刊《古脊椎动物及古人类》第4期）；

《袁氏所采新疆内蒙恐龙化石补纪》（刊《古脊椎动物及古人类》第4期）；

《新生代前关于古脊椎动物化石研究的展望》（刊《科学通报》4月号）；

《Cretaceous and Paleocene Vertebrate Horizons of North Kwangtung》（与周明镇合作，刊《中国科学》）；

《古人类研究的展望》（刊《科学通报》7月号）。

**1965年　69岁**　夏，去大连休养。并参观沈阳、长春、哈尔滨等地的科研单位和博物馆。

这一年发表的主要论文有：

《广东南雄始兴、江西赣州的蛋化石》（刊《古脊椎动物与古人类》第2期）；

《广东南雄的爬行动物化石》（刊《古脊椎动物与古人类》第3期）；

《中国湖北、贵州的幻龙》（刊《古脊椎动物与古人类》第4期）；

《贵州仁怀一爬行动物的新鉴定和另一可能产自中国的鱼龙化石》（刊《古脊椎动物与古人类》第4期）；

《中国中新统蝾螈化石的首次发现》（刊《古生物学报》第13卷第3期）；

《论古人类的研究》(刊7月20日《人民日报》);

《略论动物发展的历史》(刊8月8日《人民日报》);

**1966年　70岁**　“文化大革命”开始，被打成“反动的资产阶级学术权威”。他一面被批斗，一面仍继续做研究工作，因而被诬为“老顽固”。

这年发表的论文有：

《新疆大头龙的首次发现》(刊《古脊椎动物与古人类》第1期);

《云南的另一禄丰龙产地》(刊《古脊椎动物与古人类》第1期);

《陕西铜川的足印化石》(刊《古脊椎动物与古人类》第1期)。

**1971年　75岁**　《新疆的飞龙》一文在《中国建设》第20卷第9期上发表。

**1972年　76岁**　春，恢复工作。

夏，带领北京自然博物馆时墨庄等几名同志，走访了浙江、江苏、上海、天津等几个省市的博物馆和有关科研单位，目的在于进一步探索博物馆的方向、任务，总结经验。

与赵喜进合著的《合川马门溪龙》列为古脊椎动物与古人类研究所甲种专刊第8号，由科学出版社出版。

与董明技合著的《中国三叠纪水生爬行动物》列为古脊椎动物与古人类研究所甲种专刊第9号，由科学出版社出版。

《镵石集》由北京自然博物馆印行。此书收“文化大革命”后期所写论文10篇。论文中有自我剖析，主要是学术上的批评文章。

写《李四光老师回忆录》，纪念李四光逝世。文章分上下两篇，共2万余字，刊1981年地质出版社出版的《李四光纪念文集》。

**1973年　77岁**　古脊椎动物与古人类研究所甲种专刊第10号由科学出版社出版，内有杨钟健写的论文两篇：《新疆吐鲁番一新假鳄类》《武氏鳄在新疆的发现》。

古脊椎动物与古人类研究所甲种专刊第11号由科学出版社出版。内有杨钟健写的论文三篇：《新疆准噶尔盆地的蛇颈龙》《乌尔禾翼龙类》《乌尔禾一新鳄》。

《古脊椎动物与古人类》杂志复刊。在该刊复刊后的第1期上，发表论文3篇：《江西赣县的一中生代蜥蜴类》《新疆吉木萨尔原蜥类的发现》《新疆吉木萨尔水龙兽层的迷齿类》；在第2期上，发表论文1篇：《关于乌鲁木齐兽的补充研究》。

**1974年　78岁**　6月，率由中国科学院古脊椎动物与古人类研究所、地质科学院地质力学研究所、北京市地质局水文地质大队和中国科学院考古研究所等单位组成的考察队，去泥河湾考察。

这一年，在《古脊椎动物与古人类》上发表论文两篇：《云南禄丰兽孔类新材料》（第2期），《河南济源一新粗弯齿兽》（第3期）。另外还有《关于我国冰川的几个问题》《谈冰川》等文，发表在《第四纪冰川地质学习的资料》一书中。

**1975年　79岁**　被选为英国林耐学会会员。

论文《青海泽库茶卡油页岩的鸟羽》，在《古脊椎动物与古人类》第3期上发表。

**1976年　80岁**　写题为《八十不老》的诗。诗中有"年近八旬心尚丹，欲与同辈共登攀"之句，充分体现了他的壮志豪情和积极乐观精神。

**1977年　81岁**　论文《关于山东临朐山旺的蛙类和翼手类》在《古脊椎动物与古人类》第1期上发表。

**1978年　82岁**　9月，去庐山参加中国地质学会第四纪冰川和第四纪地质学术会议，并在会上作了题为《大力开展第四纪冰川调查和深入研究》的学术报告，还到野外参观和考察冰川地质现象。

10月，赴上海。与相交50年的旧友、美国古脊椎动物学家辛普森及其夫人，在上海自然博物馆古生物陈列大厅欢叙。

古脊椎动物与古人类研究所甲种专刊第13号由科学出版社出版，内有杨钟健写的论文两篇：《三论新疆袁氏洞口龙》《新疆阜康一晚三叠世脊椎动物群》。

在《古脊椎动物及古人类》杂志上发表论文两篇：《禄丰始带齿兽的新材料》（第 1 期），《云南泸西县的幻龙》（第 4 期）。

**1979 年　83 岁**　元旦，病发住院。住院后，仍念念不忘自然博物馆和古脊椎动物与古人类研究所。他对自然博物馆的同志说："我和你们订的计划，我不能完成了，希望大家好好干，等我病好了再同你们一起工作。"他对研究所的同志们说："我现在病啦，希望大家共同努力，把工作做好。"

1 月 15 日，因胃出血，逝世于北京医院。

1 月 25 日，在八宝山革命公墓礼堂举行追悼会。两年多之后，1981 年 9 月 8 日，在周口店龙骨山举行了骨灰安葬仪式。在白色大理石的墓碑上，刻着两行字：

杨钟健之墓

1897．6．1—1979．1．15

（1983 年《西北大学学报》第 2 期）